中国石油供求平衡与降低进口依赖的路径研究

The research on petroleum's demand and supply balance and the path of reducing import dependence in China

陈 燕 著

中国环境出版社 · 北京

图书在版编目（CIP）数据

中国石油供求平衡与降低进口依赖的路径研究/陈燕著. —北京：中国环境出版社，2014.6
ISBN 978-7-5111-1866-0

Ⅰ. ①中… Ⅱ. ①陈… Ⅲ. ①石油—供求关系—研究—中国 ②石油进口—研究—中国 Ⅳ. ①F426.22 ②F752.654.1

中国版本图书馆 CIP 数据核字（2014）第 105192 号

出 版 人　王新程
责任编辑　陈金华　董蓓蓓
责任校对　唐丽虹
封面设计　彭　杉

出版发行　中国环境出版社
（100062　北京市东城区广渠门内大街 16 号）
网　　址：http://www.cesp.com.cn
电子邮箱：bjgl@cesp.com.cn
联系电话：010-67112765（编辑管理部）
010-67113412（教材图书出版中心）
发行热线：010-67125803，010-67113405（传真）
印　　刷　北京中科印刷有限公司
经　　销　各地新华书店
版　　次　2014 年 8 月第 1 版
印　　次　2014 年 8 月第 1 次印刷
开　　本　787×960　1/16
印　　张　13.25
字　　数　245 千字
定　　价　40.00 元

序　言

自1993年成为石油净进口国以来，我国石油对外依存度不断提高，2012年达到58%。近十年来，我国石油消费量年均增长8.8%，而同期国内原油产量年均增长2.1%。随着石油进口量的增加，我国石油对外的依赖越来越大，国际油价的高企和频繁波动以及国内石油短缺加大了我国的经济安全风险。我国正处于工业化、城市化发展的快速时期，需要大量的石油资源来支撑。同时，发展低碳经济也是我们的选择方向，低碳经济是一种倡导通过技术创新、提高能源利用效率、替代碳基能源消耗的新兴经济发展方式。在不影响我国经济发展质量的前提下，我们需要发展以“三低”和“三高”为基本特征的低碳经济模式来解决我国的石油依赖问题。因此本书从我国石油供求平衡分析出发，探究降低石油进口依赖的路径选择，具有重要的理论意义和现实意义。

实现石油供求平衡与降低石油依赖问题是近些年众多学者关注并研究的问题。从中外大量的研究文献看，对石油依赖的研究大多停留在对石油依赖现象的诠释上，即只回答了石油依赖“是什么”、“怎么样”等问题，对于“为什么”的回答，也有学者做出了有益的分析，但国内研究主要限于定性分析，缺乏相关数理模型论证，而对于“如何做”问题的回答缺乏比较系统的分析解释。

本书对石油依赖的理论观点进行了较好的梳理，对石油依赖有明确的界定。通过对国内石油供求失衡进行分析，揭示石油进口的路径依赖并论证其产生的成本和风险。书中分析要降低石油进口依赖给我国经济带来的负面影响，需从供给和需求两方面入手。供给方面包括加大国内石油勘探生产力度、鼓励本国石油企业“走出去”获取国外的石油资源、石油替代等；需求方面即相对减少石油消费量。然后对降低石油进口依赖路径进行了比较研究，明确节油为最有效路径，最终确定我国石油供求平衡与降低石油进口依赖路径和结构框架。

本书采用理论与实证相结合的方法进行论证，同时作了大量的比较分析。

在实证分析中主要采用计量模型分析法和数据包络分析法：从财富转移、潜在GDP损失和宏观经济调整成本等角度对我国石油进口依赖的经济成本进行了计量模型分析；从单要素能源效率和全要素能源效率两个角度运用数据包络分析法对我国的节油潜力进行了分析，测算出通过提高石油利用效率可以降低石油的进口数量和比例。书中比较系统地探讨了我国石油进口依赖问题的解决，并且在以下方面做了有益的探索和创新：

（1）从"为什么"、"如何做"这一视角来研究石油供求平衡和石油依赖问题。这一视角的选择比传统的研究更实用、思维空间更广，丰富了石油依赖研究的内容，并对政府解决能源问题提供了很好的参考。

（2）借助模型分析从财富转移、潜在GDP损失和宏观经济调整成本等角度对我国石油进口依赖的经济成本进行测算，使我们对石油依赖问题有一个定量的认识。

（3）在发展低碳经济、降低石油依赖的大背景下，对解决石油供需缺口矛盾问题进行了路径比较分析。石油进口依赖的高成本和高风险加重了我国经济成本和能源安全风险；运用成本–收益分析法对石油进口成本–收益，国内石油生产的收益和石油生产的直接成本、环境成本以及使用者成本等进行了核算，指出石油进口成本限制，在现有生产规模上扩大国内石油供给潜力较小；短期内寻求适合的新能源替代石油的路径作用有限；而节油是最优路径。并由此确定降低石油进口依赖的路径结构。该结论的得出就是对"如何做"进行的较全面论证。

本书是陈燕将其博士论文进行修改和充实后形成的。由于该领域涉及面非常广泛，尚可进一步拓展研究，尽管在个别地方还存在因资料条件限制分析不够充分等情况，但她能探究能源经济和低碳经济的前沿问题，抓住石油供求平衡和石油依赖的难题进行路径探索，也是难能可贵的。我作为陈燕的博士生导师，深知她从论题选择直至写作完成，花费了大量心血，亦希望她今后在该领域有进一步的发展。

陈 浩

2013 年 12 月 28 日

前　言

实现石油供求平衡与降低石油依赖是近些年众多学者孜孜以求的目标之一。2010年起我国经济规模已经跃居世界第二，2012年国内生产总值增速达到7.8%，但是我们的发展还是比较粗放，单位GDP所消耗的能源比较高，经济的高速增长依赖大量石油等能源支撑。2012年我国原油消费增速达6.0%，而国内的石油供给因资源和成本等因素受到一定限制，我们需要通过石油进口来填补供求缺口。2012年我国石油对外依存度继续攀升，达到58%，随着石油进口量的增加，我国对全球经济的依赖越来越大，国际油价的高企和频繁波动加大了我国经济安全的风险。石油依赖作为一种"特别残酷和不可摆脱的依赖"已经迫使我们需要做出选择来应对。要降低石油进口依赖给本国经济带来的负面影响，可以从"开源"、"节流"两个不同的角度入手。"开源"即加大国内石油勘探生产力度、鼓励本国石油企业"走出去"获取国外的石油资源等；"节流"即减少国内石油消费，但是这两条路径都存在一定的缺陷。"开源"不能顺应全球从高碳能源时代向低碳能源时代演化的"低碳经济"的发展新潮流，在我国石油资源储量有限的情况下，"开源"不是一种低碳生产模式。而如果仅仅依赖简单地削减国内石油消费的"节流"模式的话，则会影响到我国经济发展质量，我国目前处于工业化、城市化发展的快速时期，需要大量的石油资源的支撑。因此，全面剖析我国石油供求平衡问题、寻求降低石油进口依赖（即石油供求平衡）的有效路径具有重要的理论意义和现实意义。

本书通过对国内石油供求失衡现状进行分析，提出石油进口依赖的事实并论证其产生的成本和风险。要降低石油进口依赖给本国经济带来的负面影响，可以从供给和需求两条不同的路径入手，供给路径包括加大国内石油勘探生产力度、鼓励本国石油企业"走出去"获取国外的石油资源、石油替代等，需求路径即减少石油过度消费量，然后对降低石油进口依赖路径进行比较研究，最终选择节油为最优路径，构建我国石油供求平衡与降低石油进口依赖路径选择的分析框架。本书主要采用理论与实证相结合的方法进行论证，同时结合大量的比较分析。在实证分析中主要采用计量模型分析法和数据包络分析法，其中从财富转移、潜在GDP损失和宏观经济调整成本等角度对我国石油进口依赖的经济成本进行了计量模型分析；从单要素能源效率和全要素能源效率两个角度运用数据包络分析法对我国的节油潜力进行了分析，从而测算出通过提高石油利用效率可以降低石油的进口数量和比例。

本书梳理和总结了石油供求理论和石油依赖理论的思想观点，将经济学的供求理论与石油资源的耗竭性和石油独特需求特性相结合归纳了石油供给和需求理论，从能源与非能源生产要素的替代以及能源要素间替代两个角度对能源替代理论进行了分析，基于总供给-总需求模型分析了开放经济条件下石油冲击对经济的影响机制，重点分析了石油进口量增加和石油价格波动对经济的影响机制。

本书以理论分析为基础，运用大量的数据对我国国内石油供给、需求和进口贸易 3 个方面进行了描述分析，对我国石油生产总量、生产弹性系数以及生产布局等方面进行描述发现，虽然我国原油产量呈现年均 2.1%的缓慢增长态势，但在整体能源中所占比例逐年下降，未来产量囿于资源因素很难大幅增长；从石油消费总量、与经济增长关系、石油利用效率以及石油消费结构等方面分析得出 21 世纪以来石油消费以年均 8.8%的速度逐年攀升，工业和交通运输两大耗油大户消耗了我国 80%的石油，其中交通运输部门的石油消耗以年均 28.99%的速度增长。虽然我国石油利用效率在逐步提升，但与发达国家相比仍有较大差距，2008 年我国 0.98 t/万美元的石油强度远远高于英国的 0.296 t/万美元，未来存在很大的节油潜力；从石油进口总量、进口区域分布和进口依存度等角度概括得出进口速度增长迅猛，其中 2009 年原油进口量突破 2 亿 t，2011 年达到 2.58 亿 t，导致石油进口成本高昂，呈现出 38.7%的速度增长。石油进口区域分布集中影响到国内石油供应安全，2006 年我国石油对外依存度已经超过 50%的安全警戒线，进口依赖程度逐渐上升，2011 年达到 58%。

而石油依赖的存在会引发三类经济成本，随着我国石油进口量大幅攀升，我国财富向国外石油生产国转移的成本一直处于高位，加重了我国经济支出负担；只要国际油价处于高位，石油价格上升导致石油更稀缺而使经济体生产经济能力下降的潜在 GDP 损失成本会持续存在；而石油价格波动对我国经济体的影响产生的宏观经济调整成本不仅依赖于石油价格波动本身，还依赖于国家政策反应以及价格预期等因素，将会给我国经济带来不确定性风险。本书从经济学角度运用 OSMM 模型对这三类成本进行了深入剖析，估算出 1993—2011 年我国石油依赖总成本为 10 043.23 亿美元（2011 年美元价格），其中 2011 年石油依赖成本达到 2 402.64 亿美元，占 GDP 的 3.2%。除此之外，高石油进口引致的石油来源以及石油运输风险不容忽视。目前我国石油进口高度集中于地缘政治不稳定区域，国际多方势力影响着我国石油供应，而在进口多元化道路上困难重重；在石油运输问题上风险隐患常在，运输线路问题因进口多元化进程困难因素影响短期内无法解决，而在石油运力方面还存在船队运输能力、船舶结构和行业管理体制三大难题，不确定性风险和对他国的依赖风险都比较突出。

石油进口依赖的高成本和高风险加重了我国经济成本和能源安全风险，需要寻找有效路径来降低进口依赖，而目前降低石油进口依赖的主要路径，如扩大国内石油供给、石油企业“走出去”获取份额油和石油替代等供给路径都存在一定的局限性。加大石油勘探力度和技术投入来增产的路径受成本和资源限制，从成本角度来看，对国内石油生产的收益（相对于石油进口的收益）和石油生产的直接成本、环境成本以及使用者成本等的核算结果显示，扩大石油生产的收益–成本弹性从2003年的4.65下降至2007年的0.69，2008—2011年又稍有反弹回到1.72，即整体上成本的相对增长幅度要快于收益的增长幅度；从资源角度来看，我国石油资源储量相对不足，目前石油产量比较接近石油峰值产量；从石油和经济安全、国家战略以及低碳经济等角度考虑也不适宜大幅扩张石油产量。石油企业“走出去”获取国外石油资源有限与风险并存。石油企业“走出去”获取份额油能在一定程度上缓解依赖外国石油供给压力，但是该比例仍然较低；同时在国际化经营过程中存在竞争力不足、资金、经验、政策等多方面障碍以及需要突破单纯的东道国政府和跨国公司边界的政治风险，这些风险的存在给我国政府及石油企业提出了更高的挑战。石油替代能源的理想短期内难以实现。我国目前主要选择发展纤维素为原料的生物燃料、煤制燃料和电动汽车作为重点石油替代模式。生物燃料的供应量还比较有限，市场占有率低，只能作为化石燃料的补充，大规模生产可能会带来一些环境和社会问题，包括土地冲突、粮食食品价格上涨、水污染或富营养化、栖息地退化等，而第二代生物燃料能源尚需攻克技术和成本等难题；煤制燃料行业属于高能耗、高技术水平、高资金投入的产业，大规模产业化存在投资风险、生态环境风险、资源可供性风险；电动汽车目前是我国政策主导的石油替代策略之一，混合电动汽车已经大规模进入市场，纯电动汽车正在进行小规模生产，燃料电池汽车是未来发展的新趋势，但是在电动汽车发展过程中，成本较高、技术不够完善、基础设施配套等一系列问题尚待解决。相比较上述几条供给路径，需求角度的节油路径潜力非常可观。基于单要素石油利用效率研究结果显示，我国年均有超过40%的过度石油消耗，可节约石油量占当年石油进口量的50%左右；基于全要素石油利用效率DEA模型对我国交通运输业和工业两耗油大户的节油潜力进行估算，结果显示，两部门总计可节油量占当年石油进口量的30%左右，未来交通运输部门石油利用效率的提升对我国石油进口依赖的降低意义重大；从铁路、航空、水路、公路四种交通模式以及整体交通结构调整角度对

2020 年交通运输部门的节油潜力进行了预测。结果显示，我国交通部门的总可节油量将会达到 23 175 万 t，有效缩小了我国石油供求缺口。

在降低石油进口依赖的前提下进行了供给和需求路径比较，发现在现有生产规模基础上扩大国内石油供给潜力非常小；石油企业“走出去”获取份额油路径降低石油进口依赖的比例维持在 20%以内；石油替代能源在短期内仅仅是石油的有效补充，但长期来看，应该是降低石油进口依赖的有效路径；本书对过去石油利用效率进行分析得出，节油策略可以实现石油进口下降的比例达到 50%左右，而 2011 年工业和交通两耗油大户的节油量可降低石油进口量的比重达到 26.1%，预测 2020 年交通部门可节油总量相当于预测的同期石油进口量的 42%左右。所以，无论是短期潜力还是长期发展趋势，提高石油利用效率（节油）是降低我国石油进口依赖最可行的路径。

鉴于目前石油仍然是我国第二大供给能源，我们要充分挖掘需求和供给的各种路径的潜力，重点发挥需求路径节油潜力。但是要实现基于国内和国际市场上相关参照系比较测算出的理论节油量，还需要提供行之有效的政策支持和保障。所以，在借鉴国外在交通和工业部门的节能政策的基础上，本书构建了我国节油的政策保障体系——以降低石油消费增长速度、实现由高成本的粗放式石油利用方式向集约式石油利用方式转变、由石油非市场化向石油市场化转变作为节油政策目标，建立以节油财税和金融政策支持为推动，调动全社会节油积极性，以节油技术进步为主导，加快推广国内和国际市场上已经成熟的节油技术，以企业和消费者的节油管理为保障，变政府主导的强制节油为企业和消费者自主节油，建立完善、长效的节油市场机制，实现“政府推动，企业主导，消费者参与”的节油发展战略。

Abstract

Realizing the balance of petroleum's demand and supply and reducing the petroleum dependence is the scholars' goal in recent years. The economic scale of China have leap to second place of the world and GDP increased 7.8% over previous year in 2012. But the development of our economy is extensive，energy consumption per GDP is very high and the rapid growth of economy relies on so many energy（such as petroleum）. The consumption of petroleum in 2012 is up 6.0% over the previous year，but the supply of our own country is limited by resources and cost. So we have to import to fill up the gap between demand and supply. Now the dependency of domestic petroleum consumption on import is more than 58%. During the increase of import，our economy will be more and more relying the world economy. The high and frequently fluctuating price of world petroleum increases the risk of our economy security. The oil dependence which is cruel and hard to throw off has compelled us to take measures. If we want to reduce the negative effects of the oil import dependence to our economy，we could take action from two angles of opening up the source and regulating the flow. Opening up the source includes expanding the domestic oil supply，encouraging domestic oil enterprise "going out" to obtain the foreign oil resources etc. Regulating the flow is decreasing the oil consumption. But those two ways both have the defects. Opening up the source is not receptive to low-carbon economic growth trends，especially when our oil resource is very limit. If regulating the flow is based on reducing the domestic oil consumption simply，it will affect our economic growth quality. Because our country is in the rapid development period of industrialization and urbanization，we need a great deal of oil resources. There is an important theoretical and practical significance to comprehensive oil supply and demand balance and seek the valid path to reduce oil import dependence（balance of supply and demand）.

The dissertation firstly analyses the imbalance condition of oil demand and supply, and put the oil import dependence fact. Then demonstrate the costs and risks of oil import dependence. If we want to reduce the negative effects of oil import dependence to our economy, we can take action from demand and supply angles. Supply paths include increasing the domestic supply, encouraging domestic oil enterprise "going out" to obtain foreign oil resources and oil replacement etc. Demand paths include decreasing the excessive oil consumption. The dissertation gives the comparative study on the path of reducing oil import dependence, then chooses the best path—oil saving. The dissertation uses a combination of theoretical and empirical methods in the course of analysis, and also with a lot of comparison analysis. Empirical methods include econometrics and data envelopment analysis. The econometrics analysis is used to measure the oil import dependence cost from the angles of wealth transfer, potential GDP losses and macroeconomic adjustment costs. And the data envelopment analysis is used to measure oil saving potential and how much oil imports can be reduced from the angles of the single-factor energy efficiency and total-factor energy efficiency.

The dissertation summarizes the oil demand and supply theories and oil dependence theories, which the oil demand and supply theories is generalized by combination the supply and demand theory with the oil exhaustion feature and special demand identity. Then, it analyses the energy replacement theory from the sides of replacement between energy and non-energy and the intra-energy replacement. Finally, we use the aggregate demand and aggregate supply framework to analyze the effect of a petroleum shock on our economy in open economies, especially about the effect of increasing oil import and oil price fluctuations on our economy.

Based on theory foundation, the dissertation uses a lot of data to describe the domestic oil supply, domestic oil demand and import conditions. Domestic oil supply description is from the sides of our production quantity, production coefficients and production distributions. The discovery is that our oil production is slowly growing with 2.1% average increasing rate, the rate in overall energy decline year by year and the production is hard to increase because of resources limit. Domestic oil demand description is from the sides of the oil consumption quantity, the relationship with economic growth, the oil use efficient and oil consumption structure. The outcome is that the average increasing rate of oil consumption is 8.8% since this century, the industry and transport sectors which the average increasing rate of oil consumption is

28.99% use 80% of our country's consumption and there is a big gap between the developed country and our country in oil use efficient, which 0.98 ton/dollar oil strength of our country is more than 0.296 ton/dollar oil strength of England. So we have great oil saving potential in the future. The import description is from the sides of the import quantity, the import area distribution and dependency of oil import. The result is that import is increasing rapidly which the oil import in 2009 is more than 200 million tons, 285 million in 2011 and the increasing rate of cost is 38.7%. The concentration of area distribution affects oil supply security and import dependence is rising year by year, which the import dependence rate is 58% in 2011.

Oil consuming economies incur three types of economic costs: (1) transfer of wealth, (2) potential GDP losses, (3) macroeconomic adjustment costs. When oil suppliers use market power to raise prices above competitive market levels, wealth is transferred from oil consumers to oil producers. The higher price signals the economy of world that oil is scarcer. In a world where oil is scarcer, the ability of economies to produce output is decreased. This loss of ability to produce is termed a loss of potential GDP to emphasize that whether or not the economy has been disrupted by a price shock, its potential to produce is less than it would have been had oil prices been lower. The macroeconomic adjustment costs arise when a sudden price shock throws the economy out of equilibrium, wages and prices are not able to adjust rapidly enough, and underemployment of labor and capital comes out. The dissertation use OSMM model to analyze above three costs from the economic angle. The outcome is that oil dependence costs of our country are $ 1 004.32 billion ($2011), which the cost in 2011 is $240.3 billion ($2011) and 3.2% of GDP. Also the oil dependence has the risks of oil source and transportation. Now the oil import areas concentrate geopolitical unstable regions and many international forces affect our oil supply, but the import diversification path bristles with difficulties. Meanwhile the risk of oil transportation is inevitably. The transportation route is hard to solve because of import diversification difficulties. The transport capability has three problems of fleet transport capacity, ship's structure and industrial management system, and the risks of uncertain and dependence on the other country is very outstanding.

The high costs and risks aggravate our economic costs and energy security risks, so we have to find the way to reduce our import dependence. But the main supply ways have certain limitations, such as increasing the domestic supply, domestic oil enterprise "going out" to obtain the foreign oil resources and oil replacement etc. The increasing domestic supply has costs and resource constraints. From the costs angle, the dissertation calculates the profits of increasing domestic supply which compared with profits of oil import and the costs about direct cost, environment cost and user cost. The outcome is that profit-cost elasticity declines from 4.65 in 2003 to 0.69 in 2007, represents the relatively growth rate of costs is faster than profits as a whole. From the angle of resources, our oil resource is relatively inadequate and our oil production is close to peak oil quantity. The way of domestic oil enterprise going out to obtain the foreign oil resources has not only resource limitation but also risks. The oil from foreign country can reduce our oil dependence to a certain extent, but the rate is very low. In the course of oil enterprises' internationalization, there are many obstacles about insufficient competitiveness, capital, experience, policies and political risks which give our government and oil enterprises high challenge. The oil replacement way is very difficult to achieve in the short term. Our country chooses the biological fuel based on fiber materials, coal-to-liquid and electric vehicles as the main oil alternative mode. The supply of biological fuel is very limit, and the market share is low. So it is only a supplementary to fossil fuel. Meanwhile the mass production will probably bring some environmental and social issues, including land conflicts, grain prices increasing, water pollution and habitat degradation. Also the second generation biological fuel will have to conquer the technical and cost problems. The coal-to-liquid industry need high energy consumption, high technology and high investment industry, the mass production exist the risks of investment, ecological environment and resource available. The electric vehicles mode is one of the main policies led oil replacement strategies. Hybrid Electric Vehicles have been heavily involved in the market, electric vehicles are for small volume production and fuel cell cars are the new trends in the future. But in the course of electric vehicle, a series of problems such as high costs, imperfect technology and infrastructure facilities will be solved. Compared with above ways, the oil saving way based on the demand angle is more effective. The research results based on the single-factor oil efficiency show that the excess oil consumption of our country is average more than 40% and the saving oil quantity potentially is about 50% of total imports in the corresponding period. The research points out the industry and transport sectors' oil saving potential based on the total-factor oil efficiency DEA model shows that the oil saving quantity of the two sectors is about 30% total imports in the corresponding period and oil efficiency improvement of the transport sectors is significant for reducing our country's oil import dependence. The dissertation forecast the oil saving potential of transport sector in 2020 from the sides of rail，air，waterway，highway four modes and the overall traffic structural adjustment. The results show that the total oil saving quantity of transport sector is 23.175 million tons and it effectively reduces the gap between our oil demand and supply.

The dissertation compares the demand way with the supply way to reduce the oil import dependence. The results are that the potential of increasing our oil supply based on existing production scale is very little，the rate of reducing the oil import dependence from oil enterprises going out to obtain the foreign oil resources maintains within 20%，and the oil replacement way is only an effective complement to the oil in short term and should be an effective path of reducing oil import dependence in the long run. The dissertation analyses the oil efficiency of past periods and discovers that oil saving can really decrease about 50% oil imports，the oil saving quantity of the industry and transport sectors is about 26.1% total imports in 2011，and forecasts the oil saving quantity of the transport sector is about 42% of total forecasting imports in the corresponding period. So developing the oil efficiency is the best path to reduce our oil import dependence from both short-term potential and long-term development trends.

In view of oil is still our second largest energy，we should fully exploit the potential of supply and demand way and play the keystone role of the oil saving potential. But if we want to realize the estimating theoretical oil saving quantity based on domestic and international market related reference，we have to provide effective policies to support and guarantee. So the dissertation builds policies system about our oil saving drawing lessons from the foreign transportation and industry sectors energy saving policies. The oil saving policy objective is reducing oil consumption growth，changing the high cost and extensive oil using mode into the intensive mode，and transforming to market-oriented oil market. The oil saving development strategies are promoting financial and monetary policy supporting to mobilize the enthusiasm of oil saving，dominated by technological progress to promote the well-rounded oil saving technology of domestic and international market，ensured by enterprises and consumers oil saving management to transfer from the government-oriented compulsive oil saving to enterprises and consumers autonomous oil saving， and establishing the perfect and long effective market mechanism of oil saving. It is government promoting，enterprises dominating and consumers participating.

目 录

插表索引

插图索引

第 1 章
导 论

1.1 研究背景和研究意义

1.1.1 研究背景

能源问题，尤其是石油问题关系到一个国家的经济和安全，是一个国家财富、权力和安全的先决条件。在当今的世界市场上如果没有石油，大多数的经济体都可能崩溃。如何安全地获取石油资源通常会被提到一个国家的经济和安全议程。由于石油资源在地域分布上具有不均衡性，所以世界上绝大多数国家需要依靠国际市场的石油资源来满足经济发展的需要。在石油资源全球化战略的影响下，各国之间为了促进本国经济发展，对石油的争夺将更加激烈。

大庆油田的发现实现了我国石油自给自足的梦想，1963 年 12 月，周恩来总理宣布依赖外国石油的时代已经过去，我国不再需要进口石油的事实被一些国家理解为我国可以不再依赖他国。但是 30 年后，依赖外国石油的时代又重新回归了。1993 年我国第二次成为石油的净进口国，而目前我国已经是世界市场上仅次于美国的第二大石油消费国。2012 年我国石油净进口量达 2.84 亿 t，石油进口依存度超过了 50% 的红线，达到了 58%[①]。我国石油进口量越来越多，我国对全球经济的依赖就越来越大，国际油价的高企和波动频繁同时加大了我国的经济安全风险，2011 年我国进口原油花费 1 966.64 亿美元，进口成品油花费 326.99 亿美元，分别比 2010 年增加约 45.5%和 46.3%[②]。石油依赖作为一种“特别残酷和不可摆脱”的现实需要我国做出选择来应对。当然要完全实现石油独立是不可能的事情，只能降低石油依赖程度。

要降低石油进口依赖给本国经济带来的负面影响，可以从“开源”、“节流”

---

① 石油对外依存度是根据 BP statistical review of world energy full report 2012 计算得到的，由于 BP 和国内统计数据之间存在一定的出入，所以不同数据来源计算的石油对外依存度存在一定的差异。

② 中国国家统计局：《中国统计年鉴（2012）》，中国统计出版社，2012 年版。

两个不同的角度入手。“开源”即加大国内石油勘探生产力度、鼓励本国石油企业“走出去”获取国外的石油资源；“节流”即减少国内石油消费，但这两条路径都存在一定的缺陷。“开源”不能顺应全球从高碳能源时代向低碳能源时代演化的“低碳经济”发展新潮流，在我国石油资源储量有限的情况下，“开源”不是一种低碳生产模式。而如果仅仅依赖简单地削减国内石油消费的“节流”模式，则会影响我国的经济发展质量，我国目前处于工业化、城市化发展的快速时期，需要大量的石油资源来支撑。因此，我国要发展以“三低”（低消耗、低污染、低排放）和“三高”（高效率、高效能、高效益）为基本特征的低碳经济模式来解决我国的石油依赖问题。低碳经济就是一种通过技术创新提高能源使用效率、替代碳基能源消耗的新兴经济发展方式。在当前我国低碳经济发展模式的大背景下，降低石油依赖与可持续发展理念、“两型”（资源节约型、环境友好型）社会建设实践和节能减排工作的要求是一致的。

1.1.2 研究意义

本书将从石油的供求平衡状况出发，尝试从垄断竞争、市场失灵等经济学角度来分析石油依赖问题，可以完善国内石油依赖经济学理论分析，有助于认识石油依赖的重要性，并寻求降低石油依赖的路径，具有一定的学术意义和理论价值，为未来能源问题的解决提供理论参考。

1.1.2.1 对石油依赖程度的剖析有助于认识石油依赖问题的重要性和迫切性

我国石油资源严重短缺，人均剩余可采储量仅为世界平均水平的 6%，单位陆地面积的探明剩余可采储量只有 208.4 t/km^2，占世界单位面积储量的 11.91%[①]。而国内的石油消费增长势头迅猛，从 2000 年的 2.25 亿 t 增至 2011 年的 4.62 亿 t，年均增长 8.8%，而同期我国国内原油产量年均增长 2.1%，2011 年生产原油 2.03 亿 t[②]。石油供求缺口越来越大意味着对国外石油资源依赖越来越大，国际油价的高企和波动给我国经济体带来非常大的风险和负担。本书试图对我国石油依赖水平和影响程度进行深入剖析，使公众意识到石油依赖的严重性和降低石油依赖的迫切性，而不是仅仅停留在石油依赖的警示阶段。

1.1.2.2 降低石油消耗是低碳经济背景下解决石油供求缺口矛盾的有效路径

低碳经济是在可持续发展理念的指导下，通过技术创新、制度创新、产业结构调整和新能源开发等手段，尽可能地减少煤炭和石油等高碳能源的消耗，从而减少温室气体排放，达到经济社会发展与生态环境保护协调一致的经济发展模

① 根据《中国统计年鉴（2012）》和 BP statistical review of world energy full report 2012 计算得到。

② 中国国家统计局：《中国统计年鉴（2012）》，中国统计出版社，2012 年版。

式。解决我国石油供需缺口矛盾的路径有多种，在低碳经济背景下其主要路径应该是降低石油消耗。本书从经济、资源和环境等角度对我国目前解决石油供求缺口的路径进行比较分析，可以为我国解决石油供求缺口矛盾提供一些路径选择，更好地实现我国低碳经济发展目标。

1.1.2.3　工业部门和交通运输部门的节油对于我国节能减排工作意义重大

低碳经济的发展方式是节能减排。节能减排是我国突破能源瓶颈、应对气候变化、保持经济社会可持续发展的重要途径。而提高能源的使用效率是节能减排的关键，其中工业部门和交通运输部门是我国降低能源强度的重点领域，其作为两个耗油大户，石油消耗量之和占到全国石油消耗量的 80%左右[①]。因其对全国石油依赖程度的降低作用巨大，故本书主要挖掘这两部门的节油潜力。

1.2　文献综述

1.2.1　国外学者关于石油依赖和能源安全问题的研究综述

国外学者关于石油依赖问题的研究主要集中在石油依赖现状研究、经济学分析、如何解决石油依赖等问题上，同时针对我国如何应对石油逆差问题以及能源安全问题也进行了大量的研究。

1.2.1.1　国外学者对石油依赖状况的研究

石油依赖问题的研究源于石油资源的稀缺性和全球对石油资源的过度需求。21 世纪面临的能源挑战中，从困难和风险来看，最突出的有两个：①降低宏观经济的石油依赖问题以及石油进口部门的外债和收支平衡问题；②控制化石燃料的使用对环境的破坏等，基于石油依赖、气候变化以及其他一些能源挑战，当前迫切需要进行能源创新（John P. Holdren，2006）[②]。自 20 世纪 70 年代石油危机开始，石油依赖便成为世界能源供应安全最突出的问题，一国的石油依赖暴露了其经济的脆弱性，增加了该国的安全风险（Bohi & Toman，1993；Toman，2002；Fri，2003；Correlje & Van der Linde，2006；Yergin，2006；Hughes，2009）[③]。

---

① 根据历年的《中国能源统计年鉴》而得。

② John P Holdren. The energy innovation imperative—Addressing oil dependence，climate change，and other 21st century energy challenges，*Innovation*，spring 2006，pp.3-23.

③ Bohi D R，Toman M A. Energy security：externalities and policies，*Energy Policy*，1993，21（11），pp.1093-1109；Fri R. US oil dependence remains a problem，*Science and Technology XIX*（4，Summer）（The National Academies），2003；Correlje A，Van der Linde C，2006. Energy supply security and geopolitics：A European perspective. *Energy Policy*，34（5），pp.532-543；Yergin D. Ensuring energy security. *Foreign Affairs*，2006，85（2），pp.69-82；Hughes L. The four 'R's of energy security. *Energy Policy*，2009，37（6），pp.2459-2461.

Zanoyan（2003）综合分析了全球的能源安全问题，他认为自 1973 年的石油危机之后，“能源安全”与“石油安全”就是同义词。一直以来世界石油生产国和消费国一直在不断地努力，采取了诸如实行供应来源多样化、提高能源利用和生产效率、建立战略石油储备、发展更加透明和有效的市场、征收石油消费税等措施以预防可能发生的石油供应中断。通过实证分析，他指出在过去的 15 年间，石油供应中断对国际石油市场的影响不是很大。他认为国际石油市场波动是不可避免的，依赖国外石油肯定容易受到石油供应中断的影响，而实行供应多样化能明显提高供应的安全性和石油市场的稳定性①。Ortiz（2002）重点对欧洲石油公司下游产业所面临的挑战和对策进行了研究，他预测，由于欧洲自身能源供应量的增长很难满足其需求量的增长，后欧盟时期进口石油的依存度将会从 2000 年的 70%增长至 2030 年的 90%，这将可能大大增加欧盟的石油风险②。加利福尼亚 Santa Rosa 学院文化、生态和可持续社会学教授、《狂欢已经结束：石油、战争和工业化社会的命运》的作者理查德·亨伯格（Richard Heinberg）认为：“在未来的 20 年内，常规石油仍然是主导能源。我们只会为它付出更多的钱。”氢燃油、取自蔬菜的乙醇、太阳能、风能、来自煤炭的汽油、合成石油——所有的能源都能够引起人们的注意，只要它们有足够的储量。但是顾客需要时间来适应——通常代价是昂贵的——新技术。尽管能源和电力公司都对新技术进行了投资，但它们不可能在一夜间创建出一个大型的基础设施。液化煤、核能、风能——所有这一切都需要很长的一段引导时间③。

近年来，石油依赖问题引发了世界各国政府和学术界的广泛关注。Smil 和 Vaclav（2011）指出美国能源政策面临的最大挑战即对原油的依赖，汽车的低效率、柴油动力车的相对缺乏和现代高铁的绝对缺乏导致成品油消费过量，而面对这些挑战，美国需要加大基础设施投资，更早实现能源独立。Volkan S. Ediger 和 Istemi Berk（2011）认为石油依赖问题对于发展中国家来说是最重要的问题，这些国家的原油储量远远低于其石油需求的状况，导致其石油进口量大幅上涨，当主要石油出口国受益于此时，发展中国家的财政将不堪重负，从而引发国内政治和经济的不稳定④。但是，对于这个问题也有一些不同的观点，Gholz 和 Press（2007）认为石油安全问题和石油依赖问题被夸大化了，它不应该作为美国对外政

---

① Vahan Zanoyan. Global Energy Security：Econometric Prospective，*American Economic Review*，Vol.10，2003，pp.710-769.

② Edgar Ortiz. Energy Sector Reform in Europe，*Journal of Political Economy*，Vol.2，2002，pp.58-112.

③ [美]迈克尔·莱莫尼克（Michael D. Lemoniek），陈威译：《如何摆脱对石油的依赖》，《时代》，2005 年 10 月 31 日。

④ Volkan S. Ediger，Istemi Berk，Crude oil import of Turkey：Historical analysis of determinants and implications since 1968，*Energy Policy*，2011，39（2），pp.2132-2142.

策的考虑因素，但是美国应该认识到 OPEC 卡特尔组织对国际石油市场施加了影响[①]。Roberson（2003）认为，在全球化背景下，能源工业不仅是一个巨大的产业，而且也是世界各国共同关心和共有的财富。他把能源安全定义为“消费国的能源供应安全和石油生产商的市场安全”，认为各国在做出能源决策时必须考虑到新的未知数，并对其能源投资方向作出新的调整，2001 年油价下跌以后，美国国内出于能源安全的考虑，出现了减少对进口石油依赖的倾向。美国逐步减少燃料消费量，发展替代能源，增加战略石油储备，开放阿拉斯加野生动物保护区石油勘探，加速阿尔伯达的油砂开发，增加美国国内能源产量[②]。

1.2.1.2　国外学者对石油依赖的经济学分析

关于石油依赖的经济学分析可以分为两类：

第一类学者（Greene and Leiby，1993；Greene，Jones and Leiby，1998；Greene and Tishchishyna，2001）认为石油依赖的经济成本来源于世界石油市场的垄断权力的使用，他们认为垄断力量是石油市场失灵的关键，并且与假设的竞争石油市场或认为 OPEC 的垄断权力明显缩减的情况进行对比分析[③]。另一类学者（Leiby et al.，1995；Delucchi，1997；Moore，Behrens 和 Blodgett，1998；Parry 和 Darmstadter，2003）认为石油依赖的经济成本是一种外部成本，他们认为石油价格外部成本内在化的失效是市场失灵的关键，并与外部成本内部化的情景进行了对比分析，他们提到的外部成本的类型范围比较广泛，从温室气体排放到确保石油供应的军事成本等都包括在内[④]。这两类方法的主要区别在于对问题本质的判断和进行比较分析的对象的选择上。

另外，这两种观点对如何解决石油依赖问题也产生了两种不同的结论。认为石油依赖是外部性导致的学者觉得最合适的政府干预是解决石油价格外部性内在

---

① Gholz E，Press D G. Energy alarmism：the myths that make Americans worry about oil，*Policy Analysis*，Vol.589，2007（Cato Institute，Washington，DC）.

② S Roberson. Ensuring America's Energy Security，*International Organization*，Vol.5，2003，p.221-256.

③ Greene，D.L. and P.N. Leiby，The Social Costs to the U.S. of Monopolization of the World Oil Market，1972-1991，*ORNL*-6744，Oak Ridge National Laboratory，Oak Ridge，Tennessee，1993，March；Greene，D.L. and N.I. Tishchishyna，Costs of Oil Dependence：A 2000 Update，*Transportation Quarterly*，2001，Vol. 55，No. 3，pp.11-32；Greene，D.L.，D.W. Jones and P.N. Leiby，The Outlook for U.S. Oil Dependence，*Energy Policy*，1998，Vol. 26，No. 1，pp.55-69.

④ Leiby，P.N.，D.W. Jones，T.R. Curlee，R. Lee，Oil Imports：An Assessment of Benefits and Costs，Draft 4，Oak Ridge National Laboratory，Oak Ridge，Tennessee，1995，February 21；Delucchi，M.A. The Annualized Social Cost of Motor-Vehicle Use in the U.S.，1990-1991：Summary of Theory，Data，Methods，and Results，*UCD-ITS-RR*-96-3（1），Institute of Transportation Studies，University of California，Davis，California，1997，June；Moore，J.L.，C. E. Behrens and J.E. Blodgett.，Oil Imports：An Overview and Update of Economic and Security Effects，*CRS Report* 98-1，*Environmental and Natural Resources Policy Division*，Congressional Research Service，Congress of the United States，Washington，DC，1998；Parry，I.W.H. and J. Darmstadter. The Costs of U.S. Dependency，discussion paper 03-59，*Resources for the Future*，Washington，DC，2003.

化的途径，如征收石油税等。但另一类学者认为在市场垄断权力是石油依赖的关键以及结束石油卡特尔是不可能的情况下，最有效的措施就是技术：①扩大能转化为石油的资源范围；②提高石油利用效率；③发展经济的替代能源。同时，还有一些措施，如缓和石油供应中断的战略储备，则同时适用于两类学者的判断。

1.2.1.3 国外学者对石油独立问题的研究

持传统思想的美国能源分析家认为，实现石油独立是完全不可能的事。Parry和Anderson（2005）在“Resources for the Future”的最近一份报告里宣称“能源独立是不可能的事情”[①]。Fialka（2006）在华尔街日报中称能源独立“可能是美国历史上最不切实际的政治口号”[②]。Deutch 等（2006）发文介绍，外交关系理事会的工作组认为要实现能源独立是一个神话[③]。Bryce（2008）认为能源独立是无稽之谈，无论从经济、军事、政治或环境等任何角度谈能源独立都是毫无意义的，更糟糕的是，对能源独立观点的一味痴迷已经阻碍了美国对当前的能源挑战问题进行正确有效的思索[④]。Exxon Mobil 的 CEO Rex Tillerson（2007）认为能源独立对于大多数国家来讲是不可能实现的，一味地追求独立必然会起反作用，寻求能源安全最好的方法就是使能源来源多元化，通过公开竞争的市场扶持能源产业的发展[⑤]。

当然，对石油独立问题也有不同的观点。Auerswald（2006），Lovins 等（2007）认为大多数认为石油独立是无法实现的观点源自于对石油独立或能源安全的错误定义，认为石油独立就是没有石油进口或零石油消费[⑥]。Greene（2009）认为石油独立应该正确地定义为石油消费和石油进口的缓慢减少，并且从理论上对石油独立进行了严格的界定，他认为石油独立是需要通过有效的政策来实现的。未来石油依赖的经济成本是不确定的，并提出了衡量石油依赖和石油独立的方法[⑦]。Verrastro 和 Ladislaw（2007）也对“能源独立”进行了广义和狭义的界定，狭义指的是完全的自给自足，广义指的是在不损害本国经济和政治的基础上的一定程

---

① Parry，I.W.H.，Anderson，J.W.，Energy independence is unrealistic，*Resources for the Future*，Washington，DC.，Vol.156，2005，p.11-15.

② Fialka，J.J.，Energy independence：a dry hole，*Wall Street Journal*，2006.

③ Deutch，J.，Schlesinger，J.R.，Victor，D.G，National Security Consequences of US Oil Dependency，Independent Task Force Report No. 58，Council on Foreign Relations，New York，NY，2006.

④ Bryce，R.，Gusher of Lies：The Dangerous Delusions of Energy Independence，*Public Affairs*，Perseus Books Group，New York，2008.

⑤ Multinational monitor's editorial writer，Independence from oil，*Multinational monitor*，September/October 2007，pp.6.

⑥ Auerswald，P.E.，The Myth of Energy Insecurity，*Science and Technology*，summer 2006，https://www.issues.org/22.4/auerswald.htmls.

⑦ Greene，D.L.，Measuring energy security：Can the United States achieve oil independence? *Energy Policy*，2009，doi：10.1016/j.enpol.2009.01.041.

度的石油依赖；然后分析了当前能源趋势以及当前的能源相互依赖的事实，指出全球 193 个国家，没有任何一个国家是能源独立的，切断能源贸易关系，以简化外交关系是短视的行为，所以避免过度依赖任何一个供应商的燃料或能源，需要建立一个复杂的经济、安全和环境目标的平衡框架①。Benjamin K. Sovacool（2007）提出缺乏正确统一的界定和相关政策的实施，石油独立是不可能实现的。美国可以通过一系列技术投入和实践扩大国内供给和减少石油需求以摆脱石油价格波动的影响，所以要摆脱石油依赖必须使国内传统石油供应商的投资实现多样化和扩大化，减少交通和建筑部门的全面需求，并且继续开发替代能源，如果政策制定者现在就采取行动的话，美国在 2030 年就可以摆脱石油依赖②。

1.2.1.4 国外学者关于我国如何应对石油逆差的研究

我国如何应对石油逆差也成为国际市场讨论的热点，因为我国的措施对国际安全问题有着深远的影响。国际市场上主要有两种声音：一方面，分析家预测我国如果采取经济民族主义来解决能源安全问题将会引发全球动荡。这些可能的措施包括在争议较大的东海和南海海域开发潜在的能源资源，加强海军力量保护海上石油运输以及与主要石油生产国加强军事合作，用武器换取稳定的石油进口③。另一方面，分析家预测我国如果采取经济自由主义来解决能源安全问题，则会加深我国与国际社会的进一步融合，这些措施包括我国加大与国际市场的能源贸易，加强与邻国的合作、共同开发远程石油资源，与其他石油进口国共同分享波斯湾石油的自由流入和美国海军加强海上交通的保护利益④。

1.2.1.5 国外学者对我国的能源安全问题的研究

我国的能源消费会给国际能源安全带来一定的影响，所以国外学者也高度重视我国经济的迅速发展所带来的能源安全问题。在分析我国的能源消费问题方面，Kang Wu（1995）对我国近年来能源消费的发展历程进行了全面分析⑤，Byrne

---

① Frank Verrastro and Sarah Ladislaw，Providing energy security in an interdependent world，*The Washington Quarterly*，autumn 2007，pp.95-104.

② Benjamin K. Sovacool，Solving the oil independence problem：Is it possible? *Energy policy*，Vol.35，2007，pp.5505-5514.

③ Kent Calder，Asia's Empty Gas Tank，*Foreign Affairs*，Vol. 75，No. 2（March/April 1996），pp.55-69；Mamdouh G. Salameh，China，Oil and the Risk of Regional Conflict，*Survival*，Vol. 37，No. 4（Winter 1995-1996），pp.133-146；Thomas M. Kane and Lawrence W. Serewicz，China's Hunger：The Consequences of a Rising Demand for Food and Energy，*Parameters*，Vol. XXXI（Autumn 2001），pp.63-75 and Ross H. Munro，Chinese Energy Strategy，*Energy Strategies and Military Strategies in Asia*，Report prepared for the Office of Net Assessment，Department of Defense，September 1999.

④ Robert A. Manning，The Asian Energy Factor（New York：Palgrave，2000）；Felix K. Chang，Chinese Energy and Asian Security，*Orbis*，Vol. 45，No. 2（Spring 2001），pp.1-25；and Daniel Yergin，Dennis Eklof，and Jefferson Edwards，Fueling Asia's Recovery，*Foreign Affairs*，Vol. 77，No. 2（March/April 1998），pp.34-50.

⑤ Kang Wu，Bingsheng Li，Energy development in China：National policies and regional strategies，*Energy Policy*，Vol.23，1995，pp.167-178.

（1996）总结了在我国经济发展过程中能源消费所带来的种种问题[①]。Jonathan E. Sinton（2000）从工业结构、能源利用效率、经济发展等不同方面全面剖析了1996—1999 年我国能源消费总量下降的原因[②]。Zhong X. Z.（2003）对 20 世纪 90 年代我国工业行业的能源消费强度的变化作出了归纳总结[③]。John Byrne（1998）[④] 和 Yeman（2004）[⑤] 分别对内蒙古和上海的能源消费问题进行了研究。

在对我国能源政策的评价方面，Eric D. Larson（2003）评价了未来我国能源技术战略，并讨论了未来 50 年要使我国社会经济持续发展的能源安全和环境保护问题[⑥]。Yanrui Wu（2003）对 20 世纪 90 年代我国能源行业放松管制的过程及其对能源政策、所有制、国外投资贸易等方面的影响进行了深入分析[⑦]。

在对我国未来能源发展进行预测时，James P. Dorian（1999）分析了未来中亚地区与我国西北地区能源合作的可能性及具体合作途径，在我国能源大规模进口及国际能源价格上涨对我国经济的影响等方面也作了一些研究。Detlef van Vuuren（2003）利用 IMAGE/TIMER 模型对我国未来 100 年的能源消费和碳排放进行了预测[⑧]。Paul Crompton（2005）利用 BVAR 模型对我国未来的能源需求进行了预测[⑨]。这些国际学者们的研究工作都对我国能源安全问题的研究提供了较好的借鉴和参考依据。

1.2.2 国内关于石油依赖现状及降低石油依赖途径的研究

国内学者关于石油依赖问题主要集中在对石油依赖问题的警示、如何降低石油依赖程度以及实现能源创新等方面。

---

① John Byrne，Bo Shen，The challenge of sustainability，*Energy Policy*，Vol.24，1996，pp.455-462.

② Jonathan E. Sinton, David G. Fridley, what goes up: recent trends in China's energy consumption, *Energy Policy*, Vol.28，2000，pp.671-687.

③ Zhong X Z. Why did the energy intensity fall in China's industrial sector in the 1990s? The relative importance of structural change and intensity change，*Energy Economics*，Vol.25，2003，pp.625-638.

④ John Byrne，Bo Shen and William Wallace，The economics of sustainable energy for rural development：A study of renewable energy in rural China，*Energy Policy*，Vol.26，1998，pp.45-54.

⑤ Yemane Wolde-Rufael，Disaggregated industrial energy consumption and GDP：the case of Shanghai，1952-1999，*Energy Economics*，Vol.26，2004，pp.69-75.

⑥ Eric D.Larson, Wu Zongxin, Pat DeLaquil, Future implications of China's energy-technology choices, *Energy Policy*, Vol.31，2003，pp.1189-1204.

⑦ Yanrui Wu, Deregulation and growth in China's energy sector: a review of recent development, *Energy Policy*, Vol.31, 2003，pp.1417-1425.

⑧ Detlef van Vuuren，Zhou Fengqi，Bert de Vries，Energy and emission scenarios for China in the 21st century-exploration of baseline development and mitigation options，*Energy Policy*，Vol.31，2003，pp.369-387.

⑨ Paul Crompton，Yanrui Wu，Energy consumption in China：past trends and future directions，*Energy Economics*，Vol.27，2005，pp.195-208.

1.2.2.1　国内学者关于石油依赖的现状分析

我国工程院院士徐寿波（2006）对能源安全问题表示担忧。他认为，衡量一个国家能源安全的重要标志是本国能源供应是否依赖外国及其依赖程度。国家发展和改革委员会能源所能源经济与发展战略研究中心主任高世宪（2006）指出，从产业结构看，降低经济对石油的依赖度，要求我国不能过分发展高耗油产业，并降低单位 GDP 油耗，我国的经济增长决不能走过度依赖石油的道路。国家发展和改革委员会副主任张国宝（2006）说，降低经济对石油的依赖度，就是要避免石油在我国一次能源消费结构中的比重不断攀升①。

张麦花、张亚芬（2006）对我国的石油依存度的历史演变进行了回顾，同时总结了当前我国石油依存度的特点——石油依存度在增长和依存的区域相对集中，我国已进入分享国际石油资源的世界级石油进口大国行列。随着石油进口依存度的不断提高，我国面临的国际风险将逐渐加大。我们必须正视现实，加紧我国石油储备的建设，以应对国际石油市场的风云变幻与油价的剧烈波动，保证国民经济的正常运转与可持续发展②。

张华林、刘刚（2005）建立了石油安全评价的指标体系、评价标准和安全等级，运用层次分析法对我国的石油安全状况进行了综合评价，结果表明，从总体上讲，我国的石油安全状况较差，并且正向高度危险区域转化，这与我国全面建设小康社会的进程很不协调。对石油安全影响较大的因素主要是资源因素和进口因素，其累计权重达 0.688 2③。

1.2.2.2　国内学者关于如何应对石油依赖问题的研究

有些学者④提出能源多元化战略，其中包括石油进口多元化和能源使用的多元化战略。前者主张广泛开拓石油进口渠道，以分散风险，提高进口石油的安全性；后者主张广泛开发替代能源，降低国内对石油的依存度。以周大地为代表的学者提出，降低能源需求是保障我国石油安全的重要手段，主张提高能源使用效率⑤。更有学者将提高能源使用效率放到石油安全战略的首要位置⑥。下面是一些学者的具体观点：

世界石油大会高级副主席、我国国家委员会主任王涛（2004）认为应加强国

---

① 冯子京：《中国努力降低对石油的依赖度》，《中国自行车》，2006 年第 2 期。

② 张麦花、张亚芬：《我国石油依存度的现状及发展趋势分析》，《发展战略》，2006 年第 3 期。

③ 张华林、刘刚：《我国石油安全评价指标体系初探》，《国际石油经济》，2005 年第 5 期。

④ 王家枢：《石油与国家安全》，地震出版社，2001 年 6 月版等。

⑤ “十五”国家高技术发展计划能源技术领域专家委员会：《能源发展战略研究》，化学工业出版社，2004 年 9 月版等。

⑥ 中央党校《中国能源可持续发展战略》课题组：《中国能源可持续发展战略构想》，经济参考报，2004 年 12 月 29 日。

内资源的勘探开发，使国内石油产量保持在 2 亿 t 左右；同时，采取参与国际油气资源勘探开发合作、发展替代能源、大力节能等措施，增加 1 亿 t 油气产量；使原油进口保持在 1 亿 t 左右，经过努力，把我国石油对外的依存度从 50%降到 25%～30%是有希望办到的[①]。

安邦咨询高级分析师贺军（2008）认为，如果我国能通过技术创新建立起每年 5 000 万 t 的“煤制油”生产，将会显著减少我国对国际市场的石油依赖，同时为自己参与国际能源市场提供了一个有利的筹码[②]。

孙泽文（2008）提出减少对石油的依赖，不仅仅是一个纯粹的经济问题，更是一个与国家安全、社会长治久安相关的重大课题。从目前的国际安全格局来看，一个国家对石油的依赖越少，这个国家的安全程度就越高。从欧盟、美国、日本等国家的经验看，减少对石油的依赖，带来了三大积极的成果。①推进了经济的可持续发展。因为，一个高能耗的国家，始终会受制于能源的各类变化，在经济发展中出现诸多不确定因素；②鼓励了技术创新。减少对石油的依赖，消费者自然会寻求替代能源，提高能源利用效率，这便带动了经济结构的转型和升级；③促进了国家安全的稳固。在全球化时代，军事入侵对西方国家安全的威胁在减弱，而经济风险的冲击力却在增加。金融和能源无疑是两个最能冲击一国经济的因素。特别是能源问题，因为受地缘政治影响依然很大，一直是西方国家，特别是那些缺少能源的西方国家的心病。这些年来，西方国家降低了对国际石油市场的依存度，当然也就提升了自身的国家安全[③]。

刘振举（2006）认为我国现行的石油税制已经越来越不能适应形势的发展，存在诸多弊端，主要包括粗放型的石油税制不适合石油行业的特点、缺乏鼓励上游勘探开发和边际油田开发的措施、消费税率与国际相比过低等。我国应该针对这些问题对石油税制进行改革，以增强国内石油供应能力，减少对外石油依赖，维护我国的石油安全[④]。

张树伟（2008）认为随着石油价格的攀升，降低石油依赖、开展石油替代成为一项重要且紧迫的工作。科学技术的不断发展与设备性能的提高，使来源多样的电力具有了对石油的部分替代可能性。他分析了“十一五”到 2020 年电力替代在工业与交通部门的潜力分布，通过分析发展趋势、效率因素、排放因素等，对电代油的能源安全与环境收益进行了测算，认为电力替代石油技术的可能性是存在的，但是大规模的“电代油”是一项长期和艰巨的系统性工程，需要政策支持、

① 王涛：《降低对进口原油的依赖程度》，《瞭望新闻周刊》，2004 年 11 月 1 日。

② 贺军：《如何摆脱石油依赖症？》，《中国企业家》，2008 年第 13 期。

③ 摘自孙泽生，《环球时报》，2008 年 1 月 18 日。

④ 刘振举：《浅析我国石油安全的税收政策》，《经济研究导刊》，2006 年第 6 期。

技术研发、企业和民众积极参与等各方面的共同努力①。

董普、满悦媛等（2008）分析了我国快速增长的石油资源需求、紧缺的供给及储备状况，发现我国原有的石油战略存在一些不足，未来应该建立多元化的石油供应体制，建立石油储备制度，发展替代能源和节约型设计以确保海洋权益，加大海洋开发力度等，以确保石油安全②。

丁锋（2005）提出石油危机之后，石油消费大国都加快了对能源利用结构的调整，不同的是，发达国家对石油的依赖程度普遍下降，而我国、印度等发展中国家对石油的依赖程度却在加大。因此，新时期我国能源政策的取向应该是：加强对天然气和核能的开发利用，降低对煤炭的依赖性；石油开发利用的近期目标应该是建立安全供应体系、保障石油安全；完善能源管理体制，实现对能源的统一管理；加强国内勘探开发，逐步降低对外依存度③。

综合以上文献回顾，发现目前石油依赖的解决途径主要集中在加强国内资源的勘探开发、参与国际油气资源勘探开发合作、石油进口多元化、发展替代能源、提高能源利用效率等方面。

1.2.2.3　国内学者关于能源创新的研究

（1）关于新能源和可再生能源的创新。我国关于新能源与可再生能源的研究大致可以分为两个方面：①在新能源与可再生能源开发利用的历史意义、战略地位、重要性等方面，学术界进行了积极的探讨，发表了大量的专著、论文及研究报告，并有大量专利文献可供查阅④。②在新能源与可再生能源开发利用的技术方面，近年来各类能源技术都有突出进展，在一些种类中已经形成了较为成熟的技术，如光热技术、风能发电技术等。这方面的研究资料内容涉及相当广泛，有的是对新能源与可再生能源开发利用现状做总体介绍，有的是对开发利用具体技术细节进行分析探讨，还有的是对各类具体的新能源与可再生能源形式的开发和研究现状进行详细介绍⑤。

（2）关于能源利用效率方面的研究。曹征彦（1997）分析了我国节能管理的

---

① 张树伟：《降低石油依赖——电力替代潜力分析》，《电力技术研究》，2008 年第 8 期。

② 董普、满悦媛等：《21 世纪我国石油安全的战略对策》，《资源与产业》，2008 年第 2 期。

③ 丁锋：《从近十年能源利用结构看我国能源政策取向》，《资源经济》，2005 第 8 期。

④ 吴治坚：《新能源与可再生能源的利用》，机械工业出版社，2006 年版；钱伯章：《新能源——后石油时代的必然选择》，化学工业出版社，2007 年版；翟秀静、刘奎任、韩庆：《新能源技术》，化学工业出版社，2005 年版；李长江：《论可再生资源的开发和利用》，《生态经济》，2002 年第 12 期；高虹、张爱黎：《新型能源技术与应用》，国防工业出版社，2007 年版。

⑤ 化学工业出版社 2005 年出版的一套“21 世纪可持续能源丛书”，就包括《能源与可持续发展》、《核能开发与利用》、《风能开发利用》、《太阳能利用技术》、《生物质能资源清净转化利用技术》、《海洋能资源开发利用》和《地热资源及其开发利用和保护》等，对各类新能源与可再生能源开发利用技术和利用现状做了详细介绍。

行政、经济和法律等手段[①]。王庆一（2002）在分析能源效率的制约因素以及取得的成就和基本经验后提出了提高我国能源效率的政策对策[②]。国家发展和改革委员会能源研究所（2003）在《我国可持续发展能源暨碳排放情景分析综合报告》中指出能源效率的提高不能仅仅依靠市场力量，加强节能必须加强政府和全社会的定向干预[③]。郁聪、康艳兵（2003）回顾了我国节能政策的演变历程和主要的节能经济政策措施，同时分析了国外推动节能工作的主要做法及节能激励政策，并根据我国国情提出了进一步明确节能优先战略、强化政府在节能工作中的宏观调控职能和表率作用、加大能效标准标识工作力度以及建立节能专项基金、完善减免税政策和研究制定燃油税及能源环境税等政策建议[④]。张宏武（2001）[⑤] 和宣能啸（2004）[⑥] 通过能源效率的国际比较，提出了研究我国能源效率的方法及提高能源效率的途径。蒋金荷（2004）从能源物理效率、单位产值能耗、单位产品能耗等方面分析了我国能源效率的现状特征，指出我国是终端能源密度下降最为迅速的国家，但同时也是终端能源密度最高的国家[⑦]。韩智勇、魏一鸣、范英（2004）将能源强度变化分解为结构份额和效率份额，对我国能源强度变化中的结构份额和效率份额进行了定量分析，结果表明：1998—2000 年，我国能源强度下降的主要动力来自于各产业能源利用效率的提高，其中工业能源强度下降是总体能源强度下降的主要原因[⑧]。

（3）关于能源制度政策方面的研究。从 1994 年起我国出版了 1994 年、1997 年、2001 年、2003 年、2006 年、2007 年、2008 年、2009 年《中国能源发展报告》，能源战略问题越来越受重视。在综合能源战略方面，国家计委主持了《中国中长期能源发展战略研究》[⑨]，“我国能源战略研究”课题组主持完成了《中国能源战略研究》[⑩]。大量学者也对我国不同地区的能源战略进行了深入研究。赵媛等（2001）

---

① 曹征彦：《提高能源效率——中国取得的成就和政府的方针措施》，《经济研究参考》，1997 年第 12 期。

② 王庆一：《能源效率及其政策和技术（上，下）》，《节能与环保》，2002 年第 1 期。

③《中国可持续发展能源暨碳排放情景分析综合报告》课题组：《中国可持续发展能源暨碳排放情景分析综合报告》，国家发展和改革委员会能源研究所，2003。

④ 郁聪、康艳兵：《国内外节能政策的回顾及强化我国节能政策的建议》，《中国能源》，2003 年第 10 期。

⑤ 张宏武：《多部门能源消费效率的要因分析——中国和日本比较》，《山西师范大学学报（自然科学版）》，2001 年第 2 期。

⑥ 宣能啸：《我国能源效率问题分析》，《国际石油经济》，2004 年第 12 期。

⑦ 蒋金荷：《提高能源效率与经济结构调整的策略分析》，《数量经济技术经济研究》，2004 年第 10 期。

⑧ 韩智勇、魏一鸣、范英：《中国能源强度与经济结构变化特征研究》，《数理统计与管理》，2004 年第 1 期。

⑨ 周凤起、周大地：《中国中长期能源发展战略》，中国计划出版社，1999 年版。

⑩《中国能源战略研究》课题组：《中国能源战略研究》，中国电力出版社，1997 年版。

提出要树立大能源系统观[①]。李志刚（2002）[②]、范业正（1999）[③] 和刘毅（1996[④]，1999[⑤]）等分别对陕甘宁接壤区、澜沧江–湄公河次区域、长江产业带和我国沿海地区能源发展战略进行了阐述。自 2003 年以来我国出现了严重的能源短缺问题，能源安全问题和战略受到前所未有的重视，2003 年国务院总理提出了“中国可持续发展油气资源战略研究”课题，2004 年完成了《能源中长期发展规划纲要（2004—2020 年）》和《国家节能中长期规划》等研究报告，2007 年我国制定了《能源发展“十一五”能源规划》。2006 年 1 月 1 日起施行《中华人民共和国可再生能源法》，2007 年 10 月 28 日修订通过《中华人民共和国节约能源法》，2008 年 4 月 1 日起施行，并制定了《节能减排综合性工作方案》强调节能减排，2008 年国务院颁布了《公共机构节能条例》、《民用建筑节能条例》，2009 年 1 月 1 日起实施《中华人民共和国循环经济促进法》等。

1.2.3　对现有文献研究的评述

通过对国内外学者关于石油依赖问题研究文献进行梳理，总的情况为：

（1）国内外关于石油依赖的现状分析比较多，国外学者对石油依赖问题存在两种对立的观点：一种认为该问题无论是对一国经济还是社会其他方面的危害性都很大；另一种观点认为石油依赖问题被夸大了；国内的研究主要集中在警示阶段，让大家意识到石油依赖问题的存在。

（2）国内关于石油依赖问题的深层次原因分析仅限于定性分析，更多的是从宏观角度进行阐述，缺乏相关的数理模型分析。而国外关于该方面的研究已经比较成熟，尤其是在石油依赖的成本衡量上出现了两类比较有代表性的观点：一类学者认为石油依赖的经济成本来源于世界石油市场的垄断权力的使用；另一类学者认为石油依赖的经济成本是一种外部成本，石油价格外部成本内在化失效是市场失灵的关键。笔者比较赞同第一种观点，因为通过从外部成本角度评估石油依赖成本，从而征收与外部成本等额的税收的方法来解决国内的石油依赖问题存在一些偏颇，该观点事实上认为外部性是市场失灵的原因，而石油依赖正反映了市场失灵，然后就等同石油依赖就是外部性的产物。这样的推理存在一定的问题。但是也不能完全否定该观点，因为现实中温室气体排放、确保石油供应的政治军事成本的存在也恰恰反映了该外部成本的存在。所以本书将结合这两类观点进行分析。

---

① 赵媛、曾尊固、陈周骅：《树立大能源系统观，促进能源可持续发展》，《经济地理》，2001 年第 21（6）期。
② 李志刚、张锦宗、薛丽芳：《陕甘宁接壤区能源重化工基地建设构想》，《地理研究》，2002 年第 21（3）期。
③ 范业正：《澜沧江-湄公河次区域能源分布及配置》，《地理学报》，1999 年第 54 期（增刊）。
④ 刘毅：《资源合理开发与能源供需解决途径》，《地理研究》，1996 年第 15（2）期。
⑤ 刘毅：《沿海地区能源供需保障与解决途径》，《地理学报》，1999 年第 54（6）期。

（3）在如何应对石油依赖问题的研究上，国内外的研究都比较零散，没有提出一个比较系统的对策，主要的分析集中在技术创新（包括新能源替代技术、能源使用技术效率的提升、加大 R&D 的投入等）和制度创新上。在该问题上国外学者对能否实现石油独立的争议比较大，笔者觉得争议的主要原因还在于对“石油独立”或“能源独立”概念的界定。

（4）国内关于能源技术创新研究比较多地集中在两个方面，一方面是新能源与可再生能源的研究上，该方面的研究资料，在技术方面介绍得比较全面细致，但从社会科学视角对新能源与可再生能源开发利用的理论探讨则显得比较薄弱，绝大多数的探讨都是从宏观角度展开的，缺乏基于具体能源特点、具体地域特征等具体情况而深入进行的微观考察与分析[①]。另一方面集中在能源效率方面，在概念上我国的学者更偏重物理学的能源效率概念，在具体分析上，更多的研究主要停留在能源效率的现状和国内外的比较定性分析上，缺乏对能源效率的深层次原因进行分析。

（5）国内关于能源创新的政策研究非常多，有许多成功的经验，但是由于决策思想转变滞后，决策民主化不够，以及执法不严，有些政策执行效果并不是很理想，甚至出现很差的状况。另外，还有很多政策需要进一步完善。例如，目前国内能源效率政策措施还很不完善，一些政策还处于探索阶段，如能效标识制度、节能自愿协议等。

1.3 石油依赖概念的界定

石油依赖的英文翻译为“oil dependence”。“依赖”在《现代汉语词典》（第 6 版）中的解释是“①依靠某种人或某事物而不能自立或自给”。“②指各个事物或现象互为条件而不可分离：工业和农业是相互依赖、互相支援的两大国民经济部门。”那么依据此解释，“石油依赖”就可以解释为“一国经济对石油过于依赖或者是一国经济的发展与石油消费互为条件、不可分离”。

目前国际市场上对“石油依赖”的界定存在一定的争议。主要争论集中在“石油依赖”指的是“一国对石油进口的依赖”还是“一国对石油消费的依赖”。主流的关于“石油独立”（oil independence，石油依赖的反义词）的界定为：①禁止从中东进口石油或禁止所有石油进口[②]。②禁止所有石油消费[③]。事实上，他们对这

① 杨解君、赖超超：《新能源和再生能源开发利用政策与立法研究述评》，《法治论丛》，2008 年第 5 期。

② Fialka，J.J. Energy Independence：A Dry Hole? *Wall Street Journal*，July，2006；Energy Information Administration. 2002 Energy Consumptions by Manufacturer：Data Tables 10.4 and 10.8，U.S. Department of Energy. http://www.eia.doe.gov/emev/mecs/data02/shelltables.html. Accessed March 8，2005.

③ Lovins，A.B.，E.K.Datta，O. -E.Bustnes，J.G Koomey，and N. J.Glasgow. *Winning the Oil Endgame*. Rocky Mountain Institute，Snowmass，Colo.，2005.

个问题的思考都过于简单，这些极端的关于石油独立的概念是错误的，他们的错误源于未能准确地了解石油依赖问题的本质[①]。一旦石油依赖问题被正确地认知，一个有意义的石油独立概念就容易形成。石油依赖问题通常被认为等同于一国石油进口供给量。依赖进口石油是石油依赖问题的一个构成部分，但并不是解决“是否进口”问题。即使 OPEC 控制石油生产导致石油价格上升，美国宁愿支付更高的价格进口石油而非仅仅依靠国内石油供给，因为前者会使美国经济更好[②]。

Merriam-Webster 在线词典将“独立”定义为“不依赖……不受他人管制，自我管制”，而管制被定义为“行使限制或直接影响”[③]。根据这些单词的一般含义，“石油依赖”可以定义为“在石油需求方面，一个国家不能达到自己的决定不受其他国家的限制或直接影响的状态”。该定义并没有暗示要达到石油独立我国不能进口石油或者不消费石油。Greene（2007）对“石油独立”进行了一般的界定：“在可以想象的未来石油市场上，石油依赖给美国经济带来的经济成本应该是非常小而不足以影响其经济、军事和外交政策的”[④]，该定义抓住了石油依赖的本质但是缺乏可衡量性。可衡量的定义必须反映市场状况的不确定性和包括对石油依赖的潜在成本下降的量化界定。考虑到未来石油市场的不确定性，Greene（2009）提出石油依赖可量化的定义为“到 2030 年石油依赖的可量化的所有经济成本不得高于美国 GDP 的 1%所发生的概率为 95%”[⑤]。

Schock 等（1999）对石油依赖的界定为“石油依赖是下列原因的产物：①被 OPEC 卡特尔严重影响的非竞争性国际石油市场；②美国高石油进口水平；③石油对美国经济的重要性（尤其是交通部门）；④经济性和可适用的石油替代物的缺乏。”石油依赖对美国经济来讲是一个大成本，因为它是市场失灵的直接结果，美国作为一个国家必须对它有所作为。发展更高的技术水平来提高交通部门的能源

---

① Grumet，J. S. Prepared Statement before the U.S. Senate Committee on Foreign Relations，May 16，2006. In Energy Diplomacy and Security：A Compilation of Statements by Witnesses Before the Committee onForeign Relations，United States Senate，109th Congress，Second Session.U.S. Government Printing Office，2006. http://www.gpoaccess.gov/congress/index.html.

② U.S. General Accounting Office. *Energy Security*：*Evaluating U.S. Vulnerability to Oil Supply Disruptions and Options for Mitigating Their Effects*，GAO/RCED-97-6，Washington，DC，and December，1996.

③ Merriam-Webster's Online Dictionary. http://www.m-w.com.

④ Greene，D.L.，Leiby，P.N.，Patterson，P.D.，Plotkin，S.E.，Singh，M.K. *Oil independence*：*achievable national goal or empty slogan?* Transportation Research Record 1（2017），2007，pp 47-53（Transportation Research Board，National Research Council，Washington，DC）.

⑤ Greene，D.L.，Measuring energy security：Can the United States achieve oil independence? *Energy Policy*，2009，doi：10.1016/j.enpol.2009.01.041.

利用效率、降低替代能源的成本、改进石油勘探和开采技术将有助于应对世界石油市场的垄断和有效降低石油依赖的成本。①

国内关于石油依赖的界定比较少，国家发展和改革委员会副主任张国宝（2005）认为石油依赖就是石油在我国一次能源消费结构中的比重不断攀升。我国工程院院士徐寿波（2005）认为，衡量一个国家能源安全的重要标志是本国能源供应是否依赖外国以及依赖程度②。国内对“石油依赖”的界定更倾向于“一国对石油消费的依赖”。在本书中，我们也将采取该种界定方法。

1.4 本书的研究框架与方法

1.4.1 研究内容

本书旨在对我国石油依赖问题进行深入剖析，从而寻求降低我国石油进口依赖的有效路径。本书首先对我国石油供求及贸易情况进行梳理，阐述石油供求缺口逐渐增大的事实，进而通过模型对石油过分依赖的经济成本和风险进行论证，提出降低石油进口依赖的紧迫性，然后对当前降低石油进口依赖的路径进行探讨，指出提高石油利用效率（即节油）为最优路径，最后在借鉴国外节油经验的基础上给出了我国节油的政策保障建议，基本研究框架如图 1-1 所示。

本书共分为 7 章，具体章节安排如下：

第 1 章是本书的导论部分。介绍了本书的研究背景、研究意义、研究方法和分析框架；对国内外关于石油依赖研究的文献进行了回顾综述；对石油依赖的概念进行了界定；指出了本书的创新和有待深化研究的问题。

第 2 章是本书的理论基础。该部分首先通过将经济学的供求理论与石油资源的耗竭性特征和石油独特需求特性相结合总结了石油的供给和需求理论，在寻求降低石油进口依赖路径时从扩大石油供给和降低消费两个角度入手；然后分能源与非能源要素之间的替代和能源要素间的替代对能源替代理论进行了梳理分析；最后用总供给和总需求模型分析了石油价格波动对经济的影响机制。

---

① Schock，R.N.，W. Fulkerson，M.L. Brown，R.L. San Martin，D.L. Greene and J. Edmonds. How Much Is Energy R&D Worth as Insurance，*Annual Review of Energy and the Environment*，1999.vol. 24，pp.487-512，Annual Reviews，Palo Alto，California.

② 冯子京：《中国努力降低对石油的依赖度》，《中国自行车》，2006 年第 2 期。

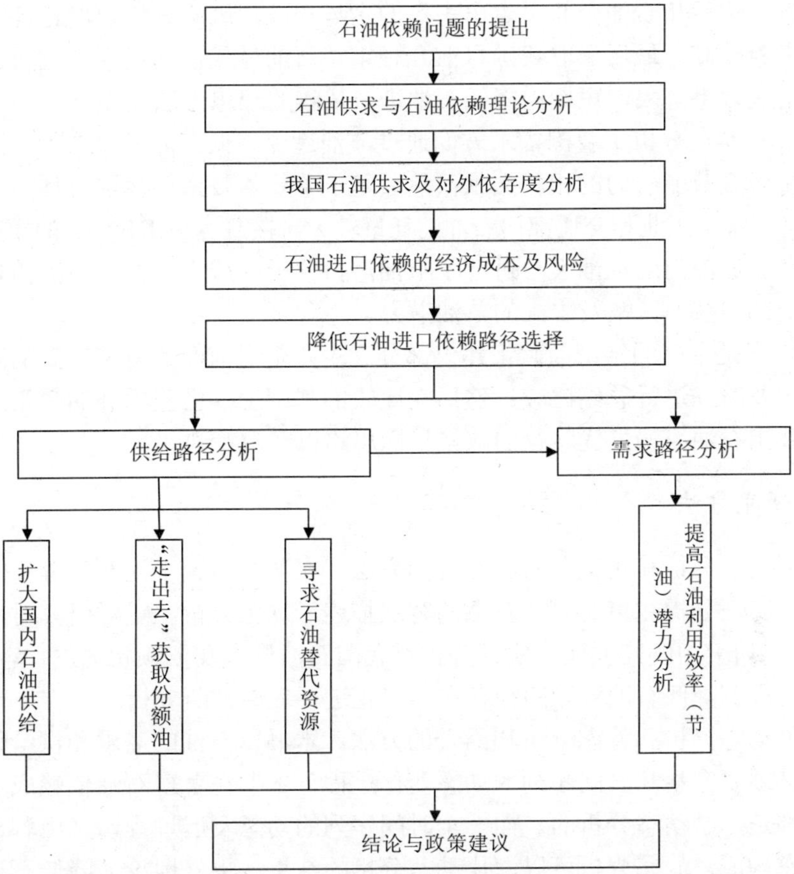

图 1-1　本书的研究结构框架

第 3 章是对我国石油供求以及对外依存度的现状进行描述性分析。该章从我国石油生产总量、生产弹性系数、分布结构等方面对我国石油供给的现状进行分析；从石油消费总量、石油消费与经济增长的关系、石油利用效率和石油消费结构等方面概括了我国石油消费现状；从石油进口总量、进口来源地分布和石油进口依存度 3 个方面总结了石油进口贸易依存度的基本态势。

第 4 章是关于我国石油进口依赖的经济成本和风险分析。首先从经济学角度深层次剖析石油依赖问题，并借鉴 Greene 的 OSMM 模型对石油依赖经济成本进行核算；然后再从石油来源和运输问题两个角度分析石油进口可获得性风险。

第 5 章论述了目前在降低石油进口依赖方面供给路径的局限性。首先从成本-收益分析、石油资源储量以及我国目前的产量角度分析了扩大国内石油供给路径的局限性；然后从石油企业“走出去”的劣势和政治风险分析角度论证了该路径的要求考验较高；最后选取我国目前几种重点石油替代模式进行了剖析，指出该路径的替代效果有限，短期内降低石油进口依赖的理想无法实现。

第 6 章实证分析了我国需求方面通过节油途径降低石油进口依赖的潜力。首先回顾了研究节能潜力的相关文献；然后基于单要素效率对我国总体节油潜力进行了估计；鉴于工业和交通部门石油消耗量较大，接着运用 DEA 节油模型着重针对工业和交通部门两耗油大户进行了节油潜力分析；最后分析了石油消耗增长最快的交通部门节油策略及未来的节油潜力。

第 7 章是本书的结论与政策建议部分。主要是对前面各章节提到的降低石油依赖的主要路径进行总结比较；然后在比较的基础上，借鉴国外的政策经验，提出降低我国石油依赖最优路径的政策目标思路以及政策建议。

1.4.2 研究方法

（1）实证分析和规范分析相结合的方法。在科学研究中这两类分析方法被广泛运用。实证分析注重对研究对象的客观描述，规范分析注重对研究对象的理性判断。本书研究中既需要通过实证分析对我国石油供求及依赖状况进行客观描述，又需要对现有降低石油依赖路径存在的问题进行理性判断分析。

（2）动态分析和静态分析相结合的方法。本书以石油的需求和供给作为研究对象，必须要考察其时间序列的动态变化过程，本书在考察石油依赖成本和节油潜力时都是基于动态分析的。而一个时间序列的动态发展过程，又由若干时点截面的静态构成，静态分析可以深化动态分析的结果，更好地论证降低石油供需缺口路径的可行性。

（3）定性分析和定量分析相结合的方法。在对我国石油依赖成本及降低路径的分析过程中，根据实证分析方法客观描述我国供需缺口变化、依赖成本、节油路径潜力等问题时，需要进行动态和静态相结合的定量分析。本书的定量分析运用了计量模型分析方法和数据包络分析方法。根据规范分析方法理性判断如何解决供需缺口矛盾时，需要进行定性分析寻找最优路径。

（4）比较分析方法。本书在多处运用了比较分析方法，用大量的数据分析了我国石油生产和消费过去、现在和未来的变化发展趋势；石油依赖成本的历史变动趋势比较；在降低我国石油进口依赖的路径间展开比较分析；在石油替代不同模式间进行比较；在节油路径中进行地区间比较、部门间比较、交通部门内部比较；在对策建议中进行国际比较等，通过该方法的运用，可以使研究成果既具有一般性又考虑特殊性，从而使解决我国石油依赖困境的方法更加具有科学性和适用性。

1.5 本书的创新和有待深化研究的问题

1.5.1 创新之处

关于石油供需问题的研究层出不穷，这些研究为我国石油依赖问题提供了大量的参考资料，但是非常系统地解决我国石油进口依赖问题的文献不多，本书的创新之处在于：

（1）本书的研究视角是一种创新。在优化我国能源消费结构的研究中，我国通常的结论是降低煤炭的消费占比，提高高热值石油、天然气能源的消费比重，同时发展可再生能源。本书是从石油依赖的经济成本和风险出发，提出在一次能源消费结构中，应该要降低对石油的依赖。

（2）关于石油进口依赖问题，国内的研究主要集中在警示阶段，还没有相关文献对石油依赖的经济成本风险问题进行深入实证分析。本书借助 OSMM 模型从财富转移、潜在 GDP 损失和宏观经济调整成本等角度对我国石油进口依赖的经济成本进行了测算，使我国对石油依赖问题有了一个定量的认识。

（3）国内关于解决石油供需矛盾缺口的文献较多，但是主要集中在单一路径角度或者简单罗列所有可行路径。本书在以低碳经济为前提降低石油依赖的大背景下，对目前解决石油供需缺口矛盾的路径进行了比较分析，并且提出节油是最优路径选择。

（4）在扩大国内石油生产路径上，运用成本-收益分析法对国内相对于石油进口的石油生产收益和石油生产直接成本、环境成本以及使用者成本等进行了核算，从而提出该路径在成本上的局限性。

（5）本书从单要素能源效率和全要素能源效率两个角度对我国的节油潜力进行了分析，从而测算出通过提高石油利用效率可以降低石油进口数量和比例。并且针对两个重点油耗大户（工业部门和交通运输领域）采用 DEA 方法测算了我国各省的节油潜力。

1.5.2 有待深化研究的问题

有关石油能源领域问题涉及面是非常广泛的，本书限于研究的重心和篇幅，以及笔者的学识水平等，只是涉及其中的一小部分，没有进行非常全面的分析研究，以下问题尚待进一步深入研究：

（1）短期内通过寻求合适的新能源来替代石油的路径作用非常有限，目前新能源策略只能是石油资源的有效补充，还无法进行替代，所以本书并未进行大篇幅的论述。但是从长期来看，其将是降低石油依赖的主力军。未来，该领域将是研究的重点。

（2）关于节油潜力的分析，本书比较侧重从交通领域和大工业部门进行测算，由于资料的可获得性，并未具体对石油石化领域进行着重分析，未来有待从该领域进行分析。

（3）本书在节油潜力部分，只是侧重于几大不同方式能降低石油进口依赖的程度，并未对交通领域等具体的节油方法策略进行细化，该部分内容比较丰富，有待细化研究。

（4）随着节油策略的实施，石油消费可能会出现反弹效应，使得通过石油利用效率进行节油的效果可能比预期小，但是本书在评估节油效果时并没有考虑能源反弹效应的存在。未来有待结合回弹效应的考虑来衡量和评估节油效果。

第 2 章 石油供求与石油依赖的理论分析

2.1 石油供给理论

能源经济学与传统经济学的不同之处在于传统经济学未考虑商品的可耗竭性，而能源经济学的研究对象则是可耗竭的资源。石油作为一种可耗竭的能源资源，当前的开采肯定会减少未来的开采量，当前收益扩大是以未来收益减少为代价的，所以我们应该在当前的收益与未来的收益之间进行权衡。

2.1.1 可耗竭资源的供给理论

2.1.1.1 关于可耗竭资源开采速度的 Hotelling 理论

1931 年，Hotelling 在《政治经济学杂志》上发表了关于"可耗竭资源的经济学"的文章，对可耗竭资源的当前开采和未来开采间的行为选择进行了开辟性研究，后来被称为最优耗竭理论的雏形。他认为，资源拥有者进行资源开采行为选择时受两个因素影响：①资源价格的预期上升率 ε；②资本市场的借贷收益率π。当 $\varepsilon > \pi$ 时，资源拥有者会以最大耗竭速度进行资源开采。在最优耗竭情况下，资源的价格与其开采成本之差应该等于资本市场利息率。那么按照最优耗竭率，资源将在需求降为零时耗竭，从而生产停止。[①]

Dasgupta 和 Heal（1979）在此基础上对该问题进行了进一步探讨，并融入了经济增长最优路径方法，提出最优资源耗竭政策取决于以下几个因素：①资源的开发量是否是市场消费所必需的；②技术进步是否可以完全替代资源，使资源变成非生产生活所需；③新资源的发现是否存在不确定，资源与资本是否存在替代关系，在存在技术进步和资源与资本之间的替代关系的情况下，因为资源的过度开采给经济带来的稀缺性约束可以得到避免[②]。Solow（1974）运用经济模型论证

---

① Hotelling，H. The Economics of Exhaustible Resources，*Journal of Political Economy*，Vol.39，1931，pp.137-175.

② Dasgupta，P. S.，Heal G. M.，*Economic Theory and Exhaustible Resources*，Cambridge University Press，1979，pp.113-176.

了当可耗竭资源可以被同样可复制资本全部补偿时，这种耗竭率是最优的①。Stiglitz（1974）利用 Cobber-Douglas 生产函数也论证了技术进步和资本积累可以补偿因资源耗竭下降而带来的资源投入下降的影响②。

最优耗竭理论主要是研究可耗竭资源的最佳耗竭速度和条件，被广泛地用于不同市场条件下最优耗竭率的决定方式分析。达到资源最优耗竭一般需具备两个条件：①资源的稀缺性租金的增长率等于社会贴现率的增长率，即 Hotelling 定律；②资源价格等于边际成本与资源影子价格（使用者成本）之和。

2.1.1.2 可耗竭资源的等边际原则

Hotelling 模型给出的结论是假设资源存量和开采技术不发生变化，资源生产者会根据对未来市场价格的预期以及地质信息来决定对已探明资源的跨期开采分配。而对于地下存量的资源来说，其所获得的收益不是简单地等于资源出售所得，而必须扣除大量不可避免的可变成本和固定成本折旧。因此，Krautkraemer 和 Toman（2003）认为需要对 Hotelling 模型进行修正，决定资源开采量的不是资源的价格，而是资源开采的净收益（准租金）③。

在能源经济学中，生产者最大化目标是在“等边际”原则成立时的净现值，即每一期从资源开采和销售过程中获得的“边际净收益”现值都相同。用公式表示为：

$$\frac{\frac{\partial(P_iQ_i-C_i)}{\partial Q_i}}{(1+\delta)^i}=\frac{P_i-C_i'}{(1+\delta)^i}=P_0-C_0'=\frac{P_1-C_1'}{1+\delta}=\frac{P_2-C_2'}{(1+\delta)^2}=\cdots=\lambda \tag{2.1}$$

式中：P_i——第 i 期能源资源价格；

Q_i——第 i 期能源资源开采量，开采的成本为 C_i；

δ——折现率；

λ——边际净收益现值，在分析可耗竭资源时也被称为“稀缺租金”或“使用者成本”。

从式（2.1）我们可以看出在任何连续的时点，都有：

$$\frac{P_i-C_i'}{(1+\delta)^i}=\frac{P_{i-1}-C_{i-1}'}{(1+\delta)^{i-1}} \tag{2.2}$$

式（2.2）隐含的意义就是 Hotelling 原则。其表明，在任何时间点上，增加开采的边际收益等于开采的机会成本，该成本包括未来因资源稀缺而导致的损失和

---

① Solow，Albert，The Economics of Resources or the Resources of Economics，*American Economic Review*，Vol.64，1974，pp.151-164.

② Stiglitz，J.，Growth with Exhaustible Natural Resources：Efficient and Optimal Growth Paths，*Review of Economics Studies*，Vol.41，1974，pp.123-137.

③ Krautkraemer，Jeffrey，Michael Toman，*Fundamental Economics of Depletable Energy Supply*，November 2003，Discussion Paper 03-01，http://www.rff.org/Documents/RFF-DP-03-01.pdf.

因边际成本上升带来的损失；并且当前保留资源的收益率等于其折现率，这跟资本市场的均衡条件相吻合。而使用者成本（稀缺租金）取决于未来的开采成本和未来价格的总体变化，开采成本又受剩余资源规模、资源开采技术的发展和可获得替代资源数量等的制约，并且技术发展又决定资源开采成本和可替代资源的发展；未来的价格受能源需求决定，能源需求受未来经济发展水平、人口数量变化、生活生产方式等因素制约。

2.1.2　石油峰值理论

2.1.2.1　石油峰值理论概述

1949 年，Hubbert 在 Science 上发表了一篇题为 *Energy from fossil fuels* 的文章，提出了矿物资源的“钟形曲线”问题以及矿产资源的枯竭理论，即矿产资源会经历“发现—高产—衰退”的生命周期[①]。随后的 1962 年，他利用实际资料拟合 Logistic 曲线，提出了用于预测累计产量和最终可采储量的 Hubbert 模型，由此得出著名的石油峰值理论，并且其还大胆预测了美国的石油产量在 1966 年（或考虑更大储量的 1971 年）达到峰值[②]。

事实上，Hubbert 曲线不会一直下降，在虚线部分就会停止石油生产（图 2-1）。Uhler（1976）提出石油的发现过程应该是由信息效应和资源耗竭效应两个基础效应主导的[③]。信息有助于新石油的发现，新发现又促进了信息增长，但是新发现不会一直持续下去，因为受资源总量的影响，信息效应和资源耗竭效应决定了剩余资源量越少，发现就越困难。虽然从逻辑上来说，根据 Hubbert 曲线，石油勘探发现量会越来越少，直到零为止。但是由于石油勘探需要大量资本投入，石油勘探量不会一直下降到零，当其边际收益低于边际成本时，石油勘探就会停止。

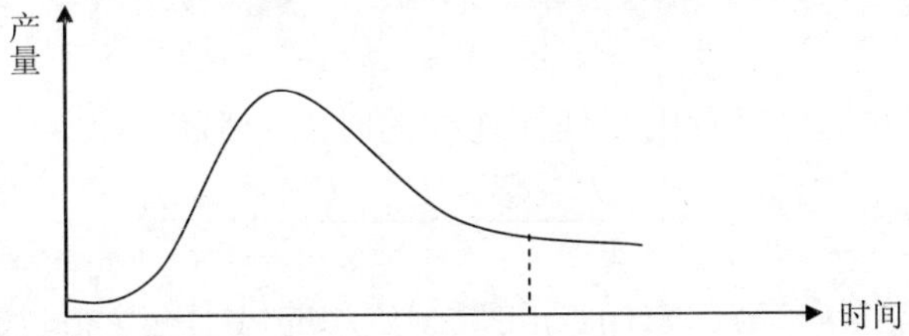

资料来源：林伯强、牟敦国，《高级能源经济学》，中国财政经济出版社，2009 年 8 月版，第 49 页。

图 2-1　修正的 Hubbert 曲线

---

① Hubbert M. K. Energy from fossil fuels，*Science*，Vol.109，No.2823，1949，pp.103-109.

② Hubbert M. K. *Energy resources*，Washington D.C.: National Academy of Sciences，National Research Council，1962.

③ Uhler，R.S.，Costs and supply in petroleum exploration: the case of Alberta. *Canadian Journal of Economics*，Vol.19，1976，pp.72-90.

2.1.2.2 石油峰值理论模型

Hubbert 并没有给出石油峰值模型的推导，美国学者 Al-Jarri 在 1997 年运用年产量和累计产量间的一元二次方程完成了该模型的推导①。Campbell 也继承了 Hubbert 的理论，在 1998 年油价比较低迷的时候就得出了廉价石油时期必将结束的结论②。1999 年 Al-Jarri 和 Startzman 又将 Hubbert 模型发展成为多循环模型③，并在 2000 年对世界天然气供应量进行了预测④。

我国中科院翁文波院士开创了国内石油峰值理论的研究，提出了油气的发现遵循生命周期规律，并提出了“泊松旋回”模型，该模型可用于对某一油田、国家全过程的产量进行预测，又称作翁氏模型⑤。1996 年，陈元千教授对该模型进行了推导，将翁氏模型拓展到一般的广义翁氏模型⑥。此外，还有比较有代表性的 HCZ 模型，是由胡建国、陈元千和张盛宗通过大量油气田开发资料统计研究推导得出的⑦。根据这些文献资料，选取比较有代表性的预测模型关系式列于表 2-1 中。

表 2-1 石油峰值典型预测模型的主要关系式

预测模型	基本公式	峰值产量公式	峰值时间公式
Hubbert 模型	$Q=\frac{abN_R\mathrm{e}^{-bt}}{(1+a\mathrm{e}^{-bt})^2}$；$N_p=\frac{N_R}{1+a\mathrm{e}^{-bt}}$	$Q_{\max}=0.25N_R$	$t_{\max}=\frac{1}{b}\ln a$
广义翁氏模型	$Q=at^b\mathrm{e}^{-t/c}$；$N_R=ac^{b+1}\Gamma(b+1)$	$Q_{\max}=a(bc/2.718)^b$	$t_{\max}=bc$
HCZ 模型	$Q=aN_R\mathrm{e}^{\left[-(a/b)\mathrm{e}^{-bt}-bt\right]}$；$N_p=N_R\mathrm{e}^{\left[-(a/b)\mathrm{e}^{-bt}\right]}$	$Q_{\max}=0.3679bN_R$	$t_{\max}=\ln(a/b)/b$

注：Q—年产量；$Q_{\max}$—峰值产量；t—开采时间；$t_{\max}$—峰值时间；N_p—累计产量；N_R—可采储量；a，b，c—预测模型参数。

资料来源：冯连勇、唐旭、赵林，《基于峰值预测模型的中国石油产量合理规划》，《石油勘探与开发》，2007 年第 8 期.

2.1.3 本节小结

从资源经济学角度来看，石油等可耗竭资源的供应也受利润最大化目标约束，

① Al-Jarri A. S.，Startzman R.A.，Worldwide petroleum-liquid supply and demand，*JPT*，Vol.49，No.12，1996.

② Campbell Collin，The end of cheap oil，*Scientific American*，Vol.278，No.3，1998，pp.78-83.

③ Al-Jarri A. S.，Startzman R. A.，*Analysis of worldwide natural gas production*，SPE 57463，1999，pp.1-14.

④ Al-Jarri A. S.，Startzman R. A.，*Forecasting world natural gas supply*，SPE62580，2000，pp.1-7.

⑤ 翁文波：《预测论基础》，石油工业出版社，1984 年版，第 79 页。

⑥ 陈元千：《广义翁氏预测模型的推导与应用》，《天然气工业》，1996 年第 2 期。

⑦ 胡建国、陈元千、张盛宗：《预测油气田产量的新模型》，《石油学报》，1995 年第 1 期。

即需保证资源未来收益的现值最大化，因为对于可耗竭资源来讲，当前的多开采就意味着未来的少开采，所以需要在当前收益与未来收益之间做出权衡选择。从外部性角度来讲，当前资源的供给者过度的开采行为累积的后果会对未来资源供应市场造成冲击。因此，我们在做研究时通常会假定开采者在资源开采跨期内会做出适当的行为调整。但是，实际问题要比理论模型复杂得多，石油等能源的投资规模、开采和开发等都会受到成本、价格等因素的影响，未来可耗竭资源收益也面临着勘探开发成本、技术和资源成本、可获得性以及未来的价格等一系列不确定因素的影响，同时石油市场的失灵和扭曲会使其资源跨期产量安排更复杂，例如垄断者通过限产而提高价格，政府通过税收等手段的干预会影响现在和未来的开采成本变化。

在石油产量峰值方面的研究，国外以 Hubbert 为代表的学者根据他们的研究模型预测出了美国的产量峰值，同时美国也有不同的部门、组织在发展石油峰值理论，为美国制定石油战略提供依据。我国在该方面的应用相对较少，应用范围也仅限于各油气田可采储量的计算，在国家层面还没有相关的应用研究。为了更好地制定我国石油安全战略，我国需要通过石油峰值理论的应用来科学合理地安排国内石油产量，使我国未来的石油对外依存度不至于太高，同时延长我国油田的生命周期。

2.2　石油需求理论

2.2.1　石油需求的影响因素

石油需求是消费者对石油及其相应设备所产生的商品和服务的需求所引致的，主要受收入水平、石油价格、生活方式和经济结构等因素的影响。

2.2.1.1　收入水平

收入水平对石油需求的影响是毋庸置疑的，但是不同国家、同一国家经济发展的不同阶段，石油需求的收入弹性是不一样的。国外有很多经济学家对石油需求和经济发展水平之间的关系进行了研究。Bopp（1984）[①]、Gately 和 Rappoport（1988）[②]、Brown 和 Phillips（1989、1991）[③] 等研究发现，美国石油需求的收入

---

① Bopp，Anthony E.，Tests for Structural Change in U.S. Oil Consumption（1967-1982），*Energy Economics*，Vol.10，1984，pp.223-230.

② Gately，Dermot and Peter Rappoport，The Adjustment of U.S. Oil Demand to the Price Increases of the 1970s，*The Energy Journal*，Vol.4，1988，pp.93-107.

③ Brown，Stephen P. A. and Keith R. Phillips，Oil Demand and Prices in the 1990s，*Federal Reserve Bank of Dallas Economic Review*，Vol.1，1989，pp.1-8；Brown，Stephen P. A. and Keith R. Phillips，U.S. Oil Demand and Conservation，*Contemporary Policy Issues*，Vol.1，1991，pp.67-72.

弹性为 0.69～1.13。Ghouri（2001）对北美的石油需求进行研究时发现，加拿大石油需求的收入弹性为 1.08，美国为 0.98，墨西哥为 0.84[①]。Fouquet 等（1997）根据使用燃料种类的不同将英国的能源需求划分为交通、工业、家庭等 7 个能源消耗部门，发现不同部门柴油需求的收入弹性为 1.95～2.05[②]。

2.2.1.2 石油价格

自 1973 年石油危机发生后，价格对石油消费的影响就备受关注。石油价格对需求的影响，具有很大的不确定性。石油价格上升所导致的石油需求变化，既有可能是由于高油价诱导的节油所导致的，也有可能是石油价格冲击致使经济衰退导致的，还有可能是不同能源之间的替代所导致的。由于节油和石油替代不是短期内就可以实现的，需要投入大量的资本和技术，所以我们分析石油价格对需求的影响时，需要区分短期影响和长期影响。

Atkins 和 Jazayeri（2004）回顾了一些研究，估计了各国石油需求价格弹性，短期价格弹性估计均值为–0.052，中值为–0.05，长期估计表现出更大的可变性，中值和均值分别为–0.32 和–0.36，假设需求方程为线性滞期可调整方程，则可调系数均值和中值分别为 0.86 和 0.84[③]。Greene，Jones 和 Leiby（1995）得出短期需求弹性为–0.027～–0.116，其中均值为–0.070，中值为–0.062，长期弹性为–0.16～–2.5，其中均值和中值分别为–0.64 和–0.54，调整系数范围较广，为 0.58～0.99，可调系数的均值和中值均为 0.89[④]。这些估计都是基于石油价格平均为 35 美元/桶（2000 年美元价格）得来的。

Gately 和 Huntington（2002）比较了固定需求弹性模型和考虑对价格上升和下降不同反应的模型，对 OECD 国家和非 OECD 国家进行了独立模型估计（表 2-2）。OECD 国家短期固定弹性模型需求弹性为–0.05，而对称性模型显示当价格下降时弹性为–0.04，价格上升时弹性为–0.08，检验表明对称性模型优于固定弹性模型，滞期调整相关系数为 0.88～0.91，说明长期弹性大约为短期弹性的 10 倍。长期弹性在固定弹性模型下为–0.59，在对称性模型下为–0.64 和–0.71。非 OECD 国家弹性会小一些，在固定弹性模型中短期弹性为–0.03，在对称模型中弹性为–0.04 和–0.05，滞期调整系数为 0.82 和 0.84，长期弹性估计为–0.16～–0.27。[⑤] 其他学者

① Ghouri，S. S.，Oil Demand in North America：1980-2020，*OPEC Review*，Vol.25，2001，pp.339-355.

② Fouquet，R. et al.，the Future of UK Final User Energy Demand，*Energy Policy*，Vol.25，1997，pp.231-240.

③ Atkins，F. J.，S. M. T. Jazayeri，*A Literature Review of Demand Studies in World Oil Markets*，Discussion Paper 2004-07，Department of Economics，University of Calgary，Calgary，Alberta，Canada，April 2004.

④ Greene，D.L.，D.W. Jones，P.N. Leiby，*The Outlook for U.S. Oil Dependence*，ORNL-6873，Oak Ridge National Laboratory，Oak Ridge，Tennessee，May 11，1995.

⑤ Gately，D.，H.G. Huntington，The Asymmetric Effects of Changes in Price and Income on Energy and Oil Demand，*The Energy Journal*，Vol.23，No.1，2002，pp.19-56.

注：本书石油桶均为：1 英桶=190.94 L。

关于石油需求价格弹性的估计详见表 2-2。

表 2-2　石油需求价格弹性的估计综述

研究者	短期价格弹性	长期价格弹性	调整系数	研究地区
Kalymon（1975）	—	–0.5	—	各地
Brown and Philips（1980）	–0.08	—	—	
Dahl（1993）	–0.05～–0.09	–0.16～–0.23	0.6～0.7	各地
Peseran，et al.（1998）	–0.03	–0.48	0.9	
Gately and Huntington（2002）	–0.05	–0.59～–0.64	0.9	OECD
Gately and Huntington（2002）	–0.03	–0.16～–0.27	0.8～0.9	non-OECD
Cooper（2003）	0～–0.11	0～–0.53	0.8	23 国
Cooper（2003）	–0.024～–0.069	–0.18～–0.45	0.8～0.9	G-7
Hunt&Ninomiya（2003）	—	–0.08～–0.12	—	日本、英国

资料来源：Cooper，J.C.B. Price Elasticity of Demand for Crude Oil：Estimates for 23 Countries，*OPEC Review*，2003，March，pp.3-8.

石油需求的长期和短期价格弹性存在巨大的差异，说明短期内石油需求是缺乏价格弹性的，石油价格上涨只会增加经济运行成本，并有可能造成通货膨胀。长期来看，价格弹性还是比较明显的，说明通过市场的作用，适当地提高油价是有利于节油的，在油价高企的情况下，企业和消费者有进行缓慢节油的意愿和行为，长期的节油效果还是比较明显的。

2.2.1.3　生活方式

居民的生活方式比如食、住、行等方面的选择会影响对石油的需求。城市化进程逐渐加快，使人们的能源需求转向了电力、石油、天然气等能源，扩大了我国石油的需求量；国土面积大的国家由于跨区域的商品流通量大，对石油的需求量高于小国；一国交通模式的选择，成为直接影响石油需求的重要因素。在我国，人均汽车拥有量和出行里程在不断增加，这必然会带来较高的石油需求。所以该如何选择我国的交通模式，使之既能满足人们生活需要又可以实现节能，成为我国能源战略的关键。

2.2.1.4　经济结构

一国三次产业的比例会直接影响该国的能源需求量。高能耗产业的发展必然会提高其能源需求，而第三产业的发展将降低该国的能源强度。国内很多经济学家提出要降低我国的能源强度，其对策即为改变我国的产业发展模式，大力发展第三产业，控制重化工业发展，迅速实现我国的信息化。而我国当前所处的经济发展阶段决定了工业是未来一段时期内必须要发展的产业，所以，我们在发展过程中要寻求一条科技含量高、经济效益好、资源消耗低、环境污染少、人力资源得到充分发挥的新型工业化道路。

2.2.2 石油需求弹性理论

石油价格的上涨导致石油需求量的下降主要是通过提高节油技术水平、石油替代和油价高企导致经济衰退三条渠道来实现的。其中油价上升导致经济衰退而造成的需求量减少是各国政府要尽量避免的，所以人们会努力通过提高技术水平和石油替代来降低高油价对经济发展的冲击。

通过提高技术水平来降低油价对经济的冲击的作用机制主要取决于边际收益的变化。当企业达到利润最大化目标时，就会实现：

$$\frac{\partial Y_t}{\partial E_t}/P_{E,t}=\frac{\partial Y_t}{\partial K_t}/P_{K,t}=\lambda \tag{2.3}$$

式中：Y_t——第 t 期的总产出量；

E_t——第 t 期的石油消耗量；

K_t——第 t 期资本投入量；

$P_{E,t}$——第 t 期油价；

$P_{K,t}$——第 t 期资本价格；

λ——边际收益。

将式（2.3）进行变形：

$$\frac{\partial Y_t}{\partial E_t}=\frac{\partial Y_t}{\partial K_t}\frac{P_{E,t}}{P_{K,t}}=\lambda P_{E,t} \tag{2.4}$$

从式（2.4）可以看出，如果油价 $P_{E,t}$ 上升，可能会造成通货膨胀，其他要素价格上升，也有可能促使企业加强技术的投资，提高石油利用效率，同时也将提高资本水平。在资本边际产出率下降的条件下，可以实现新的经济均衡。

当然，消费者也可能会调整其能源消费品结构，采取石油替代行为，这将直接导致石油消费量的下降。

无论是从石油消费还是石油资本投入角度来看，总体石油需求都将对石油价格变化做出反应，这个反应过程是比较缓慢的，所以长短期的石油需求弹性是存在差异的。一般都是首先确定时间跨度，然后再考察石油需求的价格弹性 ε：

$$\varepsilon = \frac{\Delta Q_E}{Q_E} / \frac{\Delta P_E}{P_E} \tag{2.5}$$

因为石油需求的短期弹性都比较小，所以我国分析石油需求的价格弹性都有一个前提——油价变动较小，不会严重冲击一国经济体。如果油价冲击造成了经济衰退甚至经济萧条，则企业没有能力进行资本投入和石油替代的技术改进。

2.2.3 本节小结

消费者对石油的需求是因消费者对石油及其相应设备所产生的商品和服务的需求所引致的。随着收入水平的提高，对相应的商品和服务的需求就会增大，从而带动石油需求量的增长；在短期内，石油价格会影响该商品和服务的使用强度和可能的石油替代，并且间接影响宏观经济，在长期内，石油价格预期会影响相应设备的折旧处理和设备更新，从而影响全社会的平均技术水平和石油强度；经济增长会影响一国的石油需求，但是经济增长不是简单的生产总值的增加，其中还伴随着生活模式的变化和经济结构的调整，城市化的加快和交通模式的变化等都加速了全社会对石油的需求速度；能耗各不相同的产业之间的比例可直接影响一国对石油的需求，西方各国的经济发展经历了工业化初期、成熟工业化时期、高新技术产业为主的后工业化时期以及信息化时期，在此过程中伴随着高能耗工业产值的先升后降，工业化和重工业化仍是我国未来一段时期发展的要求，需要较大的石油需求作为支撑。

2.3 能源替代理论

能源替代理论主要研究两类替代问题：一类是能源与其他生产要素之间的替代；另一类是能源之间的替代。

2.3.1 能源与非能源生产要素间的替代

该替代理论主要来自于微观经济学的生产理论，研究的是整个经济体中能源、资本和劳动之间的替代关系，即能源与其他生产投入要素间到底是替代还是互补的，程度有多大。能源与非能源生产要素间的关系可以用微观经济学中要素的替代弹性来衡量，即用要素投入比率的变化与边际生产率的变化之比来表示。如果该弹性系数为正，则能源与非能源要素间的关系是替代关系，如果该弹性系数为负，则能源与非能源要素间的关系是互补关系。

有许多学者对能源与非能源生产要素间的替代进行了研究，但是结论存在差异。Berndt 和 Wood（1975）采用超对数成本函数对美国 1947—1971 年的数据进行了估计，发现能源与资本之间是互补关系，能源与劳动之间是替代关系[①]。Griffin 和 Gregory（1976）运用 9 个国家的数据进行了实证分析，结果显示能源与资本之间长期来讲是替代关系[②]。Pindyck（1979）分析了加拿大 1959—1973 年的数据，发现能源与资本之间是替代关系，能源与劳动之间是互补关系[③]。Cho 等（2004）采用两阶段超对数成本函数对韩国 1981—1997 年的季度数据进行了分析，得出资本和能源之间是可替代的，劳动与能源之间是互补的，并且能源价格对要素间替代或互补性的影响较小[④]。Welsch 和 Ochsen（2005）考察了德国 1976—1994 年的数据，发现根据交叉价格弹性，整个生产部门能源对资本是互补的，对劳动是替代的；而根据 Morishima 替代弹性，能源无法被非能源生产要素替代，但是能源可以替代其他所有要素，并且还估算了要素替代、技术变化与外贸对能源强度年度变化的贡献率之比为 66∶30∶4，虽然以上研究结果差异较大，但是综合来看，基于截面数据方法的研究更多地显示能源与资本之间是替代关系，基于时间序列方法的研究更多地显示二者之间是互补关系[⑤]。Griffin 和 Gregory（1976）[⑥]、Apostolakis（1990）[⑦] 都认为时间序列反映的是二者的短期效应关系，而截面数据方法反映的是其长期均衡关系。能源与资本呈可替代关系的主要原因在于，伴随着能源价格的提高，节能技术大量使用必须要加大节能资本投入，从而导致能源消耗下降；而互补关系的原因在于新资本的投入需要更多的能源配套，所以可能会出现互补关系。

虽然能源与资本之间的关系没有得到统一的认同，但是二者之间替代关系的存在就意味着，在给定的产出水平下，我国可以通过提高能源税收或能源价格等政策，提高能源的使用成本，从而促进资本对能源的替代，达到节能减排的目的。

---

① Berndt E. R.，Wood D. O.，Technology，P prices，and the Derived Demand for Energy，*The Review of Economics and Statistics*，Vol.57，No.3，1975，pp.259-268.

② Griffin J. M.，Gregory P. R.，An Inter-country Tran slog-model of Energy Substitution Responses，*The American Economics Review*，Vol.66，No.5，1976，pp.845-857.

③ Pindyck R. S.，Interfuel Substitution and the Industrial Demand for Energy：an International Comparison，*The Review of Economics and Statistics*，Vol.61，No.2，1979，pp.169-179.

④ Cho W. G，Nam K.，Pagan J. A.，Economic Growth and Interfactor/Interfuel Substitution in Korea，*Energy Economics*，Vol.26，2004，pp.31-50.

⑤ Welsch & Ochsen，the Determinants of Aggregate Energy Use in West Germany：Factor Substitution，Technological Change，and Trade，*Energy Economics*，Vol.27，2005，pp.93-111.

⑥ Griffin J. M.，Gregory P. R.，An Inter-country Tran slog-model of Energy Substitution Responses，*The American Economics Review*，Vol.66，No.5，1976，pp.845-857.

⑦ Apostolakis，B. E.，Energy-capital Substitutability/Complementarities，Energy Economics，Vol.12，1990，pp.48-58.

2.3.2 能源要素之间的替代

能源之间的替代反映的是能源结构的变化。能源间的替代关系可以用微观经济学的厂商成本最小化行为来解释。能源之间相对价格的变化会使厂商在不同能源间做出选择，实现能源成本的最小化。能源间的替代关系可以缓解石油供应中断情况冲击力，长期来看可以改善一国的能源消费结构，提高能源利用效率。石油消费的减少既有努力节能的成果又有能源间替代作用的结果。

Pindyck（1979）发现，所有样本国家煤炭、电力、石油相互间是可以替代的①。Andrikopoulos 等（1989）对加拿大一些行业分析也发现，煤炭、电力和石油在大多数情况下可以相互替代②。Harvey 和 Marshall（1991）发现英国的石油与煤炭之间是互补的关系，与电力之间是替代的关系③。Cho 等（2004）采用两阶段超对数成本函数对韩国 1981—1997 年的季度数据进行了分析，发现煤炭与石油间是替代关系，石油与电力间和煤炭与电力间是互补关系，并且油价变化对替代性的影响最大，煤价变化对替代性的影响最小④。

2.3.3 本节小结

当某种能源价格上升，即能源与其他生产要素的相对价格上升时，能源需求者的应对存在两种可能：一种是减少该种能源的使用量，其度量指标为能源价格弹性，弹性高表现为需求对价格比较敏感；另一种反应是寻求替代品，其一是一种能源形式对另一种能源形势的替代，可称为能源间替代，其二是非能源投入品对能源投入品的替代，如资本或劳动力对能源的替代。

不同能源之间的替代是否会发生及替代的可能性取决于多种因素。在技术方面，主要取决于能源生产技术以及作为能源使用者的技术，它既包括现有技术也包括未来可能应用的技术；在行为方面，主要取决于能源生产者和消费者对不同能源的选择，而该种选择受不同能源的相对价格、政府政策、能源资源的可得性以及行为主体的目标函数等因素影响；在市场方面，主要取决于企业对价格变动的应对策略、国际能源市场变化以及各国政府对能源市场采取的干预政策。

---

① Pindyck，R. S.，Interfuel Substitution and Industrial Demand for Energy：An International Comparison，*Review of Economics and Statistics*，Vol.61，1979，pp.169-179.

② Andrikopoulos，A. A.，Brox，J. A.，Paraskevopoulos，C.C.，Interfuel and Interfactor Substitution in Ontario Manufacturing，1962-1982，*Appl. Economics*，Vol.21，1989，pp.1667-1681.

③ Harvey，A. C.，Marshall，P.，Inter-fuel Substitution，Technical Change and the Demand for Energy in the UK Economy，Appl. Economics，Vol.23，1991，pp.1077-1086.

④ Cho W. G，Nam K.，Pagan J. A.，Economic Growth and Inter-factor/Inter-fuel Substitution in Korea，*Energy Economics*，Vol.26，2004，pp.31-50.

能源与非能源之间的替代是因为除了能源外，其他非能源投入品也进入厂商的生产过程，这些非能源投入品包括资本、劳动等，在生产同样的终端产品时，厂商可以使用更少的能源或者不同的投入品组合。资本对能源的替代可以表现为能源节约技术的使用、使用可再生能源或新能源的设备投入、研发可再生能源或新能源的投入等，这些都可以用来提高能源利用效率；劳动对能源的替代体现在劳动生产率的上升可提高能源利用效率、降低能源强度等。

2.4 开放经济下石油冲击对经济的影响机制——基于总供给-总需求模型

在开放经济条件下，国内市场的石油供给和需求的缺口的增加表现为石油进口量的激增。自从新中国成立以来，我国的石油贸易格局大体上发生了四次重大变化，即依靠部分进口→自给自足→部分出口→大量进口，少量出口，净进口。只要是国内市场的供需缺口存在，就必须依赖国际市场的进口来弥补供需矛盾。而国际市场上石油价格的冲击会影响一个国家的宏观经济。

2.4.1 基于总供给-总需求模型的石油冲击对经济影响的分析

历史上，“二战”后 1973—1974 年和 1979—1981 年的两次石油危机造成了石油价格的飞涨，石油价格上涨导致石油进口国的生产成本都随之上涨，其短期和长期供给曲线向左移动，而对总需求的影响却不很明显。因为石油进口成本增加，石油进口国起初可能会面临着国际收支失衡，货币将贬值，从而总需求曲线将向右移动。但是事实上情况并不一定如此。因为各国对石油的需求缺乏弹性，石油价格的上涨使所有非石油生产国为了进口该重要资源而不得不增加支出。但是因为石油冲击，自然产出的减少导致其他所有进口商品的减少。因此，石油进口国的贸易平衡情况是恶化还是改善实际上取决于这两种因素哪种更强。尽管一些进口国会因为石油价格上升而使贸易均衡情况恶化，但是如果石油输出国组织将增加的石油收入投资于这些石油进口国，那么石油价格上涨对石油进口国的国际收支的最终影响将无法预料。但是从历史的数据来看，大多数国家的国际收支恶化了[①]。我国可以用总供给-总需求模型来分析石油冲击对一国经济体的影响。

如图 2-2 所示，横轴表示产出 Y，纵轴表示价格 P，LRAS 代表长期总供给曲线，SRAS 为短期总供给曲线，AD 是总需求曲线。我们以长期总供给曲线、短期总供给曲线和总需求曲线的交点（长期均衡点 E）为起点，对应的均衡价格为 P_E，

---

① Dominick Salvatore，*International Economics*（8*e*），John Wiley& Sons Inc.，2004，pp.682-683.

产出为 Y_N。石油价格飞涨的直接影响就是使经济中的短期总供给曲线由 SRAS 移至 SRAS′，所以在总需求曲线和 SRAS′相交处产生新的短期均衡点 E'，价格 P'大于 P_E，产出 Y_N'小于 Y_N。在 E'点经济衰退（或停滞）与价格上涨（或通货膨胀）并存，即出现滞胀。

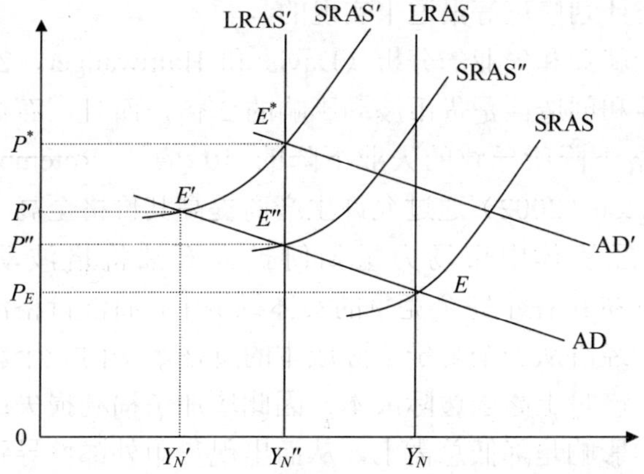

图 2-2　石油冲击对经济体影响的总供给-总需求模型

Y_N'为较低的自然产出水平，失业率也较高，这将使得价格下降，因此成本下降，SRAS′曲线向右下方移动，但是并不是原路返回 SRAS。同时由于石油价格上涨使长期生产成本也随之增加，LRAS 曲线也左移到 LRAS′。因此，总需求曲线与 LRAS′、SRAS″相交得到了新的长期均衡点 E''，价格 P''低于 P'，产出 Y_N''高于 Y_N'。在 E''处，价格较高，而且自然产出水平和就业水平比石油冲击前的 E 点低。如果该国不是等待价格下跌，最后达到长期均衡点 E''，而是采取扩张性的货币政策将需求曲线从 AD 移动到 AD′来加速从 E 点的经济恢复，那么经济会达到 LRAS′、SRAS′和 AD′的交点 E^*，价格会更高，而经济不会返回到石油供给冲击前的自然产出水平 Y_N。

2.4.2　石油价格波动对经济的影响机制

在过去的 20 多年中，关于石油价格冲击对经济的影响机制的研究颇丰，从历史上油价的波动来看，1973—1974 年和 1979—1980 年以及海湾战争等油价上涨时期，经济都陷入了衰退，但是 1985—1986 年油价下跌时期，经济并没有像 Hamilton（1983）① 研究的结果那样，出现想象中的繁荣。后来的经济学家 Gilbert

① Hamilton，J.D.，Oil and the Macroeconomy since World War Ⅱ，*Journal of Political Economy*，Vol.91，1983，pp.228-248.

和 Mork（1986）[①] 及 Mork（1989）[②] 通过模型分析得出结论，油价上涨和下跌对经济的影响存在不对称性。很多经济学家从理论模型和实证检验角度分析了油价波动对宏观经济影响的作用机制，他们认为油价对经济的影响可能是与其他经济影响因素紧密联系在一起的，其对经济的作用更多的是通过劳动力市场分配、资本再配置和投资计划修正等渠道来实现的[③]。

关于部门创造就业和失业的分析（Davis 和 Haltiwanger，2001）中提到石油价格冲击的毁灭性和创造性是货币波动影响的 2 倍，而且，石油价格上升所导致的失业增加是价格下降所导致的失业下降的 10 倍[④]。Rotemberg 和 Woodfood（1996）及 Huntington（2002）通过允许生产商提高其价格至高于完全竞争市场水平的模型论证了经济体中市场力量如何扩大石油价格波动的经济影响[⑤]。Huntington（2002）提出在不完全竞争的实体经济中，石油价格波动的影响会被放大，这是因为：①经济从一个高于边际成本的价格水平向一个新水平移动，该水平的价格会在更大产量上高于边际成本，因此增加了福利损失；②较高非竞争性价格对整体经济的影响是降低总需求，从而出现货币外部性导致额外的经济效率低下[⑥]。

石油价格变动影响 GDP 有两个不同的机制：潜在 GDP 损失成本和宏观经济调整成本。第一种成本是因为石油价格高于市场竞争水平价格导致的，第二种成本仅仅是由价格波动引发的。当突发、非预料性的价格上升出现时，这两种成本都会对经济产生负面影响。当价格突然下降时，潜在 GDP 将为正值，财富转移会下降，同时仍然会遭受到宏观调整成本。正效应会部分或全部抵消价格下降的负效应。正如 Huntington（2002）所说，“如果能源价格波动的正负效应使资源从一个部门流向另一个部门从而造成短期失业时，部门间资源转移会损害甚至消除因为能源价格下降的额外正效应。”而且，这两种成本的动态变化是不同的，价格波动的调整随着工资和价格适应会持续 3 年或更长，但是能源的资本市场通过设备等来调整可能会持续 10 年或更长。所以，GDP 和石油价格波动的关系不是简单、

---

① Gilbert，R.J.，K.A. Mork，Efficient Pricing During Oil Supply Disruptions，*Energy Journal*，Vol.7，No.2，1986，pp.51-68.

② Mork，K. A.，Oil and the Macro economy when Prices Go Up and Down：An Extension of Hamilton's Results，*Journal of Political Economy*，Vol.97，1989，pp.740-744.

③ 林伯强、牟敦国：《高级能源经济学》，中国财政经济出版社，2009 年 8 月版，第 124-125 页。

④ Davis，S.J. and J. Haltiwanger. Sectoral Job Creation and Destruction Response to Oil Price Changes，*Journal of Monetary Economics*，2001，vol. 48，pp.465-512.

⑤ Jones，Donald W.，Paul N. Leiby and Inja K. Paik. Oil Price Shocks and the Macro economy：What Has Been Learned Since 1996，*The Energy Journal*，vol. 25，no. 2，2004，pp.1-32.

⑥ Huntington，H.G.，Crude Oil Prices and U.S. Economic Performance：Where Does the Asymmetry Reside? *Energy Journal*，Vol.19，No.4，1998，pp.107-132.

稳定的关系。

2.4.3 GDP 的石油价格弹性理论

虽然石油价格波动对宏观经济的影响是非常复杂的，但是石油价格与经济产出之间是存在弹性的。油价波动导致经济产出变化的弹性即 GDP 的石油价格弹性 β，可以表示为：

$$\beta = \frac{\Delta \text{GDP}}{\text{GDP}} / \frac{\Delta P_E}{P_E} \tag{2.6}$$

由于石油价格上升和下降对经济体的影响是不对称的，所以我们在研究 GDP 的石油价格弹性时通常需要对其分别进行描述。表 2-3 描述的是 Jones 等（2004）从文献中总结的 GDP 的石油价格弹性。这些研究都得出同样的结论，即随着时间的变化石油价格波动的脆弱性并没有下降。Hickman（1987）用 14 种模型估计得出 1983—1986 年美国 GDP 的石油价格弹性为–0.054（第 2 年的平均值或中值）[①]，表 2-3 也说明了相同的结果。但是，这些实证分析结果与直观上认为正确的概念是相矛盾的，直观上认为正确的概念为石油价格波动的经济脆弱性是下降的，因为石油支出占 GDP 的比例是下降的。

表 2-3　美国 GDP 的石油价格弹性的近期估计

研究者	估计结果
Mory（1993）	–0.055
Mork et al.（1994）	–0.054
Bernanke et al.（1997）	–0.027（时间跨度 18 个月）
Hamilton and Herrera（2001）	–0.055（时间跨度 42 个月）
Greene & Tishchishyna（2001）	–0.046
Hamilton（2003）	–0.116（用 3 年的 NOPI 波动指标，时间跨度 8 个季度）
Huntington（1999）	–0.11
Huntington（2002）	–0.04
U.S. Dept. of Energy	–0.025～–0.055

资料来源：Jones，Donald W.，Paul N. Leiby and Inja K. Paik. Oil Price Shocks and the Macro economy：What Has Been Learned Since 1996，*The Energy Journal*，2004，vol. 25，no. 2，pp.1-32.

① Hickman，B.G，Macroeconomic Impacts of Energy Price Shocks and Policy Responses：A Structural Comparison of Fourteen Models，1987，pp.125-198 in B.G Hickman，H.G Huntington，J.L. Sweeney，eds.，*Macroeconomic Impacts of Energy Price Shocks*，Elsevier Science Publishers，BV，North-Holland.

Parry 和 Darmstadter（2003），Brown 和 Yucel（2002）认为今天石油价格波动的经济脆弱性与 20 世纪 70 年代和 80 年代相比还是相对较小的[①]。因为经济体中决定石油价格的影响因素比较复杂，目前还无法运用较简单的理论来解决该问题。尽管当前的石油支出份额比较小，但是一些因素（比如交通部门的石油消费集中度和经济中其他部门的市场力量的增加[②]）至少在一定范围内加大了石油价格波动的脆弱性。

2.4.4 本节小结

利用以上的总供给–总需求模型来分析石油冲击对一国的影响可以看出，石油价格飞涨引起的严重供给冲击使石油进口国由于生产成本的增加，短期总供给曲线和长期总供给曲线都向左移动，但对总需求曲线的影响则并不很明显。在石油进口国的短期总供给曲线和长期总供给曲线左移的同时导致了经济萧条和通货膨胀（滞胀）。根据学者们的研究得出，石油价格冲击对经济的影响机制存在不对称性，油价上涨时经济出现了衰退，但是油价下降时并没有带来经济的繁荣，所以在研究 GDP 的石油价格弹性时需要对油价上升和下降分别进行描述。油价波动对宏观经济影响的作用机制，可能是与其他经济影响因素紧密联系在一起的，其对经济的作用更多的是通过劳动力市场分配、资本再配置和投资计划修正等渠道来实现的。具体到石油价格变动影响 GDP 方面，有两个不同的机制：潜在 GDP 损失成本和宏观经济调整成本。第一种成本是因为石油价格高于市场竞争水平价格导致的，第二种成本仅仅是因为价格波动引发的。当突发、非预料性的价格上升出现时，这两种成本都会对经济产生负面影响。当价格突然下降时，潜在 GDP 将为正值，财富转移会下降，同时仍然会遭受到宏观调整成本。正效应会部分或全部抵消价格下降的负效应。

2.5 本章小结

通过以上的石油供求和石油依赖理论分析可以得出以下结论：

根据石油供给理论和石油峰值理论可以看出，石油资源开采量不是由资源的价格，而是由资源开采的净收益来决定的，而随着石油峰值的出现，石油资源表现出更强的稀缺性，同时资源开采的边际成本也会随之上升，从经济净收益和石

---

① *The Energy Information Administration*（U.S. DOE/EIA，2004a）的石油供应中断的拇指规则描述石油价格每增长 10%，真实 GDP 下降 0.05%～0.1%，这表明弹性为–0.005～–0.001，这仅仅是实证文献估计的 1/10～1/5，表明石油价格的经济敏感度已经急剧下降。

② Huntington（2002）对该影响进行了详细分析。

油资源的有限性来看，石油资源会在其边际收益低于边际成本时停止生产。但是，实际问题要比理论模型复杂得多，石油等能源的投资规模、开采和开发等会受到成本、价格等因素的影响，未来可耗竭资源收益也面临勘探开发成本、技术和资源成本、可获得性以及未来的价格等一系列不确定因素的影响，同时石油市场的失灵和扭曲会使其资源跨期产量安排更复杂，例如垄断者通过限产而提高价格，政府通过税收等手段的干预会影响现在和未来的开采成本变化。

根据石油需求理论，消费者对石油的需求是因消费者对石油及其相应设备所产生的商品和服务的需求所引致的。随着收入水平的提高，对相应的商品和服务的需求会增大，从而带动石油需求量的增长；石油价格会影响该商品和服务的使用强度和可能的石油替代，短期来看，石油需求价格弹性较小，但是长期来看，价格的变化会影响石油需求量的变化。石油价格的上涨导致的石油需求量的下降主要是通过提高节油技术水平、石油替代和油价高企导致经济衰退三条渠道来实现的；经济增长会影响一国的石油需求，但是经济增长不是简单的生产总值的增加，其中还伴随着生活模式的变化和经济结构的调整，城市化的加快和交通模式的变化等都加速了全社会对石油的需求速度；能耗各不相同的产业之间的比例直接影响着一国对石油的需求，西方各国的经济发展经历了工业化初期、成熟工业化时期、高新技术产业为主的后工业化时期以及信息化时期，在此过程中也伴随着高能耗工业产值的先升后降，工业化和重工业化仍是我国未来一段时期发展的要求，需要较大的石油需求作为支撑。

在依赖国际市场来解决国内供求缺口的开放经济条件下，国际油价冲击会通过影响劳动力、资本等其他生产要素导致失业、通货膨胀等经济产出降低（或衰退）现象的发生。当某种能源价格上升，即能源与其他生产要素的相对价格上升时，能源的需求者的应对存在两种可能：一种是减少该种能源的使用量，其度量指标为能源价格弹性，弹性高表示需求对价格比较敏感；另一种是寻求替代品，其一是一种能源形式对另一种能源形势的替代，可称为能源间替代，其二是非能源投入品对能源投入品的替代，如资本或劳动力对能源的替代。通过经济衰退而引致需求量减少是各国政府都希望尽量避免的，所以人们会努力通过提高技术水平和石油替代来降低高油价对经济发展的冲击。

随着城市化步伐的加速，我国石油消费保持着高速增长，除非我国愿意降低经济增长速度和减慢城市化进程，否则将很难降低石油需求的增长。鉴于石油具有可耗竭不可再生资源的特性，其稀缺性将逐渐凸显。虽然关于石油峰值到来的时间，各国不同学者预测的结果存在差异，但是石油资源必然会出现峰值，需求增长越快，出现的时间就越早。如果对现在的需求不加以控制的话，石油供需缺口将逐渐增大，稀缺预期将推动石油价格上涨。尽管近些年国际石油供需大致保持平衡，没有出现严重供不应求的局面，即非石油生产国基本上都能通过进口得到石油，但是在石油需求的高速增长以及高增长导致的稀缺预期双重推动下，石油价格将持续大幅上涨。其中投机者正是利用稀缺预期扮演着重要角色。

我国国内市场上存在严重的石油供求缺口，必须通过国际市场石油进口来填补该缺口。由于进口量较大，通过国际市场来满足需求必然会受到国际石油价格上涨的影响，该影响会通过劳动力市场分配、资本再配置和投资计划修正等渠道作用于我国经济的总供给和总需求，从而出现经济产出减少同时物价上涨的滞胀局面。而我国现在正处于工业化时期，需要大量的石油资源来支撑，同时面临着石油资源的有限性和人口众多等压力，如果不抑制需求，我国石油稀缺性可能会比其他国家更加严重，因此，我们要充分挖掘石油供给和石油需求多条路径的潜力，并通过多条路径比较选择出最优路径来降低石油的进口依赖程度。

第 3 章

我国石油供求及对外依存度分析

3.1 我国石油供给状况分析

3.1.1 石油产量总体上呈现缓慢上升趋势

从图 3-1 可以看出，1981—2011 年我国石油产量总体呈现上升态势，从 1981 年的 203 万桶/d 增长到 2011 年的 409 万桶/d。但是近些年来其增幅不大，总体趋势相对于石油消费量来讲比较平缓。

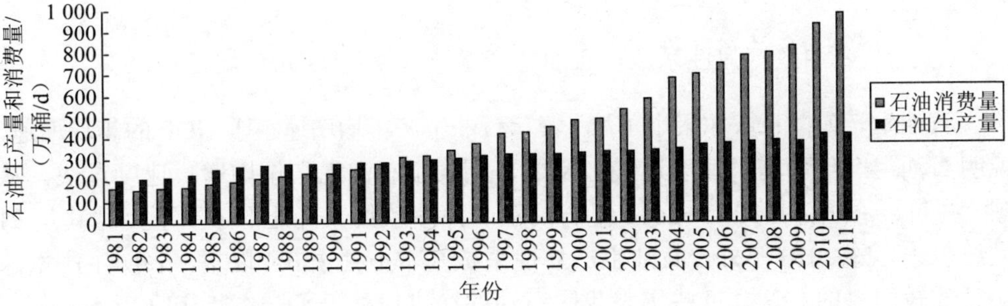

资料来源：BP statistical review of world energy full report 2012.

图 3-1 1981—2011 年我国石油生产量和消费量

3.1.2 石油产量在能源总产量中的比重呈下降态势

原油的生产在我国的能源生产总量中排第二位，仅次于原煤。从图 3-2 可以看出，1978—2008 年的 30 年间煤炭生产的占比一直处于 70%以上，而原油生产的占比则在 10%～20%徘徊。21 世纪以来，原油的生产比重处于下降的趋势，从 2000 年的 18.05%下降到 2011 年的 9.1%。而水电、核电、风电等相对清洁能源产量占比一直处于攀升的状态，从 1978 年的 3.4%上升到 2010 年的 9.4%。

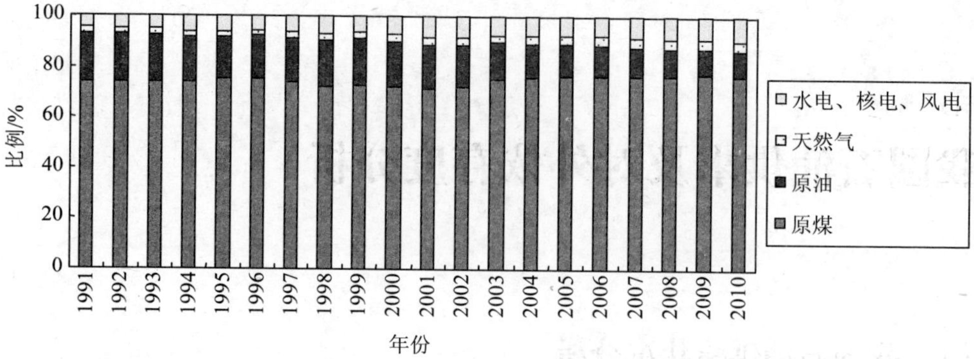

数据来源：中国国家统计局，《中国统计年鉴 2012》，中国统计出版社，2012 年。

图 3-2　1991—2010 年我国各类能源产量占总能源生产总量的比重

3.1.3　石油的生产弹性系数波动大

石油生产弹性系数是由能源生产弹性系数衍生来的，用来研究石油的生产增速和 GDP 的增速之间的关系。计算公式为：

$$\text{石油生产弹性系数} = \text{石油生产量年均增速}/\text{GDP年均增速}$$

石油生产弹性系数如果小于 1，表示石油生产年均增速小于 GDP 的年均增速，说明石油生产年均增长速度过慢；反之，则表示石油生产年均增长速度过快。从图 3-3 可以看出，1982[①]—2011 年石油生产弹性系数一直处于 1 以下，尤其是 21 世纪以来，除 2010 年外，石油生产弹性系数基本上处于 0.4 以下，表明生产增速还是比较缓慢的，这与近些年来我国石油的净进口处于上升态势相吻合。并且从该图可以看出，石油生产弹性系数波动幅度很大，总体上看没有一致的变动趋势。1982—1988 年石油生产弹性系数上下波动幅度为 0.1～0.7，1994—1998 年石油生产弹性系数上下波动幅度为 0～0.6，说明在该段时间石油生产很不稳定。

从图 3-4 的石油生产量年均增速和 GDP 年均增速的变化趋势来看，二者整体上存在较大相似的变化趋势，1978—1985 年 GDP 增速呈现先下降后回升的态势，石油的生产量年均增速也是先下降而后回升，下降的步调基本保持一致，只不过回升的速度滞后一年左右。1985—1990 年 GDP 增速振荡下降至谷底，而石油生产增速直接下降到谷底，1990 年的增幅几乎接近于 0。1990—1999 年 GDP 又呈

① 该处选取 1982 年为起点分析是因为石油生产量在 1980—1981 年为负增长。

现先上升后下降的趋势，石油生产也呈现先上升后回落的态势，虽然回落的态势保持一致，但是石油生产回升的速度比 GDP 滞后 4 年。2000—2011 年石油的生产和 GDP 都出现了一个大波峰，但是二者增速保持较大差距。尤其是石油的生产经历了 2005 年 4.19%和 2010 年 7.15%的增长后，近些年一直在 1%左右的增速徘徊，2009 年甚至出现了负增长。

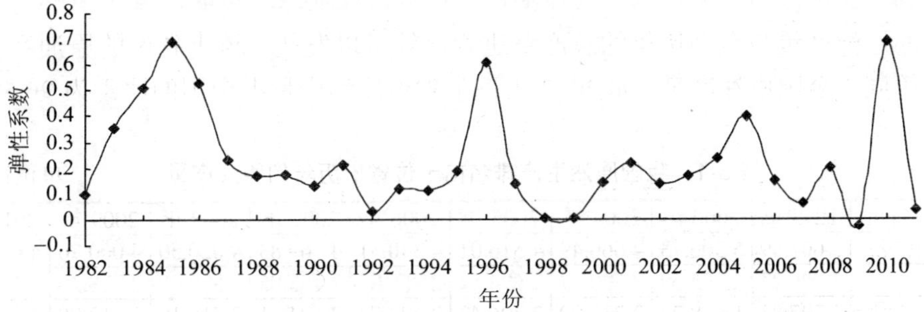

资料来源：《中国统计年鉴 2012》，BP statistical review of world energy full report 2012。

图 3-3　1982—2010 年我国石油生产弹性系数

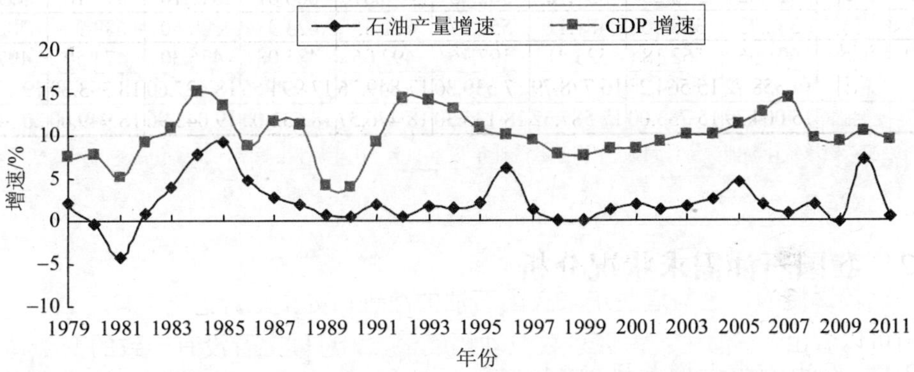

资料来源：《中国统计年鉴 2012》，BP statistical review of world energy full report 2012。

图 3-4　我国石油生产量增速与 GDP 增速变化

3.1.4　石油生产的分布结构

我国石油资源主要集中分布在塔里木、柴达木、鄂尔多斯、准噶尔、松辽、渤海湾、珠江口和东海陆架八大盆地以及一些海上油区。其中东部地区是我国最重要的石油生产供应基地，包括了一批主力油田，原油产量占全国原油总产量的

70%以上[①]。但是，大多数油田已进入开发后期，必须加强精细勘探开发，稳住原油生产。而西部地区的油气资源分布较为集中，主要盆地的石油地质条件复杂，决定了储量增长具有阶段性，现有石油资源探明率比松辽盆地和渤海湾盆地低15%～30%[②]，处在勘探初期，是东部石油资源的重要战略接替区。

表 3-1 列举了我国原油生产排名前十位的省份历年的产油量，黑龙江、山东和新疆是我国原油的主产区，其原油产量占全国原油总产量的比重达 50%。将十省份的原油产量与全国历年的总产量进行比较可以发现，该十省份的原油产量基本上等同于全国原油产量，如 2007 年该十省份原油产量占全国的比重为 96.58%。

表 3-1 我国原油生产排名前十位省份历年的原油产量 单位：万 t

序号	省份	1995 年	2000 年	2004 年	2005 年	2006 年	2007 年	2008 年	2009 年	2010 年
1	黑龙江	5 601.49	5 306.73	4 666.49	4 516.01	4 340.51	4 169.83	4 020.50	4 000.70	4 004.90
2	山东	3 006.27	2 675.69	2 590.19	2 694.54	2 755.07	2 793.05	2 829.60	2 828.20	2 786.00
3	新疆	1 297.83	1 848.24	2 237.00	2 406.43	2 474.74	2 604.31	2 715.10	2 512.90	2 558.20
4	陕西	166.95	746.44	1 531.51	1 778.16	1 988.89	2 265.87	2 463.60	2 695.90	3 017.30
5	天津	620.82	763.99	1 446.21	1 792.99	1 943.09	1 924.28	1 993.90	2 297.00	3 332.70
6	广东	650.97	1 393.17	1 481.90	1 470.03	1 337.78	1 261.13	1 387.70	1 345.10	1 287.10
7	辽宁	1 552.68	1 401.12	1 283.19	1 260.96	1 226.46	1 207.17	1 199.30	1 000.00	950.00
8	河北	517.02	518.26	537.78	562.45	610.81	660.01	643.10	599.10	599.00
9	吉林	342.73	348.46	481.11	550.57	680.35	623.93	698.50	639.90	702.30
10	河南	601.96	562.18	523.41	507.16	492.06	485.08	476.30	474.50	497.90
11	总计	14 358.72	15 564.28	16 778.79	17 539.30	17 849.76	17 994.66	18 427.60	18 393.30	19 735.40
12	全国	15 004.39	15 733.00	17 587.32	18 135.30	18 476.57	18 632.00	19 043.96	18 949.00	20 301.40

资料来源：国家统计局能源统计司，《中国能源统计年鉴 2011》，中国统计出版社，2011 年版。

3.2 我国石油需求状况分析

3.2.1 石油消费量增长迅速

从图 3-5 可以看出，我国日均石油消费量从 1982 年开始呈现逐年增长态势，尤其是从 20 世纪 90 年代开始增长势头更加凶猛。1970 年我国日均石油消费量为 55.9 万桶，到 1993 年我国成为石油净进口国时已经增长到 305.1 万桶，增幅高达 445.8%，到 2011 年我国石油日均消费量激增到了 975.8 万桶，与 1993 年相比增幅达到 219.8%。

---

① 张抗：《中国的石油资源和发展战略》，《自然杂志》，2008 年第 3 期。

② 李建武、丁锋、李香菊、张志刚：《国内油气资源"十一五"勘探重点与方向》，《中国矿业》，2008 年第 1 期。

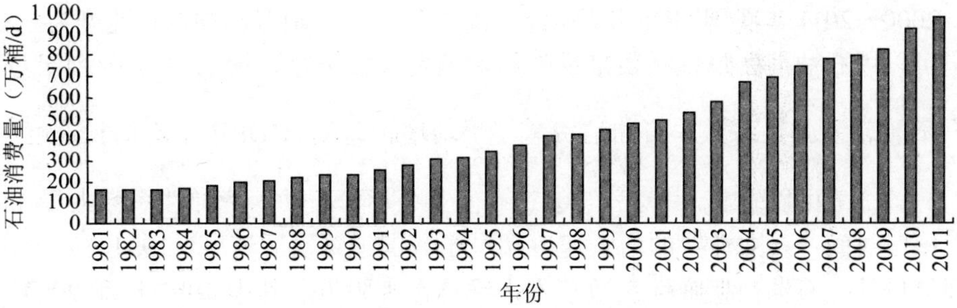

资料来源：BP statistical review of world energy full report 2012.

图 3-5　1981—2011 年我国石油消费量变化

从我国石油消费总量的统计数据来看，21 世纪以来，我国石油消费量持续增长，从 2000 年的 2.25 亿 t 增至 2011 年的 4.62 亿 t，年均增长 8.8%，而同期我国国内原油产量年均增长 2.1%，2011 年生产原油 2.036 亿 t。自 1993 年我国成为石油净进口国以来，石油对外依存度增长迅猛，2012 年的石油对外依存度高达 58%。

3.2.2　石油消费增长对经济波动敏感，呈周期性变化

受我国经济走势及国际大环境影响，20 世纪 90 年代以来，我国石油需求增长呈现峰谷交替的周期性变化，周期为 3～4 年。从图 3-6 可以看出，石油消费的增长波峰和波谷基本上能与我国经济增长速度相吻合。第一次石油消费增长波谷出现在 1990 年，石油消费从 1989 年的 234 万桶/d 小幅下降到 1990 年的 232.3 万桶/d，跟我国的宏观价格改革有密切联系；第二次波谷出现在 1994 年是因为当时我国经济经历着“硬着陆”；第三次波谷出现在亚洲金融危机期间；第四次波谷是因为我国出口增速大幅下滑导致工业部门用油减少；第五次波谷出现在 2005 年世界油价持续高涨时；而 2008 年的全球金融危机对我国 GDP 的增速和石油消费增速都有一定的影响。

资料来源：根据《中国统计年鉴 2012》和《中国能源统计年鉴 2011》整理所得。

图 3-6　我国石油消费增速与 GDP 增速变化

2000—2011 年我国 GDP 年均增长 10.1%，而石油消费年均增长速度为 8.8%。我国可以用石油消费弹性系数来反映石油消费增长与经济增长的动态变化过程。

石油消费弹性系数＝石油消费量年平均增长速度/GDP年平均增长速度

从图 3-7 可以看出，1983—2011 年有 4 个年份石油消费弹性系数大于 1，表明在该段时间，石油消费的增长速度超过了我国经济发展速度。1991—2004 年除个别年份外，石油消费弹性系数基本上维持在 1 附近，其中 1997 年和 2004 年远远大于 1，说明在经济增长过程中高耗油产业发展过快，对石油的消耗过多。而 2005—2009 年，我国石油消费弹性系数有所下降，主要原因在于近些年国际石油价格高企和我国一系列节能降耗宏观措施的实施，随着 2009 年国际油价的下滑，我国石油消费弹性再回弹至 1 以上。

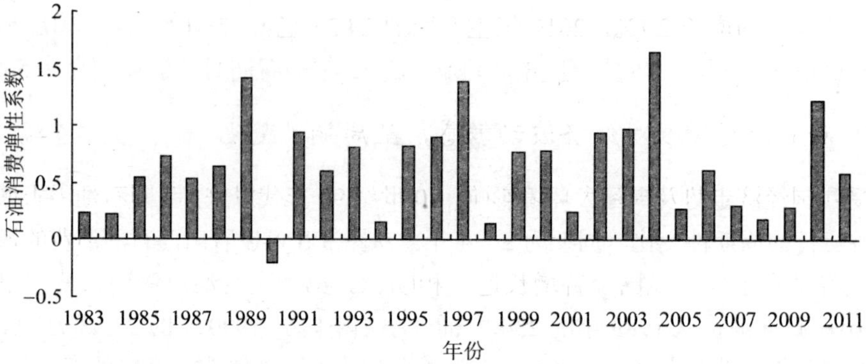

资料来源：中国国家统计局，《中国统计年鉴 2012》，中国统计出版社，2012 年版；国家统计局能源统计司，《中国能源统计年鉴 2011》，中国统计出版社，2011 年版。

图 3-7　1983—2011 年我国石油消费弹性系数

3.2.3 石油的利用效率提高

1980 年至今，每万元 GDP 石油消费量总体呈现下降趋势，从 1980 年的 0.42 t 下降到 2000 年的 0.16 t。21 世纪初开始，随着节能降耗等新政策的出台实施，石油利用效率进一步提高，到 2011 年我国石油强度下降至 0.098 t/万元，整体降幅达到了 76.7%，如图 3-8 所示。但是与世界主要国家相比可以看出，我国的石油强度还是处于比较高的水平，远远高于英国、德国、法国、日本和美国等发达国家。从图 3-9 可以看出，2011 年石油强度最低的是英国，每万美元 GDP 石油消费量为 0.296 t，其次为法国和澳大利亚，每万美元 GDP 石油消费量分别为 0.299 t 和 0.31 t，而我国 2011 年的石油强度高达 0.63 t/万美元。虽然我国石油利用效率在逐步提高，但是与发达国家之间还存在一定的差距，未来石油利用效率的提升还存在很大潜力。

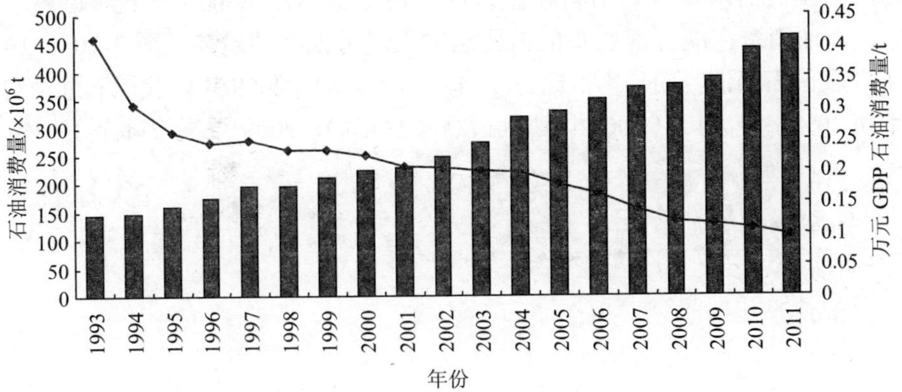

资料来源：国家统计局能源统计司，《中国能源统计年鉴 2011》，中国统计出版社，2011 年版；BP statistical review of world energy full report 2012.

图 3-8　1980—2011 年我国每万元 GDP 石油消费量变化

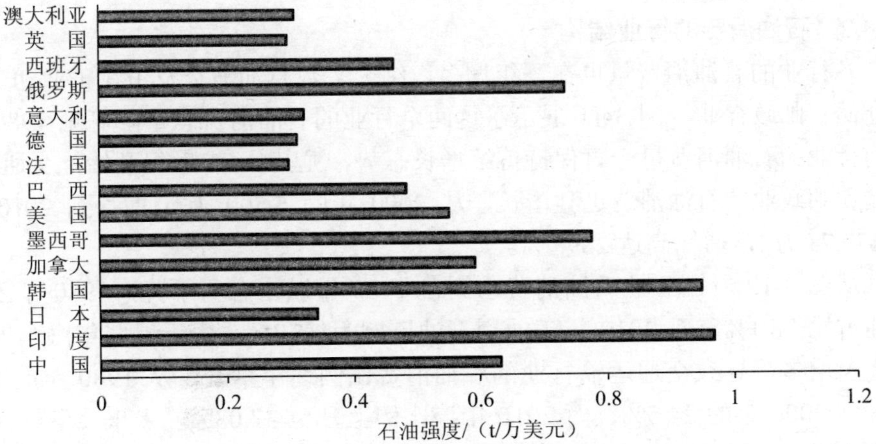

资料来源：《国际统计年鉴 2012》，BP statistical review of world energy full report 2012.

图 3-9　2011 年世界主要国家的石油强度比较

3.2.4 石油的消费结构特征

3.2.4.1 石油消费在整体能源消费中的结构

在整体能源消费结构中，石油是仅次于煤炭的第二大能源，近些年来随着低碳经济的发展需求，煤炭消费在整体能源消费中的比重呈缓慢下降趋势。与此同时，石油消费在能源消费中的占比总体表现为上升的趋势（图 3-10）。1953—1978 年我国石油消费的平均占比为 11.4%，而 1980—2009 年，我国石油消费所占比重在 20%左右，其中 2002 年达到最高（23.4%），2009 缓慢下降至 18.8%。

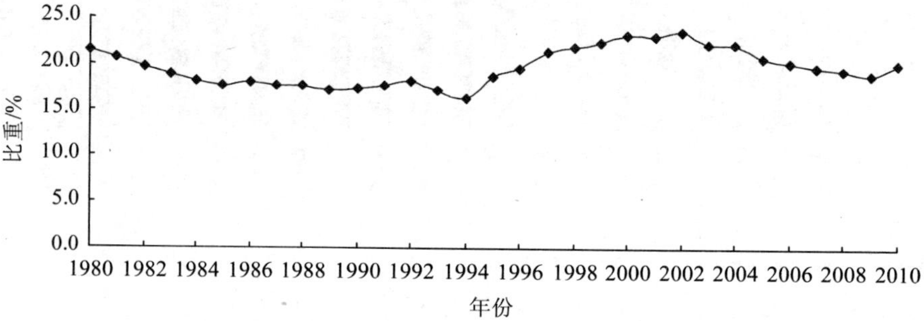

资料来源：国家统计局能源统计司，《中国能源统计年鉴 2011》，中国统计出版社，2011 年版。

图 3-10　1980—2010 年石油消费在能源消费总量中的比重

3.2.4.2 石油消费的行业结构

各行业的石油消费量也在逐年增多，绝大多数石油消费发生在工业和交通运输仓储、邮政行业，图 3-11 展示了这两个行业的石油消费总量，可见 1980 年至今两行业的石油消费量一直保持持续增长态势，尤其从 21 世纪开始，交通运输、仓储和邮政业的石油消费迅猛增长，从 2000 年的 5 509 万 t 增长到 2010 年的 21 479.73 万 t，增幅高达 289.9%。

从图 3-12 看，工业石油消费比例自 1980 年以来有所下降，1980 年工业用石油占比 78.1%，而 2010 年工业用石油比例为 35.3%。由于近些年汽车拥有量的逐渐增多，导致交通运输行业的石油消费比例逐年攀升，从 1980 年的 11.4%上升到 2000 年的 24.5%，而 2010 年该比例上升至 37.03%，未来会继续保持上升态势。

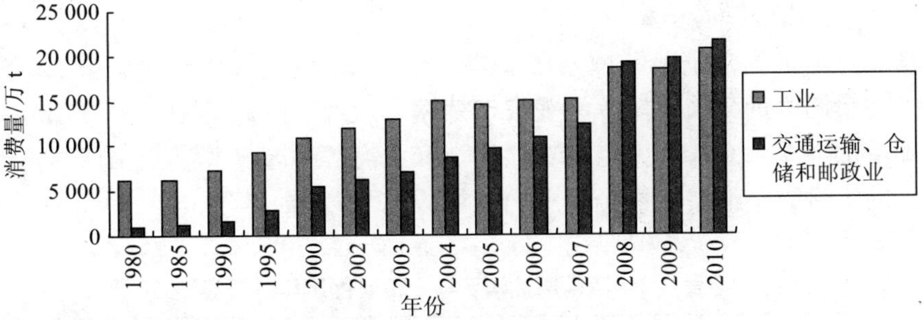

图 3-11　1980—2010 年我国工业与交通运输、仓储和邮政业石油消费量

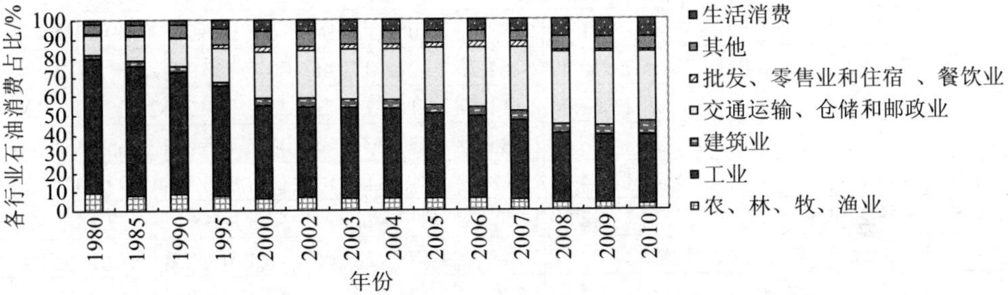

资料来源：国家统计局能源统计司，《中国能源统计年鉴 2011》，中国统计出版社，2011 年版。

图 3-12　1980—2010 年我国各行业石油消费比例

3.2.4.3　成品油消费结构

按最终成品油的油品来划分，我国成品油消费结构也发生了较大变化。1980 年我国成品油消费中，汽油、柴油、煤油和燃料油的比例分别为 16%、27%、6% 和 51%，其中柴汽比为 1.67；而 2010 年燃料油的比重降至 9%，柴油的比重达到了 57%，柴汽比上升至 2.11。柴油 1980—2010 的年平均增速度达到 25.76%，具体见表 3-2。

表 3-2　1980—2010 年我国成品油消费比例　　单位：万 t

类别	1980		2000		2010		1980—2010 年变化		
	消费量	比重	消费量	比重	消费量	比重	消费增量	增量比重	年均增速
汽油	999	16%	3 505	23%	6 886	27%	5 887	30%	19.64%
柴油	1 663	27%	6 774	45%	14 516	57%	12 853	66%	25.76%
煤油	366	6%	870	6%	1 741	7%	1 375	7%	12.52%
燃料油	3 074	51%	3 873	26%	2 403	9%	−671	−3%	−0.73%
合计	6 102	100%	15 022	100%	25 546	100%	19 445	—	10.7%

资料来源：国家统计局能源统计司，《中国能源统计年鉴 2011》，中国统计出版社，2011 年版。

3.2.4.4 石油消费区域结构

从表 3-3 的原油消费区域分布来看，我国原油的消费也相对集中，一部分主要集中在我国产油大省辽宁、黑龙江、新疆、陕西、甘肃等地；另一部分集中在东部和南部沿海山东、广东、江苏、浙江和上海等地区。其中全国原油消费量排前十位的省份的总消费量占全国总消费量的 73.66%。

表 3-3 我国原油消费前十位省区历年消费量 单位：万 t

省份	1990 年	1995 年	2000 年	2004 年	2005 年	2006 年	2007 年	2008 年	2009 年	2010 年
辽宁	2 387.08	2 516.42	3 938.74	5 216.67	5 410.89	5 555.04	5 893.46	5 945.19	5 873.05	6 558.91
山东	1 170.34	1 347.92	1 771.22	3 196.39	3 300.36	3 878.27	4 075.67	4 626.97	5 142.90	5 593.40
广东	912.94	1 226.95	1 956.41	2 391.35	2 388.37	2 805.71	2 940.10	3 046.21	3 709.44	4 455.31
江苏	823.47	1 010.80	1 376.65	1 875.39	2 264.76	2 302.70	2 454.00	2 313.13	2 661.44	2 998.55
浙江	243.68	575.02	1 112.48	1 853.44	2 113.04	2 114.73	2 248.73	2 287.35	2 505.80	2 835.41
黑龙江	997.15	1 204.34	1 601.27	1 616.07	1 785.01	1 850.06	1 886.02	1 735.97	2 065.13	2 106.53
新疆	483.73	727.61	1 071.29	1 314.13	1 628.77	1 813.64	1 873.37	1 940.53	1 997.90	2 308.44
上海	828.27	976.04	1 309.70	1 842.29	1 967.00	1 832.84	1 719.57	1 951.55	1 937.18	2 126.50
陕西	60.99	153.94	521.61	1 072.98	1 242.42	1 488.94	1 608.85	1 764.73	1 870.10	2 104.61
甘肃	473.83	673.37	880.88	1 154.76	1 229.26	1 323.38	1 432.87	1 394.36	1 440.79	1 400.18

资料来源：国家统计局能源统计司，《中国能源统计年鉴 2011》，中国统计出版社，2011 年版。

同样，成品油消费区域差异也比较明显。从表 3-4 可以看出，成品油的消费区域主要集中在经济比较发达的东部地区和东南沿海地区。从 2007—2010 年的纵向数据来看，排在前六位的广东、山东、上海、浙江、辽宁和江苏的成品油消费量占全国的消费总量的比例为 45%左右，其中 2007 年该比例达到 46.7%。其中广东省的成品油消费量历年都排在第一位，占全国总消费量的 15%左右，相当于全国倒数十个省区之和，但是 2010 年开始该比例有下降趋势。

表 3-4 1990—2010 年我国各省成品油消费量 单位：万 t

序号	地区	1990 年	1995 年	2000 年	2004 年	2005 年	2006 年	2007 年	2008 年	2009 年	2010 年
1	广东	815.46	1 582.62	2 098.85	3 136.05	3 766.65	3 870.11	3 763.52	3 666.65	3 612.22	3 603.99
2	山东	610.28	836.04	924.89	1 116.86	1 944.26	2 089.54	2 258.99	2 232.49	2 415.29	3 575.9
3	上海	604.36	603.78	859.6	1 393.68	1 561.21	1 707.47	1 860.88	1 877.74	1 967.6	2 067.76
4	浙江	297.9	521.44	824.18	1 223.34	1 516.28	1 534.65	1 598.26	1 648.75	1 758.27	1 945.93
5	辽宁	890.05	774.45	661.97	765.68	1 107.85	1 246.91	1 398.2	1 593.56	1 595.06	1 936.84
6	江苏	473.03	558.13	773.7	1 220.72	1 214.52	1 256.15	1 346.93	1 447.46	1 479.81	1 671.2
7	四川	178.23	261.93	354.62	560.83	613.51	739.26	860.46	989.07	1 169.79	1 303.05

序号	地区	1990 年	1995 年	2000 年	2004 年	2005 年	2006 年	2007 年	2008 年	2009 年	2010 年
8	湖北	420.57	501.66	555.45	786.85	955.87	1 078.71	1 320.85	1 394.39	1 506.49	1 239.18
9	内蒙古	95.07	109.98	166.08	453.42	598.11	719.89	829.22	968.03	1 046.4	1 213.74
10	福建	120.53	262.81	379.44	624.34	763.16	798.64	905.33	877.83	893.52	1 083.02
11	黑龙江	478.27	602.91	797.87	838.6	832.41	877.74	924.86	789.88	920.52	1 075.13
12	北京	376.21	388.74	394.99	580.1	631.33	737.56	836.69	912.15	988.12	1 068.26
13	河北	283.09	380.31	370.34	439.05	724.58	808.38	836.31	816.03	799.75	976.55
14	河南	270.99	346.67	347.77	586.66	656.38	682.1	751.22	797.78	774.1	907.69
15	湖南	204.43	275.45	310.04	451.77	609.5	668.19	731.41	674.13	777.32	870.81
16	云南	95.96	123.76	176.66	381.2	439.47	499.56	581.48	634.2	673.37	847.59
17	陕西	123.29	200.36	297.81	431.02	416.22	468.44	569.57	684.26	750.29	795.8
18	山西	136.2	176.53	188.29	288.67	359.05	400.73	423.32	736.14	797.42	729.62
19	广西	102.86	132.92	224.77	450.34	514.43	541.63	593.08	583.51	637.36	727.42
20	天津	340.74	299.96	408.36	473.66	489.91	498.35	510	549.14	599.98	703.75
21	吉林	209.32	228.16	218.65	262.9	478.53	543.58	655.11	483.89	506.15	571.08
22	江西	116.43	129.78	200.25	316.85	404.78	414.03	394.63	399.14	400.07	556.15
23	安徽	173.29	218.82	260.13	300.07	330.88	369.92	398.65	463.61	497.03	543.29
24	新疆	252.64	354.37	335.11	345.36	452.91	509.02	558.44	524.59	507.34	543.17
25	重庆	0	0	138.12	262.79	273.62	298.44	355.42	392.81	405.74	491.53
26	贵州	83.2	94.65	121.15	188.66	225.36	270.31	313.23	375.99	381.1	431.39
27	海南	23.68	75.07	114.65	148.33	150.31	173.35	190.66	242.36	270.71	310.53
28	甘肃	141.23	208.26	251.96	205.65	222.52	224.37	221.41	237.03	254.6	286.82
29	宁夏	42.94	48.55	54.89	112.54	91.74	100.34	109.18	122.87	124.27	173.43
30	青海	33.61	45.84	42.59	42.94	42.37	45.48	66.97	100.28	110.6	116.37

资料来源：根据《中国能源统计年鉴（2011）》整理。

3.3　我国石油进口依存度分析

3.3.1　石油进口贸易总量逐年攀升

从我国石油生产和消费的分析可以得出，1980—1993 年我国石油都是处于供给大于需求的状态，1993—2012 年我国石油呈现了消费大于生产的态势，从而成为石油的净进口国。从图 3-13 可以看出，我国原油的进口量从 21 世纪开始一直处于上升的态势，而成品油的进口量则维持在每年 3 000 万～4 000 万 t，主要原因在于我国炼厂的产能在逐渐提高（图 3-14）。相比较进口来讲，我国的成品油出口是 2008 年以前为 1 500 万 t 左右，但 2009—2012 年有上升态势，2010 年达到 2 687.8 万 t，而原油出口量则呈现下降趋势，从 1997 年的 1 983 万 t 下降到 2012 年的 243 万 t，下降幅度达 87.74%。原因在于 20 世纪七八十年代，我国“以石油换外汇”的时期，我国国内的原油情况是供大于求。但是到了 90 年代，我国国内原油需求量逐年上升，能源危机日益严重。而 20 世纪的原油出口决策很多是政府间协议，甚至是维持两国友好合作关系的一个表现方面。从 21 世纪开始，我国官方政策转向为不再支持原油出口。比如，从 2003 年开始，我国对于原油、焦炭等资源出口采取了下调出口退税的政策性限制措施，国内从事原油出口的外贸企业在退税方面的收入大减；2007 年初原油出口开征 5%出口关税导致 2007 年我国原油出口锐减，使原油出口在政策性方面不可行。

从原油进口成本来看，因 2007 年以来国际油价大涨，2011—2012 年原油进口成本空前上升。我国进口石油花费增幅高于数量增幅。根据我国统计年鉴数据，2012 年我国进口原油花费 2 206.7 亿美元，进口成品油花费 329.9 亿美元，分别比 2006 年增加 232.3%和约 112.2%。

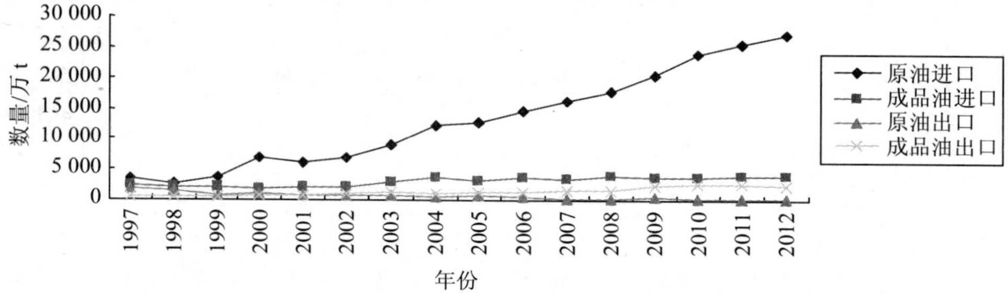

资料来源：中国国家统计局，《中国统计年鉴（2012）》，中国统计出版社，2012 年版；海关总署网站。

图 3-13　1997—2012 年我国原油和成品油进出口量

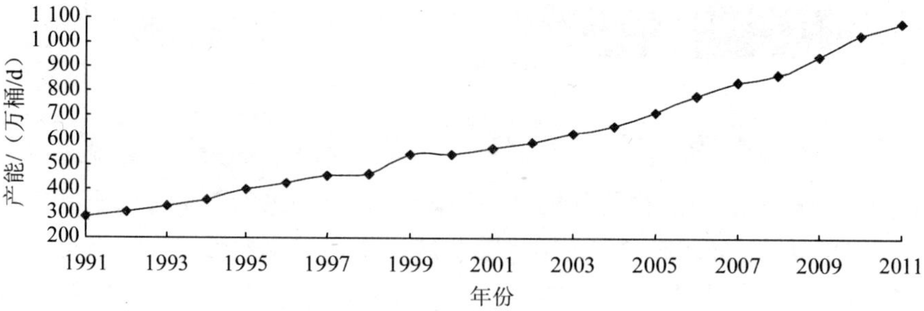

资料来源：BP statistical review of world energy full report 2012.

图 3-14　1991—2011 年我国石油炼厂产能

3.3.2 石油进口区域分布过于集中

从图 3-15 和图 3-16 可以看出，在原油进口量中来自中东和非洲的供应占到近 80%。其中中东的比重最高。根据 BP statistical review of world energy full report 2009 的数据计算，我国石油进口中东地区占比处于上升态势，2007 年占比为 38.8%，2008 年占比为 42%，而原油进口占比更高，从图 3-15 和图 3-16 可以看出，2006 年我国原油进口区域结构中东占比为 44%，2009 年则上升至 47.8%，这无疑增加了我国的石油安全风险。这一状况在近两年有所改变，2011 年在我国石油进口区域分布中，中东和非洲供应比例下降到 61%，其供应占比分别下降至 42%和 18.7%，而俄罗斯等中亚国家供应占比达 23.5%，该比例的变化说明我国石油进口区域分布过于依赖中东地区的态势有所缓和。

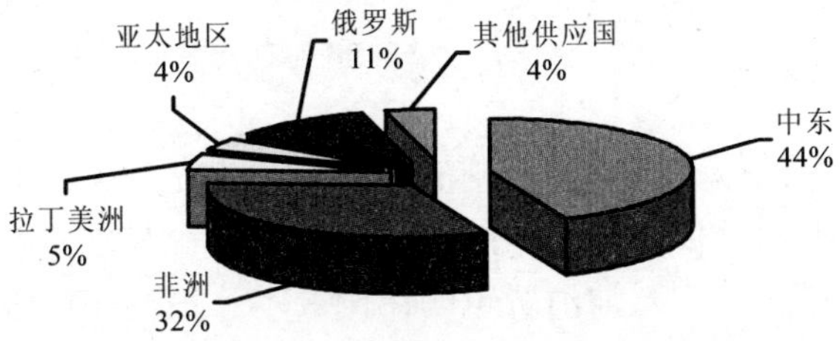

资料来源：国际能源署，《世界能源展望 2007》，第 183 页。

图 3-15　2006 年我国原油进口地区分布

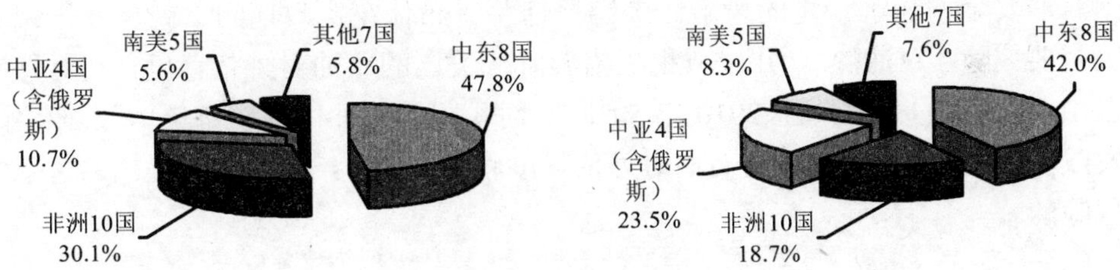

资料来源：根据我国石油和化工数据快报、东北证券金融与产业研究及 BP statistical review of world energy full report 2012 整理所得。

图 3-16　2009 年和 2011 年我国原油进口地区分布

我国最大的原油进口供应国是沙特阿拉伯和安哥拉，它们在我国石油进口市场中的份额均在 12%以上，排在其后的是伊朗、俄罗斯和阿曼。2011 年我国分别从沙特阿拉伯、安哥拉和伊朗进口原油 5 027.77 万 t、3 114.97 万 t 和 2 775.66 万 t，分别比上年增长 12.61%、–20.9%和 30.19%，上述三者合计占我国原油进口总量的 43.02%[①]。由近些年我国自俄罗斯进口原油的构成比例来看，该比例出现了一定程度的起伏。2006—2009 年有所下滑一方面是因为俄罗斯连番提高关税，以保护本国资源，另一方面是因为中俄石油贸易运输能力一直是一个问题。2011 年我国石油集团与俄罗斯国家石油公司和俄罗斯国家石油管道运输公司签署了购买和输送 30 万桶/d 的原油协议，根据这份为期 20 年的协议，这些原油将通过俄罗斯新建的东西伯利亚—太平洋石油管道的一条计划兴建的支线输往我国[②]。近两年我国从俄罗斯进口石油的比例大幅上升，2012 年约占比 7%，俄罗斯已跃升为我国第三大石油供应国[③]。另外，近年来为了改变我国石油过于依赖中东的局面，我国将一些新的国家加入到了石油供应国行列，其中包括苏丹、委内瑞拉、巴西、哈萨克斯坦和赤道几内亚等。

3.3.3 石油对外依存度高

石油对外依存度的概念有两种不同的解释。童晓光等（2009）和张华林、刘刚（2005）认为石油对外依存度反映的是一国石油消费对进口石油的依赖程度，用一国石油净进口量占该国石油消费量的比例表示。张麦花、张亚芬（2006）认为石油对外依存度是一国进出口石油量在本国国内石油消费中比例。这里我国采用的是第一种概念。从图 3-17 可以看出，自 1993 年我国首次成为石油净进口国以来，我国石油的依存度呈现逐年增长态势，从 1993 年的 5.3%上升至 2012 年的 58%。该指标的不断攀升表明我国石油消费越来越受到国际石油市场的影响，给我国石油安全增加了一定的风险。美国前任总统布什在执政期间，就反复告诫美国民众要戒除“石油瘾”，并采取积极措施降低美国的石油对外依存度，其对外依存已由 2005 年的 60%降至 2010 年 50%[④]，而我国的对外依存度每年增长 2%，国家发改委预测 2013 年我国的石油对外依存度将达到 60%[⑤]，远超过美国，这是非常危险的。

---

① 数据来源中国海关总署网站。一国前 3 位进口国的总净进口量与该国总净进口量的比值为石油进口集中度，而如果以张华林、刘刚（2005）40%为安全界限的话，2009 年接近 50%的进口集中度，反映了进口风险比较大。

② 普氏能源资讯，2009-8-1。

③ 中国石油新闻中心，2013-5-3。

④ 雷越，陈建荣：《美国降低石油对外依存度的战略动向》，《国际石油经济》，2011 年第 4 期。

⑤ 中国网新闻中心，http://news.china.com.cn/live/2012-11/19/content_17214042.htm。

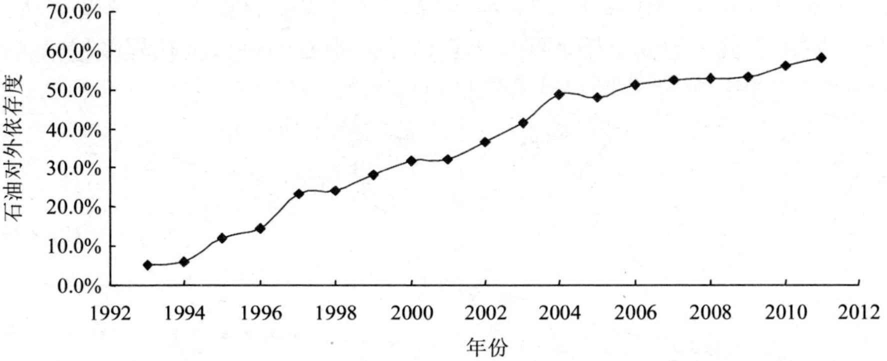

资料来源：BP statistical review of world energy full report 2012.

图 3-17　我国石油对外依存度变化

3.4　本章小结

本章分别从石油生产、消费和贸易 3 个角度来对我国目前石油供求状况进行描述分析，得出以下结论：

（1）我国石油生产总量虽然呈现上升势头，但是上升幅度不是很大，21 世纪以来其生产量在整体能源生产中占比逐年下降。而从石油生产区域来看，我国东部油田进入开发后期，西部油田还处于勘探初期，有很强的阶段性。目前原油产量主要集中在部分省份。

（2）与石油生产状况相反的是，我国石油消费逐年攀升，不断创造历史最高点。并且石油消费增长对我国经济波动敏感，呈周期性变化，甚至出现了石油消费增长速度快过我国经济增长速度的现象，说明在经济增长过程中高耗油产业发展过快，对石油的消耗过多。从其消费结构上来看，工业和交通运输业是耗油大户，其中交通运输业占石油消耗总量的比重在快速增长。从石油强度指标来看，我国石油利用效率在逐步提高，但是与英、法、德、美、日等发达国家之间还存在很大差距，未来存在很大的节能潜力。

（3）从图 3-18 可以看出，我国未来石油消费和生产之间的供需缺口将会越来越大，直接导致我国石油进口的依赖程度逐渐上升。无论从进口量还是进口额来看，其速度增长都非常快，尤其是近些年来国际原油价格大幅上升造成了我国石油进口成本比较高昂；而从进口区域来看，相对比较集中，主要还是严重依赖中东和非洲地区，这为我国石油国外供应安全带来了一定风险；从石油依存度指标来看，自 1993 年成为净进口国开始，我国石油依存度一直处于增长态势，从 2006 年开始已超过了 50%的安全警戒线，这反映了我国石油进口依赖程度越来越高。

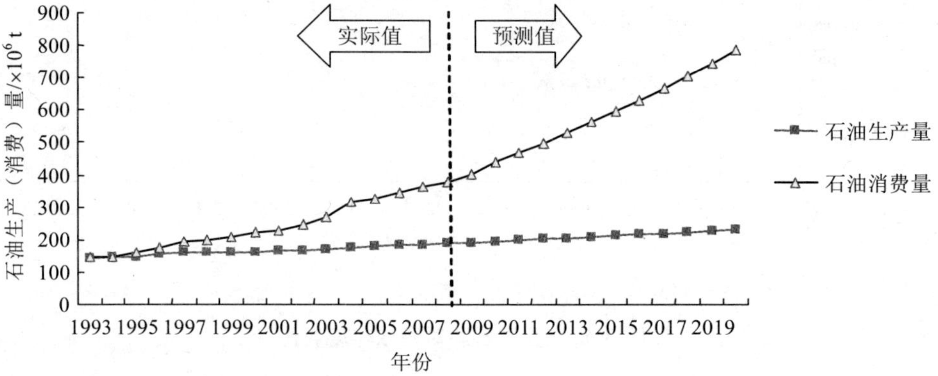

注：虚线右边是 BAU（基于现状发展）的预测值。

资料来源：BP statistical review of world energy full report 2009.

图 3-18 我国石油生产量和消费量预测

但是对于石油依存度过高的问题，学者们存在着不同看法。部分学者认为，从世界各国经验来看，50%的石油对外依存度是一条“安全警戒线”，现在我国已突破了这条警戒线，给我国能源安全带来很大的隐患。而另一些学者的观点则相反，他们认为日本、德国、法国、韩国等发达国家石油对外依存度普遍在 90%以上，而我国的 50%并不是什么“警戒线”，我国要保证经济快速发展必须要以一定的石油消耗为代价，作为“世界工厂”，进口大量石油是不可避免的，在当今全球化时代，国家间的产品和资源贸易实属正常情况，没必要过分紧张。而笔者个人认为，石油依存度持续攀升确实是事实，应该引起我国的警觉，但是不能过分夸大该指标所反映的表象，我们要透过现象看本质，要看石油依赖给我国经济带来的成本和影响能否承受，同时通过一系列举措来应对高石油进口依赖。

第 4 章 我国石油进口依赖的经济成本及风险分析

从石油的供需和贸易状况等角度对石油依赖问题的直观阐述中，我们认识到了我国石油的供需缺口较大，石油对外依存度不断刷新历史纪录等反映石油依赖的表象。本章将从经济学角度深层次剖析石油依赖问题，并对石油依赖的经济成本及风险进行核算分析。

4.1 我国石油进口依赖的经济成本分析

本节将借鉴 Greene 的 OSMM 模型对石油依赖经济成本进行核算。

4.1.1 文献回顾

对石油依赖的经济成本进行分析的学者可以分为两类：第一类观点（Greene and Leiby，1993；Greene，Jones and Leiby，1998；Greene and Tishchishyna，2001）认为石油依赖的经济成本来源于世界石油市场的垄断权力的使用，他们认为垄断力量是石油市场失灵的关键，并且与假设的竞争石油市场或认为 OPEC 的垄断权力明显缩减的情况进行了对比分析[①]。另一类观点（Leiby et al.，1995；Delucchi，1997；Moore，Behrens and Blodgett，1998；Parry and Darmstadter，2003）认为石油依赖的经济成本是一种外部成本，他们认为石油价格外部成本内在化的失效是市场失灵的关键，并与外部成本内部化的情景进行了对比分析。他们提到的外部成本的类型范围比较广泛，从温室气体排放到确保石油供应的军

① Greene，D.L. and P.N. Leiby，The Social Costs to the U.S. of Monopolization of the World Oil Market，1972-1991，*ORNL*-6744，Oak Ridge National Laboratory，Oak Ridge，Tennessee，1993，March；Greene，D.L. and N.I. Tishchishyna，Costs of Oil Dependence：A 2000 Update，*Transportation Quarterly*，2001，vol. 55，no. 3，pp.11-32；Greene，D.L.，D.W. Jones and P.N. Leiby，The Outlook for U.S. Oil Dependence，*Energy Policy*，1998，v. 26，no. 1，pp.55-69.

事成本等都包括在内[①]。这两类方法的主要区别在于对问题本质的判断和对比较对象的选择上[②]。

Parry 和 Darmstadter（2003）认为应该从外部成本角度看石油依赖，评估其外部成本，然后征收与外部成本等额的税收来解决石油依赖问题，并提到应该用庇古税作为溢价，该溢价反映了美国每额外桶石油消费成本超出其私人消费成本的部分，所以政府针对外部性的政策比如说通过石油储备措施对石油依赖进行干预是正当的[③]。但是，Greene 和 Sanjana（2005）认为把石油依赖经济成本定位为外部成本是混淆了两个观点，即这种定位因为外部性是市场失灵的原因，而石油依赖反映了石油市场失灵，所以就认为石油依赖就是外部性的产物，没有认识到这是一个逻辑谬论。他们认为石油依赖问题所导致的市场失灵是 OPEC 卡特尔的垄断力量引致而不是市场竞争失灵的副产品——外部成本。石油溢价不是解决因垄断力量（权力）所导致市场失灵的方法，因此也不是解决石油依赖的措施，石油溢价也不能完全反映降低石油依赖的经济收益。错误判断石油依赖是外部性问题，会导致严重低估石油依赖的重要性，从而制定错误的政策措施。[④]

另外，这两种观点对如何解决石油依赖问题也会产生两种不同的结论。认为石油依赖是外部性导致的学者，觉得政府干预是解决石油价格外部性内在化的最合适的途径，如征收石油税等。但是另一类学者认为在市场垄断权力是石油依赖的关键和结束石油卡特尔是不可能的情况下，最有效的措施就是技术：①扩大能转化为石油的资源范围；②提高石油利用效率；③发展经济的替代能源。同时，还有一些措施，如缓和石油供应中断的战略储备，则同时适用于两类学者的判断。

上述两类对石油依赖不同的判断产生了两种不同的评估方法和不同的成本估

---

① Leiby，P.N.，D.W. Jones，T.R. Curlee，R. Lee，Oil Imports：An Assessment of Benefits and Costs，Draft 4，Oak Ridge National Laboratory，Oak Ridge，Tennessee，1995，February 21；Delucchi，M.A. The Annualized Social Cost of Motor-Vehicle Use in the U.S.，1990-1991：Summary of Theory，Data，Methods，and Results，UCD-ITS-RR-96-3（1），Institute of Transportation Studies，University of California，Davis，California，1997，June；Moore，J.L.，C. E. Behrens and J.E. Blodgett.，Oil Imports：An Overview and Update of Economic and Security Effects，CRS Report 98-1，Environmental and Natural Resources Policy Division，Congressional Research Service，Congress of the United States，Washington，DC，1998；Parry，I.W.H. and J. Darmstadter. The Costs of U.S. Dependency，discussion paper 03-59，*Resources for the Future*，Washington，DC，2003.

② Greene，D.L.，Measuring energy security：Can the United States achieve oil independence? *Energy Policy*，2009，doi：10.1016/j.enpol.2009.01.041.

③ Parry，I.W.H. and J. Darmstadter. The Costs of U.S. Dependency，discussion paper 03-59，*Resources for the Future*，Washington，DC，2003，pp.8-18.

④ Greene，D.L. and Sanjana Ahmad，*Cost of U.S. Oil Dependence*：2005 *Update*，ORNL/TM-2005/45，Oak Ridge National Laboratory，Oak Ridge，Tennessee，2005：4-5.

值，例如 OPEC 成功地提高价格，使其高于市场竞争水平的价格可以看做是第一种方法的经济成本，也可以看做是第二种方法的外部成本内在化导致社会成本的减少。本章主要是评估世界石油市场垄断权力所导致的市场失灵给我国经济产生的直接成本。

4.1.2　石油价格突变和消费增加引发的石油依赖成本及其核算

当垄断权力抬高竞争市场的价格时，石油消费经济会引发三类成本：①因为主要的生产要素更昂贵而使生产经济能力下降；②石油价格突变提高失业率，从而降低经济产出；③石油消费国家的财富向国外石油生产国转移。本章仅仅分析石油依赖的经济成本，对军事、政治和环境成本将不作考虑。

4.1.2.1　财富转移

石油依赖的第一个成本构成就是石油消费国的财富转移到石油生产国。当 OPEC 通过限产来调控价格时，成员国就能实现垄断租金，而不需要用真实的资源去生产任何产品。通过有规律的减产，卡特尔组织就可以从世界其他国家转移财富。当然其中一部分石油消费国的进口美元也会流向非 OPEC 的石油生产者，但是它们需要用真实的资源去扩大其石油生产。这种石油进口成本的增加部分正好等于石油消费经济体的财富损失。该成本也可以看做是贸易条件的恶化，即因为石油生产者卡特尔的垄断权力作用，石油消费国为了获得相同数量的石油而必须出口更多的真实资源。这种财富转移对于全球经济产出来讲不是一个损失，因为石油消费国的财富损失被石油生产国所拥有。但是，对于像我国这样一个石油消费大国来讲就是一种真正的经济损失。

财富转移是我国石油依赖成本里最直接的衡量部分。图 4-1 是我国石油市场的简单描述，因为我国是石油净进口国，所以供给和需求曲线没有相交。我国的石油供给在初始的竞争性石油市场价格 P_c 时不能满足其石油需求，此时的供给为 S_c，需求为 D_c，其中（D_c–S_c）即为进口。当卡特尔组织提高世界市场石油价格到 P_m 时，我国的进口下降到（D_m–S_m）。那么，我国的财富转移成本就等于图中表示的阴影长方形 c，即我国石油总进口乘以石油真实价格与竞争性市场价格的差额。

在图 4-1 中，当国际市场油价由 P_c 上升到 P_m 时，消费者剩余是净损失 –（a+b+c+d），生产者剩余为 a，而长方形阴影部分 c 则为在非竞争性市场支付给石油生产国的量，所以也为负值，最终的总损失为 –（b+c+d）。其中标示有“消费者剩余损失”的三角形 d 是一个最终经济损失，即原本对消费者来讲是一个潜在收益但是却没有人拥有，标示有“生产者剩余损失”的三角形 b 代表在非竞争性市场上国内石油供应商用真实资源扩大其生产，该区域在竞争性市场是最初的消费者剩余但是现在是资源浪费，该部分资源原本是应该支付给消费者的。在竞争性市场上，这些资源原本可以用来生产其他产品，从而带动国内生产水平的提高。

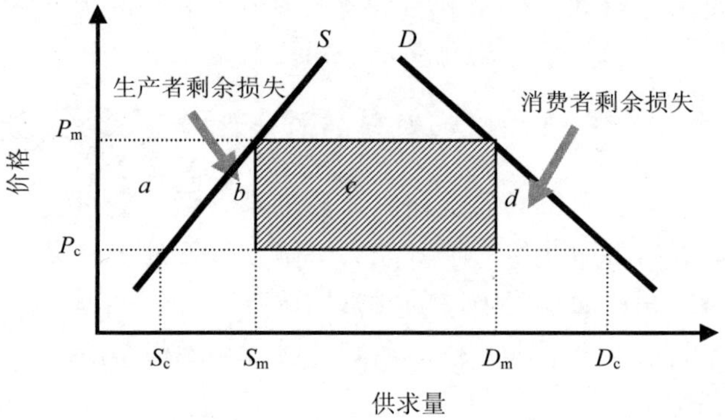

图 4-1　石油依赖的财富转移和潜在 GDP 损失描述

衡量财富转移最重要的假设是竞争性市场的石油价格。有许多学者都估算过不同时期竞争性石油市场的价格。Griffin 和 Vielhaber（1994）认为竞争性市场价格为 8.2 美元/桶（按 2000 年美元价格计算）①。其他包括 Adelman's（1989）为 7.10 美元/桶（按 2000 年美元价格）②，Morison's（1987）认为应该为 7.10～8.70 美元/桶③，Brown's（1987）认为应该为 9.60～12.60 美元/桶④。Berg，Kverndokk 和 Rosendahl（1997）对竞争性石油市场进行模拟得出，OPEC 扮演一个竞争性生产者时，市场价格应该为 12.10 美元/桶（按 2000 年美元价格）。历史上，1972 年国际市场上石油价格为 10.67 美元/桶（按 2000 年美元价格）⑤。1973 年以后最低的年均石油价格就是 12.72 美元/桶，出现在 1998 年。上述的研究者模拟估计和历史事实都能说明直至今天，竞争性石油价格是低于 13 美元/桶的。

当前，要使竞争性石油价格保持稳定或下降最有利的条件就是技术进步。国际能源署指出，石油供给价格在过去的 20 年是保持下降的（IEA，2001）⑥。随着四维地震成像技术的应用、计算机技术运用于数据的获取和分析、海上（尤其深水）钻井技术进步、智能多方位钻井技术的运用等，石油生产价格在稳步下降，IEA 预测当前石油总供应成本的区间应该为 4 美元/桶（中东生产商）到 6～11 美

---

① Griffen，J.M. and L.M. Vielhaber. OPEC Production：the Missing Link，*The Energy Journal*，vol. 15. 1994.

② Adelman，M.A. Mideast Governments and the Oil Price Prospect，*The Energy Journal*，1989，vol. 10，no. 2，pp.15-24.

③ Morison，M.B. The Price of Oil：Lower and Upper Bounds，*Energy Policy*，1987，vol. 15，no. 5，pp.399-407.

④ Brown，W.M. Petroleum Prices：Past，Present and Prospective，*Hudson Institute*，Indianapolis，Indiana，1987.

⑤ 1973 年是 OPEC 成员国第一次运用其垄断力量致使国际油价波动，在这之前的几年里国际油价一直保持稳定，尽管有少许下降。

⑥ IEA，*World Energy Outlook*，2001，pp.52.

元/桶（主要国际石油公司）（IEA，2001）[①]。石油总供应成本包括直接起吊成本、生产成本以及勘探和开发成本。其他影响竞争性市场价格的因素包括运费和不同地区原油质量差异。但是，仍然很难想象一个竞争性市场的石油边际成本能超过 15 美元/桶。本书的估算以 1973 年价格 16.66 美元/桶（2011 年美元价格）作为竞争性石油市场的参考价。

4.1.2.2　潜在 GDP 损失

当石油价格因为垄断权力而上升，而石油价格的上升作为经济的重要指标时，预示着基础资源突然变得更加稀缺。所以一国经济在同样的资本、劳动等其他要素禀赋条件下会因为石油资源的稀缺而使产出减少，那么这种缩减就称作“潜在 GDP 损失”。它表示尽管所有资源都充分利用，经济潜在产出也会因为石油的更加稀缺而减少。潜在 GDP 损失是持久的，只要石油价格保持上升态势，潜在 GDP 损失就存在。

（1）潜在 GDP 损失的核算。潜在 GDP 损失可以用整个经济因为石油价格提高所产生的消费者剩余和生产者剩余的总和来表示。根据上文的分析，生产者剩余损失和消费者剩余损失可以用石油供给和需求曲线下方的三角区域 b 和 d 表示（图 4-1）。如果石油是我国经济体中唯一产品的话，那么就可以直接用该区域的面积来表示。但是事实上，石油价格的上升影响着国内的其他商品，尤其是石油的替代能源。这里石油价格的上升会导致其他市场上生产者和消费者剩余的损失，从而增加石油市场本身的损失。

在该研究中，潜在 GDP 损失的估算是基于我国石油市场的剩余损失进行的。首先，计算我国石油市场的消费者剩余和生产者剩余之和。考虑到剩余损失会在相关市场（尤其是能源市场）发生，用一个乘数来将石油市场损失转化为整体经济损失估计[②]。在该研究中，将对生产者剩余和消费者剩余进行公式推导。

生产者剩余和消费者剩余损失的动态、滞后调整的供给和需求曲线方程可以通过过去和现在石油价格加权求和的积分来计算，而不是简单地用当前价格来反映，因为历史价格会影响当前的供给和需求水平。为了寻找合适的价格变量，我们通过连续替代滞后权重变量 Q_{t-1} 来扩展滞期调整模型[③]。

---

① IEA，*World Energy Outlook*，2001，figure2.5.

② 关于石油市场损失乘数的大致估计得出，在过去 30 多年中石油价格与天然气、电、煤价格的相关系数分别为 0.62、0.76 和 0.77。将每一种能源形式包括石油分别赋予其与石油价格的相关系数为权数求和总支出，然后除以石油的总支出得到估计的乘数为 2.3。其中用天然气和煤发电的支出被排除在此估算以外。这个方法假设潜在 GDP 损失关于每种能源形式的弹性与能源支出/GDP 成比例，从而对于石油价格的每种能源的派生价格等于每种能源价格与石油价格的相关性。这是一种非常粗糙的估算，有待进一步精炼。

③ Greene，D.L. and Sanjana Ahmad，Cost of U.S. Oil Dependence：2005 Update，*ORNL/TM*-2005/45，*Oak Ridge National Laboratory*，Oak Ridge，Tennessee，2005，pp.10-12.

$$Q_t = \lambda a_t + \lambda b P_t + (1-\lambda) Q_{t-1} = \lambda a_t + \lambda b P_t + (1-\lambda)[\lambda(a_{t-1} + bP_{t-1}) + (1-\lambda)Q_{t-2}]$$

$$= \lambda \sum_{i=0}^{t-1} (1-\lambda)^i a_{t-i} + \lambda b \sum_{i=0}^{t-1} (1-\lambda)^i P_{t-i} + (1-\lambda)^t Q_0 \quad (4.1)$$

式中 Q_t，Q_{t-1}，Q_{t-2} 分别为第 t，$t-1$，$t-2$ 期需求（或供给）量，P_t，P_{t-i} 分别为第 t，$t-i$ 期的石油价格，λ 为调整变量，Q_0 为基期需求（或供给）量，b 为供给（或需求）的价格弹性。中间变量 a_t 也随着期数 t 变化，表明石油价格以外的因素也随着时间不断变化从而影响需求（或供给）水平。a_t 是难以衡量的，但是对 a_t 进行加权求和加上 Q_0 的滞后影响可以用 Q_t，b，λ 和历史价格来表示。假设用 K_t 来表示给予历史价格的第 t 年其他影响因素的总和，k_t 表示假设的竞争性石油价格的影响。

$$K_t = Q_t - b\lambda \sum_{i=0}^{t-1} (1-\lambda)^i P_{t-i} = \lambda \sum_{i=0}^{t-1} (1-\lambda)^i a_{t-i} + (1-\lambda)^t Q_0$$

$$k_t = Q_t - b\lambda \sum_{i=0}^{t} (1-\lambda)^i P_0 \quad (4.2)$$

然后，假定一个加权和的价格变量 $\prod$，代表过去和现在价格对需求（或供给）的累计影响。

$$\prod{}_t = \lambda P_t + (1-\lambda)\prod{}_{t-1} = \lambda \sum_{t=0}^{t-1} (1-\lambda)^i P_{t-i}$$

$$\prod{}_{ct} = \lambda P_{ct} + (1-\lambda)\prod{}_{ct-1} \quad (4.3)$$

如果 P_c 是常数，则

$$\prod{}_c = \lambda P_c + \lambda \sum_{i=0}^{t-1} (1-\lambda)^i P_c = P_c$$

通过这些界定，石油需求或供给方程可以用过去价格的加权平均方程 $\prod$ 来表示，可以选取任意价格系列（包括固定价格，$P_c \rightarrow \prod_c$）到实际价格系列 $\prod_t$ 来求积分。消费者剩余即需求曲线下方从 $\prod_c$ 到 $\prod_t$ 的区域，减去用 $\prod_s$ 替代真实价格的支出变化。生产者剩余就是收入变化减去供给曲线下方从 $\prod_c$ 到 $\prod_t$ 的区域。

$$
\begin{aligned}
Surplus^* &= \int_{\Pi_c}^{\Pi_t}(K_t+b\Pi)d\Pi-Q_t(\Pi_t-\Pi_c)=(K_t\Pi+\frac{1}{2}b\Pi^2)\Big|_{\Pi_c}^{\Pi_t}-Q_t(\Pi_t-\Pi_c)\\
&=\left(K_t\Pi_t+\frac{1}{2}b\Pi_t^2-K_t\Pi_c+\frac{1}{2}b\Pi_c^2\right)-Q_t(\Pi_t-\Pi_c)\\
&=\left[K_t+\frac{1}{2}b(\Pi_t+\Pi_c)-Q_t\right](\Pi_t-\Pi_c)\\
&=\left[Q_t-b\Pi_t+\frac{b}{2}\Pi_t+\frac{b}{2}\Pi_c-Q_t\right](\Pi_t-\Pi_c)\\
&=-\frac{b}{2}(\Pi_t-\Pi_c)^2=-\frac{1}{2}[(Q_t-K_t)-(Q_c-K_c)](\Pi_t-\Pi_c)\\
&=-\frac{1}{2}(Q_t-Q_c)(\Pi_t-\Pi_c)
\end{aligned}
\tag{4.4}
$$

假设 $K_t=K_c$

这正好等于需求（或供给）曲线下方的相似剩余三角形，其中横轴表示 Π（图 4-2）。[①] 这里的积分变量 Π 是一个凸组合（比如说过去价格的加权平均）。该方法的主要不确定性因素在于：①潜在 GDP 损失乘数；②供给和需求的价格弹性（价格斜率）；③滞期调整率参数（λ）。

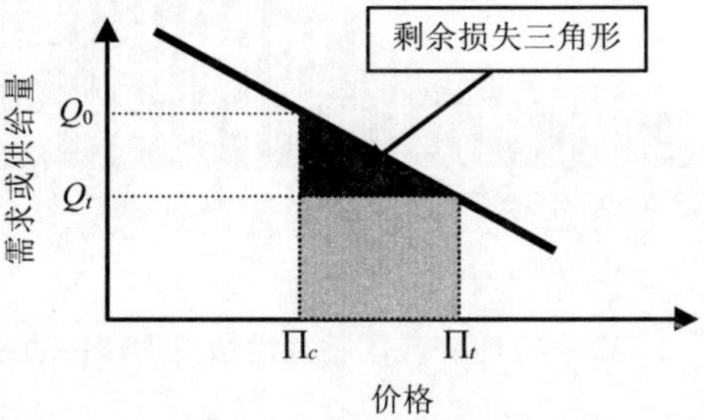

图 4-2　基于加权价格变量的整合需求曲线对剩余损失的估计

（2）对我国的石油需求和供给价格弹性进行粗略估计分析。

模型的建立　本书采用线性滞期调整方程代表我国的石油需求和供给从而计算潜在 GDP 损失，线性滞期方程表示价格弹性随时间的变化不是固定的，而是随着石油价格和消费（生产）量变化的。

① 在式（4.4）最后一步假设 $K_t=K_c$ 表示除了价格以外的因素影响需求变化的方式在任何价格轨迹下是相同的。如果用公式 $-\frac{b}{2}(\Pi_t-\Pi_c)^2$ 来替代，这个假设就没有必要了。

$$Q_t = \lambda a + \lambda b P_t + (1-\lambda) Q_{t-1}$$
$$\frac{\partial Q}{\partial P}\frac{P}{Q} = \lambda b \frac{P}{Q} \tag{4.5}$$

式中：Q_t——第 t 期的需求或供给量；

P_t——第 t 期的价格；

λ——滞期调整系数（$|\lambda|<1$）。需求或供给的价格弹性即为 $\lambda b\frac{P}{Q}$，随石油价格和消费量或生产量变化。

数据来源　本书选择 1970—2011 年的数据，对我国石油供给或需求弹性进行估计。其中，石油价格选取的是 BP 计算的年平均原油价格，单位为美元/桶。我国石油消费量或供给量选取石油总需求或总供给，单位为万桶/d。石油价格和需求量及供给量数据来源于 BP 的 statistical review full report workbook 2012。图 4-3 反映了 1970—2011 年我国石油需求量或供给量与石油价格的变动关系。

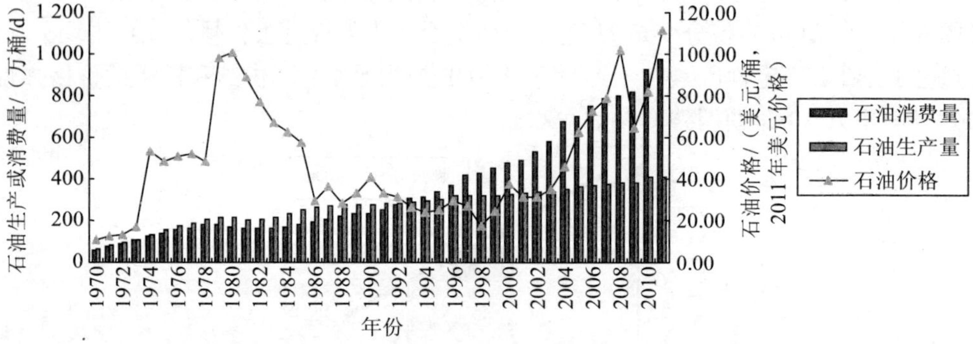

图 4-3　1970—2011 年我国石油供给与需求量的变化趋势

估算结果　运用统计软件 Eviews3.1 计算，根据计算结果，得出需求的自回归方程为：

$$Q_t = 116.163 - 2.893P_t + 1.069Q_{t-1}$$
$$(1.772)\quad(-2.451)\quad(77.612)$$

R^2=0.994 4，调整后的 R^2=0.994 0。所以，需求的价格弹性

$$\frac{\partial Q}{\partial P}\frac{P}{Q} = \lambda b \frac{P}{Q} = -2.869\,3 \times \frac{43.26}{3\,152} = -0.039$$

得出供给的自回归方程为：

$$Q_t = 220.591 - 0.482P_t + 0.951Q_{t-1}$$

（5.461）（–0.921）（70.236）

R^2=0.993 2，调整后的 R^2=0.992 8。所以，供给的价格弹性

$$\frac{\partial Q}{\partial P}\frac{P}{Q} = \lambda b \frac{P}{Q} = -0.482 \times \frac{43.26}{2\,556} = -0.008$$

4.1.2.3　宏观经济调整成本

如果石油价格突然上升，经济失衡会导致 GDP 损失更大。价格波动导致国内市场价格、工资和利率的调整存在时滞，从而使可用资源未能实现充分利用，经济产出降低。这种宏观经济调整成本是产生于经济体未能迅速调整的，所以它是暂时的，会在未来 3～5 年内消失。

宏观经济调整成本是 3 个成本构成中最复杂的，因为它不仅依赖于石油价格波动本身，还依赖于政策反应和对价格上涨持续的预期（Lee et al.，1995）[①]。直到 20 世纪 90 年代才出现了一些关于石油价格波动导致的宏观经济调整损失机制的认识和衡量的经济学研究。关于石油价格波动对美国制造业就业和失业影响的详细统计分析（Davis and Haltiwanger，1997）发现，无论是石油价格冲击还是货币冲击，对失业的影响都大于对就业的影响，但是石油价格冲击的影响是货币冲击的两倍[②]。此外，该研究还表明能源密集型部门的失业损失大于非能源密集型部门。该结果曾被 Lougani（1986）提到过，他认为石油价格冲击必然会导致劳动力再分配从而出现失业的暂时性增长，并且会持续大约 4 年[③]。当经济因一个突然的价格冲击而失去均衡，工资和其他价格等不能迅速作出调整，从而导致工人失业和资本闲置的结果时，宏观经济调整成本就产生了。

在过去的 20 多年中，关于价格冲击对经济的影响机制的研究颇丰，在关于部门创造就业和失业的分析（Davis and Haltiwanger，2001）中提到石油价格冲击的毁灭性和创造性是货币波动影响的两倍，而且，石油价格上升所导致失业增加是价格下降所导致失业下降的 10 倍[④]。Rotemberg 和 Woodfood（1996）及 Huntington

---

① Lee，K.S. and R.A. Ratti，Oil Shocks and the Macro economy：The Role of Price Variability，*The Energy Journal*，Vol.16，no.4，pp.39-56.

② Davis，S.J. and J. Haltiwanger. Sectoral Job Creation and Destruction Responses to Oil Price Changes and Other Shocks，presented at the conference on International Energy Security：Economic Vulnerability to Oil Price Shocks，Washington，DC，October 3-4，1996，sponsored by the U.S. Department of Energy and Department of State.

③ Lougani，P. Oil Price Shocks and the Dispersion Hypothesis，*The Review of Economics and Statistics*，1986，pp.536-539.

④ Davis，S.J. and J. Haltiwanger. Sectoral Job Creation and Destruction Response to Oil Price Changes，*Journal of Monetary Economics*，2001，Vol. 48，pp.465-512.

（2002）通过允许生产商提高其价格至高于完全竞争市场水平的模型论证了经济体中市场力量如何扩大石油价格波动的经济影响（Jones et al.，2004）。Huntington（2002）提出在不完全竞争的实体经济中，石油价格波动的影响会被放大，这是因为：①经济从一个价格高于边际成本的水平向一个新水平移动，该水平的价格会在更大产量上高于边际成本，因此增加了福利损失。②较高非竞争性价格对整体经济影响就是降低总需求，从而出现货币外部性导致额外的经济效率低下[①]。

石油价格波动的 GDP 动态调整是衡量宏观经济调整成本的关键。已有文献在该衡量上作了尝试，希望既能体现宏观经济影响和潜在 GDP 影响，又能体现经济体对石油价格持续变化的动态反映。本书的第一个难点就是分别计算潜在 GDP 损失和宏观经济成本。潜在 GDP 损失可以用动态调整的石油供给和需求曲线下的生产者剩余和消费者剩余损失来衡量。宏观经济调整成本通过 GDP 的石油价格弹性来衡量。两个过程是石油价格变化的不同动态反应。例如，石油价格的突然下降将导致宏观经济调整损失，同时会抵消潜在 GDP 收益。

石油价格波动的宏观经济动态调整成本可以用模型来进行衡量，给定石油历史价格，将第 t 年的实际石油价格与第 t 年的调整价格进行对比。宏观经济成本概念的一个重要前提是经济不能迅速应对突发的价格大变动。石油价格持续变动暗示着在当前石油价格下，经济体持续保持着非均衡。因此，宏观经济调整影响不是由前期的石油价格变动来决定的，而是由当期价格和当期经济调整价格差来决定的。

用“调整价格”来衡量宏观经济成本来源于线性滞期调整模型。该模型假设第 $t-1$ 期和第 t 期独立变量的观察值变化（X_t-X_{t-1}）是长期预期价格 P_t 时的需求 x_t 与上期实际需求差异的 λ 倍（$0<\lambda<1$）。[②]

$$\begin{aligned} X_t - X_{t-1} &= \lambda(x_t - X_{t-1}) \\ x_t &= a + bP_t \end{aligned} \qquad (4.6)$$

将第 2 个公式代入第 1 个公式中去，将得到滞期调整需求方程：

$$X_t = \lambda a + \lambda b P_t + (1-\lambda) X_{t-1} \qquad (4.7)$$

长期需求是关于价格水平 P_t、价格敏感度 b 和其他因素 a 的方程。滞期调整模型也可以解释为当前值 X_t 存在于价格为 p_t 时，所以 X_t 是 p_t 的长期均衡水平。

① Jones，Donald W.，Paul N. Leiby and Inja K. Paik. Oil Price Shocks and the Macro economy：What Has Been Learned Since 1996，*The Energy Journal*，2004，Vol. 25，No. 2，pp.1-32.

② Greene，D.L. and Sanjana Ahmad，Cost of U.S. Oil Dependence：2005 Update，*ORNL/TM*-2005/45，*Oak Ridge National Laboratory*，Oak Ridge，Tennessee，2005，pp.13-14.

将式（4.6）中第 2 个方程 P_t 替换为 p_t，当价格为 p_t 时，$x_t=X_t$，方程（4.7）可以转化为：

$$\begin{aligned} a+bp_t &= \lambda a+\lambda bP_t+(1-\lambda)(a+bp_{t-1}) \\ p_t &= \lambda P_t+(1-\lambda)p_{t-1} \end{aligned} \tag{4.8}$$

其中 $X_{t-1}=a+bp_{t-1}$

当期调整价格是当期实际价格和上期调整价格的加权平均数。调整价格初始值为 p_0，但是因为在 1973 年以前的石油价格相当稳定，所以近似假设 $p_0=p_{1972}$。因为经济体中决定石油价格的影响因素比较复杂，目前还没有较简单的理论可以运用来解决该问题。尽管当前的石油支出份额比较小，但是一些因素（比如交通部门的石油消费集中度和经济中其他部门的市场力量的增加[①]）至少在一定范围内加大了石油价格波动的脆弱性。在本书的分析中，假设我国 GDP 的石油价格弹性与我国 GDP 的石油成本份额（石油支出/GDP）成比例（图 4-4）。宏观经济调整成本就可以用实际价格与调整价格的差额除以二者的均值再乘以 GDP 的价格弹性来衡量[②]。

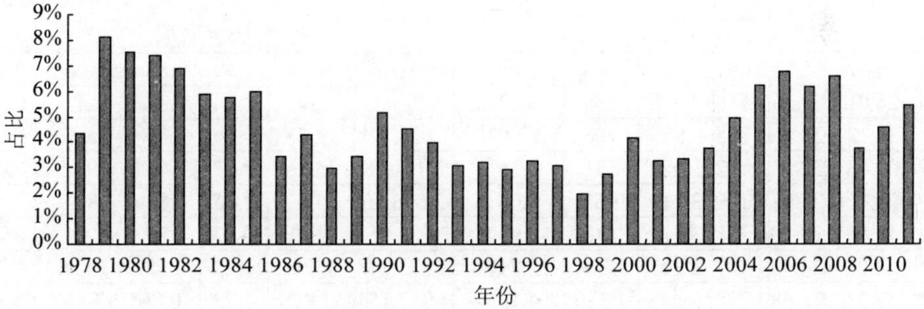

资料来源：BP statistical review full report workbook 2012，历年《中国统计年鉴》。

图 4-4　1978—2011 年我国石油支出在 GDP 中的占比

4.1.3　石油价格波动和高油价共同推高石油依赖的经济成本

我国石油依赖的经济成本比较大。从 1993 年我国再次成为石油净进口国开始到 2011 年，我国的石油依赖总经济成本（总损失）为 10 043.23 亿美元（2011 年美元价格）（表 4-1）。从每年的石油依赖总经济损失来看，1993—1997 年在国际

① Huntington（2002）对该影响进行了详细分析。

② Greene，D.L. and N.I. Tishchishyna，Costs of Oil Dependence：A 2000 Update，Transportation Quarterly，2001，Vol. 55，No. 3，pp.11-32.

石油价格波动不大的情况下，总损失随着我国石油进口量的增加而上升。1998 年国际油价大幅下降，我国的石油依赖总损失也随之下降。在随后的 10 年左右，除了 2001 年和 2009 年因国际油价大幅度下降导致总成本有所下降外，我国的石油依赖总经济成本大幅攀升（图 4-5）。到 2011 年，已经上升到 2 402.64 亿美元，该影响占 GDP 的份额为 3.29%，2006 年该比例达到最大，占 GDP 的份额高达 5.8%。

我国石油依赖经济成本由三部分构成，其中 1993—2011 年财富转移部分为 8 479.65 亿美元，占 84.4%；宏观经济调整成本部分为 772.18 亿美元，占 7.7%；潜在 GDP 损失部分为 791.4 亿美元，占 7.9%。所以，仅仅考虑石油价格波动的成本而忽略财富转移和高油价对潜在 GDP 损失的持续影响将会大大低估我国石油依赖的真实成本。

表 4-1 我国石油依赖经济成本估算结果

年份	价格（$2011）美元/桶	调整价格	石油消费	石油生产量	净进口	石油支出占 GDP 的份额	GDP	财富转移	潜在 GDP 损失	宏观经济调整成本	总损失	总损失占 GDP 的份额
			千桶/d				亿美元（$2011）					
1993	26.42	32.28	3 051	2 888	163	3.08%	1 091.155	5.79	2.19	1.68	9.66	0.88%
1994	24.01	29.53	3 116	2 930	186	3.22%	1 125.23	5.00	1.24	1.87	8.11	0.72%
1995	25.12	28.06	3 395	2 989	406	2.90%	1 624.828	12.53	1.64	1.30	15.48	0.95%
1996	29.63	28.58	3 702	3 170	531	3.26%	2 101.98	25.16	3.87	0.62	29.65	1.41%
1997	26.76	27.97	4 179	3 211	968	3.06%	2 556.56	35.67	2.35	0.87	38.89	1.52%
1998	17.55	24.50	4 228	3 212	1 016	1.93%	2 950.162	3.29	0.02	4.70	8.01	0.27%
1999	24.26	24.42	4 477	3 213	1 264	2.71%	3 373.718	35.08	1.33	0.15	36.56	1.08%
2000	37.22	28.68	4 772	3 252	1 520	4.14%	4 047.154	114.09	9.72	10.86	134.67	3.33%
2001	31.05	29.47	4 872	3 306	1 566	3.28%	4 845.172	82.22	4.76	2.07	89.05	1.84%
2002	31.29	30.08	5 288	3 346	1 942	3.32%	5 799.844	103.67	4.92	1.90	110.50	1.91%
2003	35.25	31.80	5 803	3 401	2 402	3.72%	7 202.765	162.92	7.94	6.89	177.75	2.47%
2004	45.57	36.38	6 772	3 481	3 291	4.90%	9 333.684	347.24	19.22	25.61	392.07	4.2%
2005	62.80	45.18	6 984	3 627	3 357	6.21%	12 029.66	565.32	48.95	60.99	675.26	5.61%
2006	72.69	54.34	7 530	3 684	3 846	6.73%	16 110.78	786.44	72.19	78.36	937.00	5.81%
2007	78.53	62.39	7 855	3 743	4 112	6.13%	23 411.27	928.53	88.05	82.21	1 098.79	4.69%
2008	101.61	75.45	7 999	3 795	4 204	6.55%	32 869.3	1 303.50	165.97	159.09	1 628.57	4.95%
2009	64.66	71.86	8 212	3 805	4 407	3.70%	41 348.37	772.13	53.00	40.37	865.49	2.09%
2010	82.00	75.24	9 251	4 077	5 174	4.57%	53 786.41	1 234.04	98.21	52.85	1 385.10	2.58%
2011	111.26	87.23	9 758	4 090	5 668	5.43%	72 981.52	1 957.01	205.81	239.81	2 402.64	3.29%
合计	—	—	—	—	—	—	—	8 479.65	791.40	772.18	10 043.23	—

资料来源：石油价格选取的是 BP 计算的年平均原油价格，单位为美元/桶。我国石油消费量和供给量选取石油总需求和总供给，单位为千桶/d。石油价格和需求量或供给量数据来源于 BP 的 statistical review full report workbook 2012。GDP 根据我国统计年鉴以及汇率折算为美元。

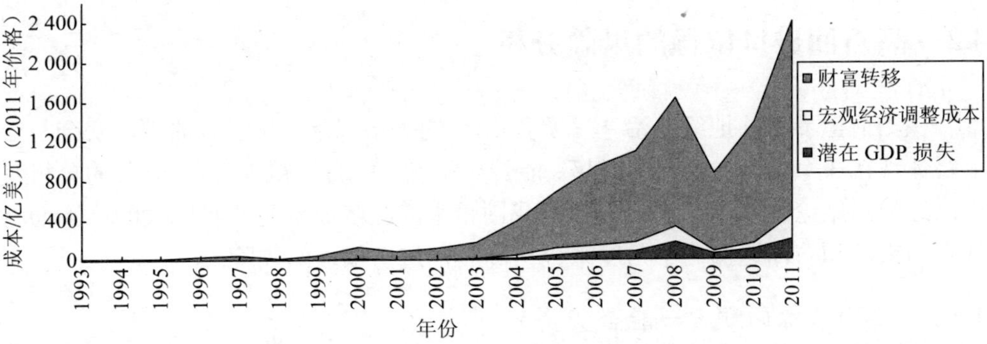

图 4-5　1993—2011 年我国石油依赖成本趋势

4.1.4　小结

随着我国石油进口量的大幅提高，在石油依赖成本中占主导地位的财富转移成本会一直处于高位，这势必会为我国经济支出造成沉重的负担；而石油价格的高企造成石油资源的稀缺，从而使我国的经济产出因石油的稀缺而减少，只要石油价格处于较高位置，经济产出的减少就可能持续存在；另外不能忽视类似 2007—2010 年的石油价格上下波动，该波动导致国内市场价格、工资和利率的调整存在时滞，从而使可用资源未能实现充分利用，经济产出降低。该项成本是最复杂的，因为它不仅依赖于石油价格波动本身，还依赖于国家政策反应和对价格上涨持续的预期等因素，因此给我国经济发展带来了一些不确定性风险。

本节主要借鉴 Greene 的 OSMM 模型对我国石油依赖的经济成本进行核算，但是还存在一些不足的地方：①该研究基于模型模拟分析，用石油支出占 GDP 的份额替代 GDP 的价格弹性来估计宏观经济调整成本，用供给和需求曲线乘上一个间接影响乘数来估计潜在 GDP 损失。这种方法简单并且能保持这些参数与已有文献的结论一致，但是存在缺陷，它不能非常清晰地反映宏观经济的市场相互作用。②没有人清楚石油价格路径在没有 OPEC 的情况下将如何变化，本章只是简单地假设竞争性石油市场价格。

尽管在本节分析过程中存在一些缺陷，但是本节已经对我国石油依赖经济成本进行了初步量化，该量化已经让我国对石油依赖的经济成本有了一个定量的认识，并且通过本节的分析我国已经确认石油依赖在过去、现在以及将来一直是我国需要面对的一个重大的经济问题。

4.2 高石油进口依赖的风险分析

在当前世界石油地缘政治“三极多元[①]”的大格局下，我国石油进口安全与否主要体现在3个方面：能否买得起；能否买得到；能否运得来[②]。上一节的分析我们已经得出结论，即石油进口依赖给我国带来的经济成本是非常庞大的。下面将从石油来源和石油运输两个角度来分析高石油进口依赖的风险。

4.2.1 石油来源问题——能否买得到

2009年石油依存度超过“安全警戒线”50%时，引起了我国对能源安全“高危”状态的担忧。从世界角度来看，石油市场供需是保持平衡状态的，按照国际能源机构的预测，全球石油可采资源总量预计在5 000亿t，目前探明剩余可采储量为1 700多t，按照年产石油38亿t来计算，石油储产比也可以达到40，也就是说即使以后不发现新的石油资源，理论上也可够开采40年[③]。但从全世界各国石油安全供应整体情况来看，石油资源丰富并不能代表石油供应就一定安全，石油资源贫乏并不代表石油供应就存在危险。例如伊拉克石油丰裕、产量大，但是却受人控制基本上没有安全；日本以及欧美等发达国家石油贫乏，对外依存度高，日本甚至高达 97%[④]，但是其石油供应却能安全，因为他们的资本已经广泛渗透到了世界主要资源国。

从我国的情况来分析，能否买得到的风险还是存在的。田春荣（2003）运用2002年的数据研究了我国石油进口的供应风险[⑤]。吴刚等（2005）应用HHA对世界主要石油进口国的石油风险进行了分析，发现我国的石油进口风险呈现上升趋势，而欧盟的进口风险却出现下降趋势[⑥]。主要原因是因为我们石油进口来源地过于集中。

4.2.1.1 进口高度集中于地缘政治不稳定区

高度集中化是我国石油进口来源地最典型的特征。2011年我国原油进口中东地区占比为43%，非洲占比为18.7%，中亚（含俄罗斯）占比为23.5%[⑦]。这些进

① 三极多元即指美国、石油生产国、石油消费国三极主导的多主体参与的石油地缘政治格局。

② 郑传贵：《世界石油地缘政治格局新态势与中国石油进口安全》，《北京石油管理干部学院学报》，2007年第6期。

③ http://www.bp.com.

④ BP statistical review full report workbook 2009.

⑤ 田春荣：《中国石油进出口状况分析》，《国际石油经济》，2003年第3期。

⑥ 吴刚、刘兰翠、范英、魏一鸣：《基于HHA方法的世界主要石油进口国的进口风险分析》，海峡两岸能源经济学术研讨会，中国台北，2005年6月。

⑦ 数据来源于中国石油和化工数据快报、东北证券金融与产业研究所。

口地区大多属于地缘政治的不稳定地区，如伊朗排在我国原油进口来源地的第三位，已经被美国甚至世界列为支持恐怖主义的国家；苏丹、安哥拉、伊拉克也是我国进口大户，内部社会动荡，已经被欧洲认为是“失败国家”，极易被西方诸国因各种非正常政治理由进行制裁或干预[①]。正是这些不稳定的来源地因素，给我国的石油供应带来了一定不稳定风险。未来我国石油供应不仅取决于这些进口来源地的稳定和安全，还要取决于我国与这些国家或地区的政治、经济以及外交关系。2006 年吴刚在其博士论文《石油安全的若干管理科学模型及其应用研究》中运用投资组合理论分析了我国石油进口集中化的风险，得出如果我国能减少各进口地区的进口量差距，那么进口特定风险指数就能比原来下降 43.75%～58.73%，即如果能逐渐摆脱进口来源地高度集中的现状，其进口风险下降是非常明显的。

4.2.1.2　进口多元化困难重重

我国一直把石油进口“多元化”作为自己的奋斗目标，但是在整个进程中依然困难重重，收效甚微。2006 年中哈输油管道落成，本来希望能缓解一下其他地区的供应压力，但是其实际输油量远远没有达到其输送能力[②]。而里海是欧美俄争夺的焦点，我国即使介入，也不可能充当主角，正是因为哈萨克斯坦的多元外交战略决定了我国不能将其确定为主要进口来源国。另外，我国想将俄罗斯变成石油进口的主要来源地也非常困难。近些年俄罗斯对我国的石油出口波动比较大，很重要的一个原因是俄罗斯一直将石油作为其对外的战略工具，一方面要发挥石油在战略格局上的最大作用，另一方面石油出口占俄罗斯 GDP 的 20%以上，其外汇收入的 50%～60%来源于石油出口[③]。所以出于政治和经济的双重原因，它不会轻易将石油出口给任何一个国家。

4.2.1.3　国际多方势力影响我国石油供应

国际市场上多方势力的影响也给我国石油供应带来了不确定性风险。美国一直认为我国石油需求的增加以及对进口石油的依赖削弱了美国的石油利益。他们的石油战略已经与我们庞大的石油需求相联系，在中东、中亚诸国、非洲、拉美、西伯利亚以及南中国海等地，都有防止我国获得新的石油资源的战略部署[④]；日本对石油的获取也是不择手段，“安大线”更改为“安纳线”就是一次成功地从我国手上虎口夺“油”；印度石油的需求增长也很快速，在亚洲仅次于我国和日本，其原油需求的 70%来自进口，而因为距离海湾较近，国内的炼油设备也较适合精炼

---

① 崔宏伟：《实现中国能源竞全战略——兼谈欧洲经验的借鉴》，《世界经济研究》，2004 年第 2 期。

② 2007 年该管道输送了 600 万 t 左右原油，但是管道设计的输送能力为 2 000 万 t/a。

③ 郑传贵：《世界石油地缘政治格局新态势与中国石油进口安全》，《北京石油管理干部学院学报》，2007 年第 6 期。

④ 黄仁伟：《美国全球战略的经济因素及对我国经济安全的影响》，《世界经济研究》，2004 年第 2 期。

海湾石油，所以其对海湾石油的争夺也对我国构成了威胁[①]。

4.2.2 石油运输问题——能否运得来

我国作为石油进口大国，保障石油进口的运输安全尤为重要。在理论上，已经有很多学者在该方面做过研究；在实践上，近些年“走出去”战略、石油储备加强等方面进展非常迅速，但是在保障石油安全运输这方面的发展明显滞后于我国石油消费需求的增长。下面将整体梳理一下我国石油进口运输的隐患及发展滞后的客观性。

4.2.2.1 我国石油进口主要运输线路情况

（1）海上通道。从进口来源地的分布区域来看，我国石油进口来源地主要分布于中东、非洲和拉美等地，2009 年中东和非洲进口占比达到了 77.9%[②]。由于地域上的限制，我国从中东、非洲和拉美地区进口石油必须依靠海上航线。海上航线有两条：一条是西非—好望角—印度洋—马六甲海峡—台湾海峡—我国大陆各港口；另一条是中东或北非—霍尔木兹海峡或者苏伊士运河—亚丁湾—印度洋—马六甲海峡—台湾海峡—我国大陆各港口。从这两条线路上看，必须经过石油进口的“咽喉之道”马六甲海峡，我国的 80%的石油进口要通过该要道，据统计，每天通过马六甲海峡的船只约 60%是为我国服务的[③]。而堪称东亚海上石油生命线的马六甲海峡一方面常年海盗猖獗，从 20 世纪 90 年代起至 21 世纪初，马六甲海峡的海盗袭击基本上占到全球的 60%左右，虽然近些年有所下降，但仍然是海盗袭击的高发区域。另一方面，由于马六甲海峡两岸泥沙淤积，海峡最窄处只有 37 km，水深只有 25～150 m，只要炸沉大型商船，就可能阻断航道，而它是连接太平洋和印度洋的重要航道，即便是暂时关闭，其影响也是巨大的[④]。另外，由于西非的尼日利亚和东非的索马里等国政局动荡，海盗袭击近些年明显增加，这也对我国中东石油运输通道的亚丁湾地区安全造成了较大困扰。

（2）陆上通道。截至 2011 年年底，我国累计建设原油管道 2.13 万 km、成品油管道 2.04 万 km[⑤]，目前主要属“泰纳线”和“中哈线”的输油能力最强。“泰纳线”一期投入使用后，极大地缓解了我国原油进口的压力和风险，日本介入竞争和俄方开价过高的风险趋于消除，我国也将摆脱“泰纳线”建设初期的被动态势。值得注意的是，“泰纳线”有可能面临原油供应短缺问题，主要原因是各大石

---

① 郑传贵：《世界石油地缘政治格局新态势与中国石油进口安全》，《北京石油管理干部学院学报》，2007 年第 6 期。
② 数据来源于中国石油和化工数据快报、东北证券金融与产业研究所。
③ 吴刚、魏一鸣：《我国石油进口的海洋运输分析》，《中国能源》，2009 年第 5 期，第 9-12 页。
④ 孙晓蕾、王永锋：《浅析我国石油进口运输布局与运输安全》，《中国能源》，2007 年第 5 期，第 17-29 页。
⑤ 夏丽洪、郝鸿毅、罗海云：《2011 年中国石油工业综述》，《国际石油经济》，2012 年第 4 期，第 73-83 页。

油公司不愿投入更多资金开发新油田。从现行开发力度来看，今后 10～15 年内使“泰纳线”输油能力由 3 000 万 t 增至 8 000 万 t 的目标难以实现。另外就是中哈线，原计划年输油能力达到 2 000 万 t，但其目前的年输油能力却只有 1 000 万 t 左右。其次，还有俄罗斯—我国满洲里和哈萨克斯坦—我国新疆两条铁路运输路线，但是铁路运输相对运力非常有限，成本是管道运输的 3 倍，损耗是管道运输的 2 倍，在没有管道的情况下，可以考虑铁路运输方式①。

4.2.2.2　我国石油运输的能力

（1）船队运输能力偏小。国际上一般石油运输配比是至少要有 40%的本国运力控制，例如日本可以控制国内石油运输 80%以上，韩国也能控制在 30%以上①，而我国进口石油 80%以上是由外国船东承运的②，尤其是在中东和西非两条主力运输线上，我国船东所承担的运力更少，2002 年的数据③显示，中东运输线上，我国船东承运的石油量只占 3.78%，而西非线上运力为零。只有在东南亚较近的运输线路上，我国国内油轮的运力可以达到 52.43%④。

（2）船舶结构不太理想。相对于集装箱和散货船航运，我国的油轮运输规模并不大，且以单壳船、小船、旧船居多。截至 2005 年，我国油船的总运力只有 1 000 万 t 载重量⑤。船舶的服务年限长，我国油轮平均船龄为 18 年，比国际平均船龄高 6 年。油轮船队明显存在规模小、吨位小的问题，单船平均载重不到 10 万 t，其中 VLCC⑥ 只有 16 艘，难以满足长距离运输的需要，而我国至少需要 60 艘 VLCC 以上才能满足运力⑤。船型结构不合理、油轮船队规模不够，特别是缺少足够的大型油轮已成为制约我国海上石油运输能力的主要因素。目前我国海运集团、我国远洋运输集团、香港招商集团、长江航运集团等大企业都制定了加快大型油轮船队发展的规划，但由于国内造船能力有限及国际交易市场二手油轮紧俏，近期内实现目标相当困难。

（3）行业管理体制不完善。我国石油运输行业长期以来一直保持着行业分割的态势，油轮运输与其他航运保持着分离状态，民营船队与国有船队之间也存在各自为政的状况，整体上表现为资源整合不力。我国的石油公司与我国的油轮船东之间在能力和需求上出现严重的“错位搭配”：我国大部分油轮船队为国际油轮

---

① 孙晓蕾、王永锋：《浅析我国石油进口运输布局与运输安全》，《中国能源》，2007 年第 5 期。

② 王立敏：《分享经验，共谋发展》，《国际石油经济》，2006 年第 3 期。

③ 查找了中宏、中经、国研、交通部、中国海关等数据库，都没有近些年的数据公布，国内的学者研究所用的都是 2002 年左右公布的数据。

④ 秦晓：《中国能源安全战略中的能源运输问题》，《中国能源》，2004 年第 7 期。

⑤ 孙峻岩、贾大山：《我国石油海上运输安全体系及评价（下）》，《水运管理》，2005 年第 10 期。

⑥ 载运量为 20 万～30 万 t 超大型油轮的英文缩写。

运输市场服务，像招商集团等我国船东 90%的运力为日本和韩国等国服务[①]，而我国石油运输又是由外国船东来承运。这种错位说明相互之间缺乏协调和长期合作协议。

4.2.2.3 石油进口运输发展滞后的客观性

（1）要解决运输线路的问题，首先要解决进口多元化问题。我国进口多元化的进程中困难重重，而选择新的路线的确不是短时间就能实现的，如“中泰线”可以绕开马六甲海峡，并且可以节省 1 000 多 km 航程，但是开凿克拉地峡运河可能需要 10 年，耗资 280 亿美元[②]，单凭我国单方力量完成压力比较大，所以一直犹豫不决。我国也希望通过“中巴线”和中缅输油管道等陆上运输来破解马六甲海峡之局，但是目前还都处于规划讨论中，没有实际行动的主要原因在于投资成本和经济回报之间不能平衡，并且管道铺设的周期较长，短期内仍然无法改变以海路为主的局面。

（2）我国石油运输能力因船队的运输能力、船舶结构和行业管理体制三大难题的存在于短时间内无法改善。从船队的运输能力和船舶结构方面来看，一方面我国的船队规模较小，竞争力不强，另一方面，从国际运输市场的需求来看，石油贸易控制在少数石油公司手上，作为租船人，这些石油公司更希望签订长期稳定合同，而我国的船队规模不大，根本无法拿到长期稳定的合同，从供给角度看，大型油船公司又基本上控制了市场的公平自由竞争，运力主要控制在几个大型船舶公司手上。国际市场上运力是处于供过于求的，所以我国的运输船队盲目增加船舶购买增加运力，风险较大。从行业管理体制角度来看，长期一直形成的行业割据、资源整合不力以及错位搭配短时间内也很难改变。

4.3 本章小结

随着我国石油进口量越来越多，我国对全球经济的依赖越来越大，同时也加大了我国经济安全上的风险。2009 年我国石油依赖已经突破了 50%的红色警戒线，2012 年更是达到了 58%。本章借助于模型分析了我国石油依赖给经济带来的影响，分财富转移、潜在 GDP 损失和宏观经济调整成本 3 个角度对石油依赖的经济成本进行了测算，发现石油依赖已经给我国带来了巨大的经济成本，并且呈现出逐年上升的态势，达到了 GDP 的 4%左右，影响着我国经济的整体发展。

石油作为各国的战略性资源，高进口依赖除了庞大的经济成本外，从石油的

---

① 秦晓：《中国能源安全战略中的能源运输问题》，《中国能源》，2004 年第 7 期。

② 郑传贵：《世界石油地缘政治格局新态势与中国石油进口安全》，《北京石油管理干部学院学报》，2007 年第 6 期。

供应安全和运输安全角度来看，其中的风险也是不容忽视的。国际市场上美国、欧盟、日本、印度等多国势力在影响着我国石油的安全供应，而我国目前的石油进口来源地高度集中在不稳定区域，且短期内进行多元化改进困难重重。同时，无论从运输线路还是我国船队承担运力角度来看，不确定风险以及对他国的依赖风险都比较突出。石油依赖作为“一种特别残酷和不可摆脱的依赖”（David Nissen）已经迫使我国必须做出选择来应对。

第5章 降低我国石油进口依赖的供给路径分析

大量地进口石油给我国经济发展带了巨大的成本和经济风险，为了降低对进口石油的依赖，国内专家学者提出，从国内供给角度看最行之有效的措施即加大国内石油资源的勘探开发力度，充分发掘我国石油资源潜力，通过加大科学技术投入，使我国石油资源产量逐年上升。本章将试图从经济成本角度通过成本–收益分析来论证扩大国内石油供给的潜力及从石油资源储量角度来阐述未来我国石油供给扩张的潜力。

5.1 扩大国内石油供给量受成本与资源限制

5.1.1 国内石油生产的成本–收益分析

5.1.1.1 国内石油生产的收益分析

本章所指的石油生产收益不是从生产企业的生产经营收益角度考虑的，而是将石油国内生产和石油依赖进口相比较而言，能够给本国经济所带来的收益。这样更能够凸显扩大国内石油生产在缓解石油进口依赖上的真实收益。

石油国内生产的收益主要包括 3 个部分：降低了石油消费国向石油生产国的财富转移；因为扩大国内石油生产导致能源等生产要素变得更便宜而使生产经济能力上升所带来的收益；提升了国内应对石油价格波动的能力从而带来的宏观经济调整收益[①]。Kotchen 和 Burger（2007）仅仅考虑了财富转移的减少[②]，但是笔者认为整个经济体的影响都应该考虑到收益中去。

（1）财富转移的收益。前文已经对财富转移成本进行了推导，这里的财富转

① Leiby，Paul N.，*Estimating the Energy Security Benefits of Reduced U.S. oil imports*. Oak Ridge National Laboratory 2007-028，2007.

② Kotchen，Matthew J.，Burger，Nicholas E.，Should we drill in the Arctic National Wildlife Refuge? An economic perspective. *Energy Policy*，Vol.35，2007，pp.4720-4729.

移收益等于因为扩大国内石油生产所减少进口量乘以石油真实价格与竞争性市场价格的差额。本书以 1973 年价格 16.66 美元/桶（2011 年美元价格）作为竞争性石油市场的参考价。所以单位财富转移的收益即为石油真实价格与竞争性市场价格的差额（$P_t-16.66$）美元/桶。

（2）潜在 GDP 收益。潜在 GDP 收益指的是在国际油价不断上升的情况下，因为扩大石油生产导致能源等生产要素变得没有那么稀缺，所以一国经济在同样的资本、劳动等其他要素禀赋情况下会因为石油资源的相对丰裕而使产出增加。Leiby（2007）测算的该部分收益为 10 美元/桶①，Robert 和 Peter（2010）认为 Leiby 的测算仅仅考虑了 OPEC 的反应而没有考虑到我国等石油消费大国的反应，并且其是基于国际油价为 50 美元/桶时的估计，所以 Leiby 低估了该部分收益，他们认为在国际油价为 100 美元/桶时，该部分收益应该为 20 美元/桶②。根据第 4 章对我国石油依赖成本的测算，本书该部分收益为石油价格的降低所产生的消费者剩余和生产者剩余的总和。

（3）宏观经济调整收益。宏观经济调整收益主要来自于，扩大国内石油生产提升了应对国际石油价格波动的能力，从而使可用资源得到充分利用，经济产出增加。Leiby（2007）认为该部分收益为 5 美元/桶③，Nordhaus（2007）④ 和 Parry 和 Darmstadter（2003）⑤ 估算的该收益为 6 美元/桶。本书中此项收益采用第 4 章的线性滞期模型来反映，具体的计算方法见第 4 章。表 5-1 反映的是石油国内石油生产的收益，从表中可以看出，该收益的变动趋势与国际油价的变动趋势保持一致，随着国际油价的上涨，单位收益也从 2001 年的 15.19 美元/桶升至 2011 年的 115.11 美元/桶。收益增加率除了个别年份（2001 年和 2009 年）随着油价下降有放缓的趋势外，其他年份都呈现直线上升的态势。

---

① Leiby，Paul N.，*Estimating the Energy Security Benefits of Reduced U.S. oil imports*. Oak Ridge National Laboratory 2007-028，2007.

② Robert Hahn，Peter Passell，the Economics of Allowing More U.S. Oil Drilling，*Energy Economics*，Vol.32，2010，pp.638-650.

③ Leiby，Paul N.，2007. Estimating the Energy Security Benefits of Reduced U.S. oil imports. Oak Ridge National Laboratory 2007-028.

④ Nordhaus，William D.，*Who's Afraid of a Big Bad Shock?* Brookings Papers on Economic Activity，vol. 2，2007.

⑤ Parry，Ian H.，Darmstadter，Joel，2003. *The Costs of U.S. Oil Dependency*. Resources for the Future Discussion Paper 03-59.

表 5-1 我国国内石油生产的收益

年份	国际油价/（美元/桶）（2011 年美元价格）	宏观调整收益/亿美元	潜在 GDP 收益/亿美元	财富转移收益/亿美元	收益合计/亿美元	单位收益/（美元/桶）	收益增加率
2001	31.05	4.88	4.76	173.60	183.24	15.19	−0.35
2002	31.29	3.77	4.92	178.65	187.34	15.34	0.02
2003	35.25	11.25	7.94	230.71	249.91	20.13	0.33
2004	45.57	32.44	19.22	367.26	418.92	32.97	0.68
2005	62.80	67.82	48.95	610.76	727.54	54.96	0.74
2006	72.69	70.59	72.19	753.36	896.14	66.64	0.23
2007	78.53	61.43	88.05	845.30	994.78	72.81	0.11
2008	101.61	103.96	165.97	1 176.69	1 446.62	104.44	0.45
2009	64.66	23.67	53.00	666.66	743.33	53.52	−0.49
2010	82.00	26.26	98.21	972.40	1 096.87	73.71	0.48
2011	111.26	100.51	205.81	1 412.17	1 718.49	115.11	0.57

资料来源：石油价格选取的是 BP 计算的年平均原油价格。石油价格、石油消费量和供给量的数据来源于 BP statistical review full report workbook 2012。GDP 数据来自中国统计年鉴，根据中国人民银行公布汇率折算为美元。

5.1.1.2 石油生产的成本分析

（1）直接成本。即生产者将石油勘探开采出来到市场销售过程中所发生的成本，包括勘探、开发和生产 3 个阶段的成本。一般地，石油的完全成本指标体系有四类：勘探费用成本、生产成本、供应成本和完全成本。勘探费用成本是指包括勘探石油干井支出以及其他费用化的勘探支出，表明石油公司生产每桶油当量所必须承担的勘探费用支出；生产成本即操作成本；供应成本反映石油公司生产每桶油当量油气需要承担的包括生产费用、勘探费用、折旧折耗和摊销（DDA）3 项费用在内的基本费用支出；完全成本反映生产每桶油当量所必须承担的全部费用支出（除生产费用、勘探费用、DDA 3 项外，还包括其他税金支出、管理费用和财务费用等）。实践中可以用供应成本来近似地分析石油公司完全成本水平。[①] 本书因无法取得全国性石油生产完全成本的数据，所以用我国石油和我国石化的平均数据来代替，表 5-2 列举的是我国石油和我国石化的单位石油勘探费用成本和供应成本。从表中可以看出，勘探费用成本和供应成本呈现逐年上升态势。平均供应成本从 2003 年的 10.28 美元/桶上升至 2011 年的 30.06 美元/桶，涨幅达到 192%。

① 郑德鹏：《2008 年石油公司上游成本变化与影响因素分析》，《国际石油经济》，2009 年第 9 期。

表 5-2 2003—2011 年中石油和中石化的单位石油完全成本 单位：美元/桶

成本	石油公司	2003 年	2004 年	2005 年	2006 年	2007 年	2008 年	2009 年	2010 年	2011 年
勘探费用成本	中国石油	1.39	1.50	1.83	2.27	2.55	2.61	2.37	2.77	2.91
	中国石化	2.45	2.50	2.52	3.12	4.49	3.44	4.09	4.04	5.11
供应成本	中国石油	8.18	8.86	9.78	12.71	14.83	17.99	18.25	20.83	24.33
	中国石化	12.39	13.71	14.80	17.58	23.51	27.25	28.49	30.55	35.80

资料来源：郑德鹏，《中外石油公司油气上游成本指标与成本变化对比分析》，《国际石油经济》，2008 年第 9 期；郑德鹏，《2008 年石油公司上游成本变化与影响因素分析》，《国际石油经济》，2009 年第 9 期以及中石油、中石化公司历年年报整理所得。

（2）环境成本。

石油开发对环境的影响　石油开发主要包括两个阶段——建设期和营运期。建设期主要包括打井、钻井、测井、洗井、辅助材料及设备的运输和临时堆放、泵站建设、井场建设、输油水管线等地面工程建设等活动。营运期主要包括采油、储存、集输作业以及系统配套生产等步骤。石油开发对环境的影响主要体现在以下几个方面：①对地表的影响。一方面油田工程占用土地，减少了一定地域范围。原来就很稀少的植被，使自然生态系统成为一种油田城镇化的人工生态系统，或者直接成为裸地。另一方面，简易公路、物探道路及施工现场附近等临时用地，使植被、区域草场由于机械、车辆以及人碾压和践踏而被破坏，难以恢复。②对土壤的影响。在油田建设开发过程中，会产生钻井泥浆、岩屑、落地油等污染物质，可能会造成当地土壤的挥发酚、硫化物、石油类等污染，工程的建设还有可能会对土体造成机械破坏。③对水系生态的影响。油田开发建设致使区域用水量较大程度地增加，从而使地下水的水位下降，地下水位下降会在一定程度上加重旱情，造成植被退化，还有可能使上层浅水的水质劣化。④对环境的污染。例如水污染、钻井和运行过程中排放的烟气污染、钻井过程中产生的钻井岩屑、废弃泥浆和施工期间的生活垃圾等固体废弃物污染等。

石油开发环境成本核算　本章中的环境成本主要考虑的是污染物治理成本，在石油生产过程中，石油开采业和石油加工冶炼业是污染最严重的部门。本书主要考虑这两个部门的“三废”治理成本。因为统计数据通常将石油天然气开采业作为整体来核算，所以本书取该数据替代石油开采业的“三废”数据。关于环境中废物的治理成本，张颖（2004）提出，污水的单位处理费用取 0.8 元/t，废气的单位治理费用取 0.000 4 元/m^3，固体废物的单位治理费用取 76 元/t①。按照我国矿产资源部颁发的《关于征收矿产资源使用补偿费的意见》（1993），暂行规定对硫氧化物的治理费用征收标准为 0.2 元/kg；根据北京大学“资源核算与价格政策”

① 张颖：《基于森林的我国绿色 GDP 核算》，中国林业出版社，2004 年版。

课题组的有关研究，测算出理论上我国硫氧化物的治理费用为 0.485 元/kg[①]。现在的污染物治理成本主要是根据具体污染物的污染当量来进行核算的，本书简单地取污水的单位处理费用为 0.8 元/t，硫氧化物的治理费用为 0.485 元/kg，固体废物的单位治理成本为 76 元/t。表 5-3 反映了 2001—2011 年我国石油开采和加工业的废水、废气和固体废弃物的排放总量及“三废”污染物的治理成本，将其简单地等同于石油生产过程中的环境成本。从表中可以看出，在国家节能减排的总政策的引导下，我国石油行业的环境成本有下降趋势，尤其是固体废弃物的污染治理成本下降幅度较大。

表 5-3 2001—2011 年我国石油开采业和石油加工业污染物排放治理成本

“三废”排放量及治理成本	部门	2001年	2002年	2003年	2004年	2005年	2006年	2007年	2008年	2009年	2010年	2011年
废水排放总量/万 t	石油开采业	18 778	9 226	10 644	10 372	11 252	11 177	9 988	11 209	10 197	11 555	—
	石油加工业	41 741	54 869	53 762	61 423	68 122	70 281	73 126	70 496	66 406	70 024	—
废水污染治理成本/万元		48 415	51 276	51 525	57 436	63 499	65 166	66 491	65 364	61 282	65 263	63 273
废气排放总量/万 t	石油开采业	5.3	5.5	10.8	4	4.7	4.3	4.37	4.28	4.64	4.84	—
	石油加工业	61.3	66.6	200.3	130.1	127.9	121.1	127.29	109.95	83.88	86.56	—
废气污染治理成本/万元		32 277	34 943	102 348	65 039	64 311	60 819	63 855	55 401	42 932	44 329	43 631
固体废弃物排放总量/万 t	石油开采业	0	158	0	2.13	1	10.74	0.08	0	0.03	0.04	—
	石油加工业	108	1 302	111	81.71	53	37.48	53.37	51	2.89	2.36	—
固废污染治理成本/万元		8 208	110 960	8 436	6 372	4 104	3 664.7	4 062.2	3 876	2 219	1 824	2 022
环境成本合计/万元		88 900	197 179	162 309	128 846	131 914	129 650	134 409	124 642	104 437	109 775	112 951

资料来源：“三废”的排放量数据来自历年中国统计年鉴，因为无法取得石油开采业的单独数据，所以用石油天然气开采业数据代替石油开采业的数据。另外由于统计年鉴的统计口径差异，部分年份用石油加工炼焦业及核燃料加工业的数据代替石油加工炼焦业数据，其中因为 2012 年中国统计年鉴未提及相关数据，所以 2011 年数据为前面各期的移动平均数。

① 王德发、阮大成、王海霞：《工业部门绿色 GDP 核算研究——2000 年上海市能源-环境-经济投入产出分析》，《财经研究》，2005 年第 2 期。

（3）使用者成本。

使用者成本法　根据达利、克伦博格、张帆等的理解，使用者成本（User Cost）指的是现在使用不可再生资源而不能留给后代使用所产生的成本[①]。使用者成本所依托的基本思想是“将自然资源和环境资源都作为有价资产[②]”，并考虑其折旧。使用者成本的补偿，事实上就是社会成本内部化[③]。使用者成本的有效补偿，是非再生能源资源能够持续利用的关键所在。非再生能源资源一旦被开采出来就意味着永久性损耗，所以要实现矿业可持续发展，就必须从采矿收入中提取一部分折旧，用作替代资源和后备资源的开发，只有这一过程顺利实现，才能在价值上等同于补偿了矿产价值损耗，在实物上保证矿产资源存量不变，各利益相关者长期从矿业中获得的收入才能不减少，因此，实现了使用者成本的补偿，即为矿产资源可持续利用找到了正确路径[④]。

提出用使用者成本法（User Cost Approach）来计量非再生资源价值折耗最早是由 El Serafy 提出来的。即通过把各种自然资源（尤其是非再生资源）看做资本，来分析其价值量随着时间变化的改变量的一种考察真实收入的方法[⑤]。用数学公式表示 El Serafy 使用者成本法的思想如下：令 r 为利率（即折现率），R 为每年的毛收入（假设为常数），X 为每年的真实收入，则无穷期的真实收入 X 的现值为

$$V_0 = \sum_{t=1}^{\infty} \frac{X}{(1+r)^t} = \frac{X}{r} \tag{5.1}$$

而对于给定的某种资源，设 T 为其有限的开采年限（即资源剩余可采年限），每年的毛收入 R 的现值[⑥]为

$$W_0 = \sum_{t=1}^{T} \frac{R}{(1+r)^t} = \frac{R}{r}[1 - \frac{1}{(1+r)^T}] \tag{5.2}$$

根据 El Serafy 的假设（将在有限时间内开采的可耗竭性资源所得收入用于再投

① 张帆：《环境与自然资源经济学》，上海人民出版社，1998 年版，第 40-43 页。

② Smith，V.K. Resource evaluation at the crossroads，*Resources*，Vol.9，1998，pp.2-6.

③ 张云、李国平：《论矿产资源使用者成本的补偿机制》，《中国地质大学学报（社会科学版）》，2005 年第 5 期。

④ 李国平、杨洋：《中国煤炭和石油天然气开发中的使用者成本测算与价值补偿研究》，《中国地质大学学报（社会科学版）》，2009 年第 5 期。

⑤ El Serafy，S. *The proper calculation of income from depletable natural resources*. In Y. J. Ahmad，S. El Serafy，E. Lutz（eds.），*Environmental Accounting for Sustainable Development*. A UNEP-World Bank Symposium，Washington DC：The World Bank，1989，pp.256-266.

⑥ 假设这里的收入为每期期末获得，详见 El Serafy（1989）。

资），即令式（5.1）和式（5.2）相等，得到真实收入 X

$$X = R - \frac{R}{(1+r)^T} \tag{5.3}$$

因为 El Serafy 定义使用者成本为毛收入 R 与真实收入 X 之差，所以对某一给定资源其使用者成本就等于 $\frac{R}{(1+r)^T}$。El Serafy 将该项称为折耗因子（Depletion Factor）。

设 P_t 为石油的国际销售价格，因为我国石油资源市场受国家管制比较严，所以其价格不能反映石油资源的实际收入，而使用者成本法要求所应用的石油能源资源价格应完全由竞争市场决定。本书采用国际市场油价来测算石油资源的毛收入。AC 为平均成本，Q_t 为石油开采量，所以使用者成本可以表示为 $\frac{[P_t - AC(Q_t)]Q_t}{(1+r)^T}$。

变量的选取

- 折现率（利率）r 的确定：折现率受无风险利率和风险收益率影响。无风险利率是在投资期间通胀率为零的无风险债券（该债券有支付保障）利率。我国一般选取一年期储蓄存款利率作为无风险利率。风险收益率，指的是在有风险条件下的收益率，风险收益率一般用行业利润率指标来体现。

  石油资源使用者成本折现率同样受无风险利率和风险收益率影响。当使用者成本以现金形式提取出来以后必然用于投资，将其购买政府债券或者存入银行等就可以获得无风险利率，但是将其重新投入石油等非再生资源开发就会获得风险收益率。因此，石油资源使用者成本折现率的确定也要同时考虑利率和行业利润率这两个因素。

  图 5-1 列举了我国 1990—2011 年的利率变化，银行存款一年期利率经过了比较大幅度的变动，最高达 10.98%，最低达 1.98%。考虑到央行的利率都是名义利率，所以实际利率要扣除通货膨胀率。如图所示，1990—2011 年我国银行实际利率最低为 –3.65%，最高为 6.98%。而王建华、王方华（2002）对 1985—1999 年的工业行业利润率做了测算，测算结果表明我国石油天然气开采业的利润率为 14.12%[①]。本书综合考虑实际利率的变化和石油行业利润率的情况，假设我国石油资源折现率为 5%。

① 王建华、王方华：《中国工业行业利润率变动模式研究》，《统计研究》，2002 年第 5 期。

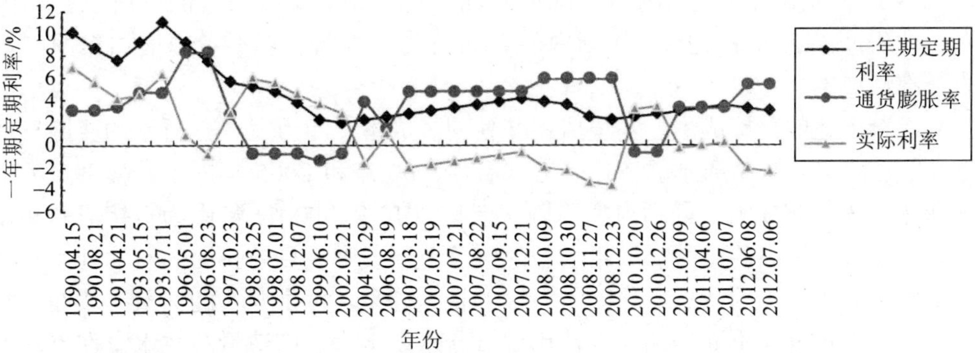

资料来源：中国人民银行网站，《中国统计年鉴 2012》。

图 5-1　1990—2011 年我国银行名义利率和实际利率变化

➢ 其他变量的取值：储量/产量（*R*/*P*）指的是假设将来的产量继续保持在某年度的水平，那么，用该年年底的储量除以该年度的产量所得出的计算结果就是剩余储量的可开采年限（*T*）。表 5-4 列举的是历年我国石油储产比数据，本书 *T* 取整数。因为无法取得全国性石油生产完全成本的数据，所以平均成本 AC 我们用我国石油和我国石化的平均完全成本数据来代替。

表 5-4　2001—2011 年我国石油的储产比

年份	2001	2002	2003	2004	2005	2006	2007	2008	2009	2010	2011
储产比（*R*/*P*）	15.2	12.7	12.5	12.2	11.8	12.1	11.3	11.1	10.7	9.9	9.9

资料来源：根据 BP statistical review full report workbook 2012 计算而得。

（4）增加石油消费的外部性成本。Kotchen 和 Burger（2007）在分析扩大石油生产所产生的成本中忽略了增加石油消费的外部性成本，他们认为从其他途径获取石油消费时同样会产生这些外部性成本，所以不应该将其考虑为扩大石油生产的成本[①]。Robert 和 Peter（2010）则考虑了增加石油消费的外部性成本，包括石油消费的大气污染成本、与交通事故相关的石油外部性成本、温室气体排放成本等[②]。如果考虑该部分成本，该处的成本事实上即为石油资源的供给成本。

① Kotchen，Matthew J.，Burger，Nicholas E.，Should we drill in the Arctic National Wildlife Refuge? An economic perspective. *Energy Policy*，Vol.35，2007，pp.4720-4729.

② Robert Hahn，Peter Passell，the Economics of Allowing More U.S. Oil Drilling，*Energy Economics* Vol.32，2010，pp.638-650.

因为本书主要是从扩大国内生产降低石油进口依赖的角度考虑的，所以扩大国内石油生产不会大幅度地增加国内的石油消费。所以本书不考虑增加石油消费的外部性成本。

综合上述的直接成本、环境成本和使用者成本，即为表 5-5 所示的我国石油生产的总成本。从总成本的变化趋势来看，2004 年和 2005 年的上升幅度最大，分别达到 35%和 38%，随后有所下降，但是 2010 年和 2011 年因为直接成本和使用者成本大幅提高的缘故，成本增长速度又重新反弹。目前我国的石油开发一直处于应付能源需求的状态，伴随着石油的持续开采，可供开采的油藏品质在不断下降。开采难度在不断增加，老油田综合含水率上升，产液量和注水量在不断增大，区域和系统负荷不太均衡；新油田储量品位低、丰度低，并且复杂断块、裂缝油藏、稠油、滩海和低产低渗逐渐增加，这一系列原因都客观上导致了石油开采成本逐年增长①。

表 5-5 2002—2011 年我国石油生产成本

年份	单位完全成本/（美元/桶）	直接成本/亿美元	环境成本/亿美元	使用者成本/亿美元	成本合计/亿美元	单位成本/（美元/桶）	成本增加率
2002	11.13	136	2.38	117.4	255.71	20.94	
2003	10.29	128	1.96	147.1	276.73	22.29	0.06
2004	11.29	143	1.56	228.19	373.13	29.37	0.35
2005	12.29	163	1.63	351.61	515.94	38.97	0.38
2006	15.15	204	1.66	407.59	612.90	45.58	0.19
2007	19.17	262	1.84	447.08	710.82	52.03	0.16
2008	22.62	313	1.83	604.46	919.62	66.39	0.29
2009	23.37	324	1.53	335.29	661.39	47.62	–0.31
2010	25.69	382	1.63	514.47	898.39	60.37	0.36
2011	30.01	448	1.76	744.60	1 194.37	80.01	0.33

资料来源：BP statistical review of world energy full report 2012，中国统计年鉴 2012，汇率和利率数据来自中国人民银行，单位完全成本数据来自中石油和中石化的年报。为了便于与收益进行比较，这里取年均汇率将成本换算为美元。

5.1.1.3 扩大石油生产的总成本-收益分析

根据成本和收益分析（表 5-6），可以发现从整体趋势来看，扩大国内石油生产的总收益大于其总成本，并且其净收益呈现上升态势，是有利可图的。从图 5-2 可以看出，这种优势在国际油价高企的时候表现得更为突出，但是在国际油价处

① 林伦：《上游产业的未来——访 HIS 咨询公司能源业务总裁 Ron Mobed 先生》，《中国石油企业》，2006 年第 12 期。

于低位时，总成本高于总收益。而从收益-成本弹性指标来看，由 2003 年的 4.65 下降至 2007 年的 0.69，2008—2011 年又稍有反弹回到 1.72，表明成本每增加一个百分比，收益增加的幅度有所下降，即整体上成本的相对增长幅度要快于收益的增长幅度。2008 年和 2011 年弹性的稍微反弹，主要原因在于 2008 年和 2011 年国际油价的冲高，随着 2009 年国际油价的适度回落以及未来石油开采的难度加大等因素，收益-成本弹性会维持下降的趋势。

表 5-6　2002—2011 年我国石油生产的成本-收益

年份	总收益/亿美元	单位收益/（美元/桶）	收益增加率	总成本/亿美元	单位成本/（美元/桶）	成本增加率	净收益/亿美元	收益-成本弹性
2002	187.34	15.34	0.02	262.65	21.51	—	–75.30	—
2003	249.91	20.13	0.33	286.13	23.05	0.07	–36.22	4.65
2004	418.92	32.97	0.68	386.91	30.45	0.35	32.00	1.92
2005	727.54	54.96	0.74	535.78	40.47	0.38	191.76	1.91
2006	896.14	66.64	0.23	636.15	47.31	0.19	259.99	1.24
2007	994.78	72.81	0.11	737.92	54.01	0.16	256.86	0.69
2008	1 446.62	104.44	0.45	954.88	68.94	0.29	491.74	1.54
2009	743.33	53.52	–0.49	661.39	47.62	–0.31	81.93	1.57
2010	1 096.87	73.71	0.48	898.39	60.37	0.36	198.47	1.33
2011	1 718.49	115.11	0.57	1 194.37	80.01	0.33	524.12	1.72

资料来源：BP statistical review of world energy full report 2012，中国统计年鉴 2012，汇率和利率数据来自中国人民银行，为了便于比较，这里取年均汇率将收益和成本换算为美元。

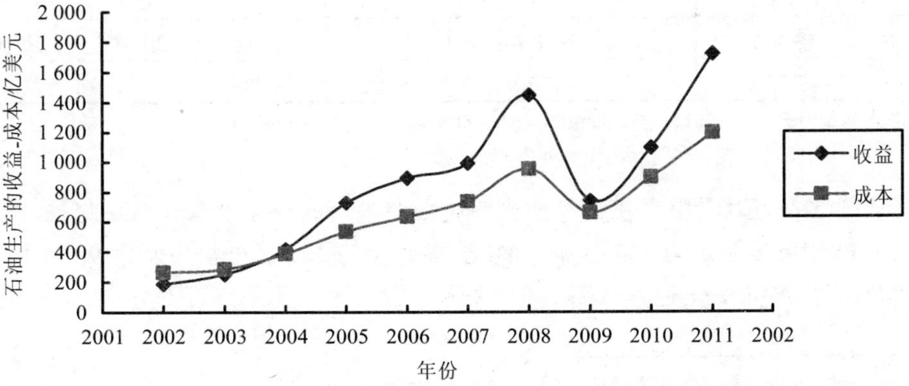

图 5-2　2002—2011 年我国石油生产的收益–成本变化

从成本-收益角度来分析，在原有国内石油供给的基础上扩大国内石油生产，收益的增长是有限的，但是随着开采量的进一步扩大，直接成本等成本攀升速度会更快，因此，依靠扩大国内石油勘探开采力度，在原有供给基础上大幅提高石油国内生产量的途径存在一定的限制性。

5.1.2 石油供给扩张的资源限制

世界已探明油田的产油量呈现出“发现→低产→高产→衰减→枯竭[①]”的发展趋势。我国的油田也同样遵循这样的规律。我国石油生产从 1963 年 12 月大庆油田的发现，到 1965 年的 0.113 亿 t 低产阶段，至首次成为石油净进口国的 1993 年的 1.44 亿 t 到 2011 年的 2.04 亿 t 一直处于高产阶段[②]，未来也会呈现出逐渐衰减甚至枯竭的态势。

5.1.2.1 我国石油资源储量相对不足

（1）我国石油已探明储量有限。2012 年刚刚公布的新一轮油气资源评价结果显示，我国石油地质资源量达到 881 亿 t，可采资源量 233 亿 t[③]。虽然总体石油资源比较丰富，但是从表 5-7 来看，探明的剩余可采储量还是比较低的，单位陆地面积的探明剩余可采储量只有 208.4 t/km^2，占世界单位面积储量的 11.91%。而年产量却占到世界单位面积年产量的 71.24%，生产速度远远超过探明剩余可采储量增长速度。

表 5-7 2011 年我国与世界单位陆地面积石油资源对比

项目	面积	剩余可采储量			年产量		
	万 km^2	亿 t	t/km^2	占比/%	亿 t	t/km^2	占比/%
世界	13 394.1	2343	1 749.3	100.0	39.96	29.83	100.0
中国	959.8	20	208.4	11.91	2.04	21.25	71.24

资料来源：《中国统计年鉴 2012》，BP statistical review of world energy full report 2012。

从图 5-3 可以看出，我国石油探明可采储量一直在 150 亿～160 亿桶波动，2012 年探明可采储量为 147 亿桶，相比 2006 年的 163 亿桶，下降了 9.8%。从我国储产比[④]的纵向变化趋势（图 5-4）来看，储产比一直保持着下滑的态势，2000

① 隋舵：《国际石油博弈与中国的石油外交战略》，《学习与探索》，2005 年第 3 期。

② BP statistical review of world energy full report 2009.

③ 国土资源部油气资源战略研究中心，http://www.sinooilgas.com/NewShow.asp? NewsID=10786。

④ 储量/产量比率（*R*/*P*）——假设将来的产量继续保持在某年度的水平，那么，用该年年底的储量除以该年度的产量所得出的计算结果就是剩余储量的可开采年限。

年我国石油的储产比为 15.1，2011 年下降至 9.9，即若以目前的探明储量为基础，则我国石油可供开采的年限为 10 年。与世界其他国家的储产比横向比较来看，远远低于世界主要产油国的储产比，与意大利、澳大利亚、美国、加拿大等发达国家以及“金砖四国”的巴西、印度相比，我国的储产比也是最低的，仅高于英国（图 5-5）。

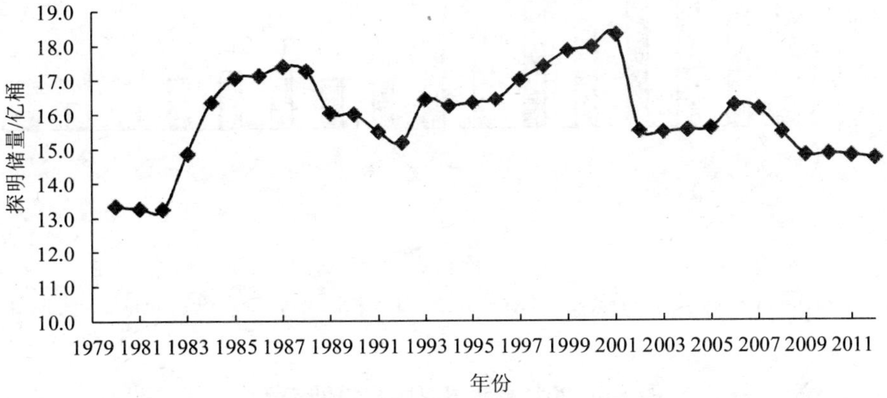

资料来源：BP statistical review of world energy full report 2012.

图 5-3　1980—2012 年我国石油探明可采储量变化

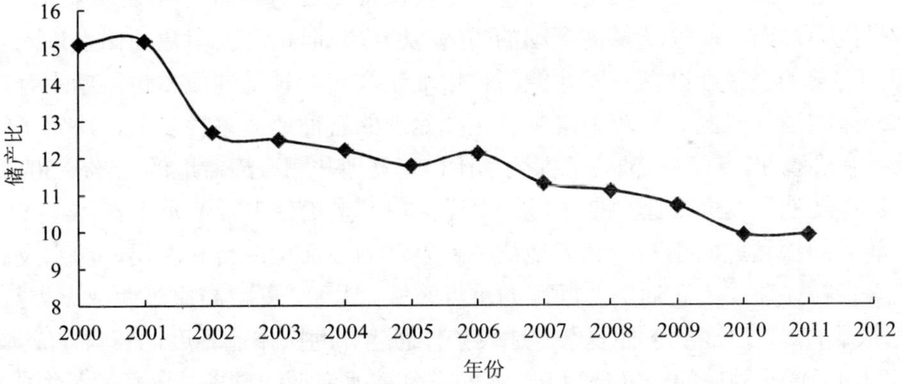

资料来源：根据 BP statistical review of world energy full report 2012 计算而得。

图 5-4　2000—2011 年我国储产比（R/P）变化

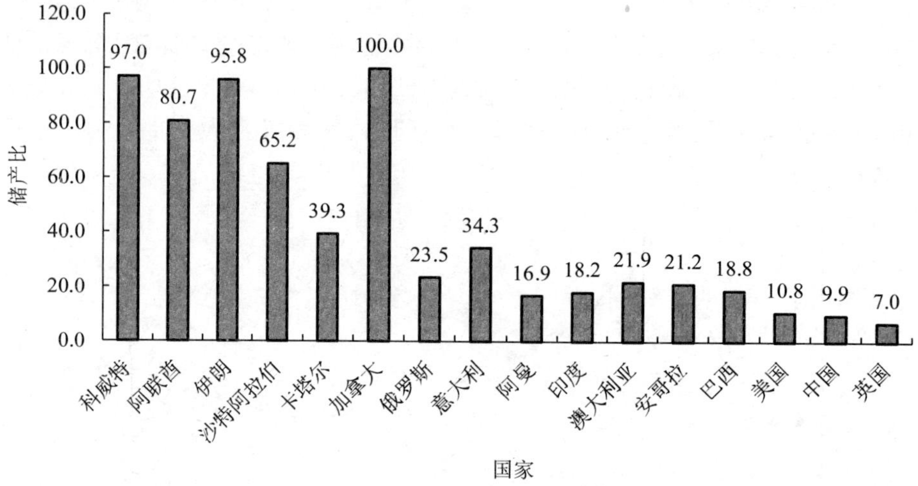

资料来源：BP statistical review of world energy full report 2012，BP 世界能源统计只给出大于 100，未给出具体数据，这里用 100 来替代。

图 5-5 2011 年世界部分国家的储采比

（2）待探明石油资源地质条件比较复杂。目前我国石油资源主要集中分布在塔里木、柴达木、鄂尔多斯、准噶尔、松辽、渤海湾、珠江口和东海陆架八大盆地以及一些海上油区。其中东部地区是我国最重要的石油生产供应基地，包括了一批主力油田，原油产量占全国的 70%以上[①]。但是，大多数油田已进入开发后期，必须加强精细勘探开发才能稳住原油生产，并且采油成本也不断上升。而西部地区的油气资源分布较为集中，主要盆地的石油地质条件复杂，决定了储量增长具有阶段性，现有石油资源探明率比松辽盆地和渤海湾盆地低 15%～30%[②]，处在勘探初期，发展要比预期缓慢。海洋油田产量仍处于较低水平。

随着勘探领域的不断扩大，地质条件复杂的山前构造带和深层、深水及高寒地区等正在逐渐成为石油资源勘探的重点区域。比如，青藏高原等西部Ⅳ类盆地[③]油气资源丰富，但地质条件复杂、地表条件恶劣、勘探作业难度比较大，成本高，直接制约了这些领域的油气资源开发。目前在深水海域的勘探技术还不是很成熟，没有彻底攻克。震惊世界的英国石油公司在墨西哥湾的原油泄漏事件对深海采油技术提出了更高的要求。

① 张抗：《中国的石油资源和发展战略》，《自然杂志》，2008 年第 3 期。

② 李建武、丁锋、李香菊、张志刚：《国内油气资源“十一五”勘探重点与方向》，《中国矿业》，2008 年第 1 期。

③ 新一轮全国油气资源评价根据盆地规模、油气田的开发及油气发现情况将 115 个盆地（不包括南海海域的 14 个中小盆地）分为四类，Ⅳ类盆地是指青藏、新疆、甘肃等省（区）认知程度和勘探程度偏低的 81 个盆地。

（3）新增石油储量和待探明石油资源品位逐渐降低。新增石油储量品位不断下降，难动用储量比例显著增加。由图 5-6 可以看出，年均新增可采储量与地质储量比从 20 世纪六七十年代的 0.4 左右降低为近年的 0.19①，低于半个世纪以来的均值。而且，新发现油气藏的规模在逐渐缩小，60 年代发现的油藏规模平均为 1.15 亿 t，70—80 年代平均为 0.12 亿 t，90 年代降至 0.05 亿 t，21 世纪初则缩小为 0.02 亿～0.03 亿 t②。待探明石油资源中，低品位资源比例比较高，重油、低渗透油的比例达到了 43%，石油资源的品位降低和规模缩小，加大了勘探难度，并且使勘探成本大幅增加①。例如，中石油的三年平均滑动发现成本从 2000 年的 0.5 美元/桶升至 2008 年的大约 2.0 美元/桶③。

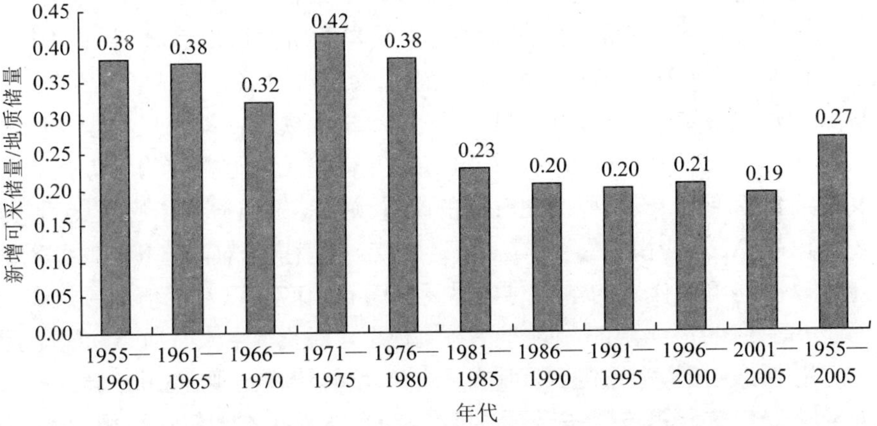

资料来源：根据潘继平：《中国油气资源勘探现状与前景展望》，《地质通报》，2006 年第 10 期，1056 页整理而得。

图 5-6　1955—2005 年我国新增可采储量与地质储量之比

一个国家原油资源是否丰富，要看可采储量和剩余可采储量的变化，要看原油的储产比和原油年产量的增加情况④。那么从以上的分析可以发现，我国原油资源处于相对不足状态，无论从历史纵向变化趋势还是从横向国际比较来看，我国原油探明剩余可采储量水平和储产比都比较低，并呈现下降趋势。而待探明储量由于地质条件、技术水平等原因，未来还存在一定的不确定性。而随着开采的不断深入，油品质量、油田规模都有一定程度的缩小，未来勘探难度将进一步加大，石油的生产成本会大幅上升。

① 潘继平：《中国油气资源勘探现状与前景展望》，《地质通报》，2006 年第 10 期。
② 潘继平，车长波，金之钧：《加强开发低品位石油储量的探索》，《中国矿业》，2004 年第 8 期。
③ 郑德鹏：《2008 年石油公司上游成本变化与影响因素分析》，《国际石油经济》，2009 年第 9 期。
④ 瞿国华：《新世纪中国石油资源奉献分析》，《当代石油石化》，2006 年第 4 期。

5.1.2.2 我国石油产量扩张的可行性分析

（1）目前我国石油产量比较接近石油峰值产量。关于石油产量的发展趋势的研究，大多围绕石油峰值理论展开。进行此研究的众多学者和研究机构主要分为两个流派：一个是以地质学家和民间研究机构为主的悲观派，代表性人物有 Hubbert [①]、Colin J. Campbell [②] 等，他们认为世界石油产量在 2010 年前后就会出现峰值，随后石油产量开始下降；另一派则是以一些经济学家、官方机构和石油公司为主的乐观派，代表性机构和人物有 IEA、剑桥能源研究会（CERA）、美国联邦地质调查局（USGS）、石油经济学者 Michael Lynch [③] 等，他们认为石油峰值会在 2020 年以后来临。但是不管是哪一派观点，他们都认同同一个事实：石油资源总是会枯竭的，分歧就在于石油峰值什么时候来临[④]。

国内关于石油产量发展的预测比较多，最早的研究可以追溯到 1984 年，翁文波院士（1984 [⑤]，1991 [⑥]）提出油气的发现也会出现“兴起—成长—鼎盛—衰亡”的过程，并建立了第一个预测油气田中长期产量的模型，即翁氏模型。陈元千教授等（1996）完成了翁氏模型的理论推导，并将翁氏模型推广为一般化情形，称为广义的翁氏模型[⑦]。该模型在油气田的产量预测等方面得到了广泛应用。此外，他们还提出了 Weibull 模型[⑧]、胡-陈-张（HCZ）模型[⑨]等对油气田产量进行预测。近些年，以冯连勇为代表的学者对世界及我国石油产量以及峰值的预测做得比较多。冯连勇等（2007）运用 3 种典型的预测模型，对我国未来石油产量进行了预测，其中，运用 Hubbert 模型预测到我国的石油产量峰值将出现在 2005 年，峰值产量为 1.718 1 亿 t，这显然与近些年石油年产量的 1.8 亿 t 不相符；运用 HCZ 模型预测的结果是峰值出现在 2013 年，峰值产量为 1.823 2 亿 t，该结果属于比较中性的预测；而运用广义翁氏模型预测的峰值产量为 1.853 8 亿 t，出现的时间为 2017 年，该结果考虑到了我国石油产量会在 1.8 亿 t 附近稳定较长时间，相对来说比较符

---

① Hubbert M K. Energy from fossil fuels，*Science*，Vol.109，No.2823，1949，pp.103-109；Hubbert M K. Energy resources，Publication 1000-D，Natl. Academy of Science/Natl. Research Council，1962；Hubbert M K. Degree of advancement of petroleum exploration in the United States，*AAPG Bulletin*，Vol.52，No.11，1967，pp.2207-2227.

② Campbell C J. *The coming oil crisis*，Multi-Science Publishing Company and Petro consultants. Essex，England，1997.

③ Lynch M C. Petroleum resources pessimism debunked in Hubbert model and Hubbert modelers' assessment，Oil & Gas Journal，Vol.101，No.27，2003，pp.38-47.

④ 赵林、冯连勇：《世界石油峰值研究现状及其引发的思考》，《国际石油经济》，2007 年第 11 期。

⑤ 翁文波：《预测论基础》，石油工业出版社，1984 年版，第 79 页。

⑥ Weng Wenbo. Theory of foresting. Beijing. International Academic Publishers，1991，pp.80.

⑦ 陈元千：《广义翁氏预测模型的推导与应用》，《天然气工业》，1996 年第 16（2）期；陈元千、胡建国：《对翁氏模型建立的回顾及新的推导》，《中国海上油气（地质）》，1996 年第 10（5）期。

⑧ 陈元千、胡建国：《预测油气田产量和可采储量的 Weibull 模型》，《新疆石油地质》，1995 年第 16（3）期。

⑨ 胡建国、陈元千、张盛宗：《预测油气田产量的新模型》，《石油学报》，1995 年第 16（1）期。

合当前的实际情况。基本上 3 种模型预测的结果都比较保守[①]。李莹、李德贵（2007）在 Hubbert 预测基础上针对我国实际进行了修正，得出相对乐观的估计，预测我国石油产量将在 2020 年左右达到峰值，2020 年前如果按每年增长 250 万 t 的假设，则 2020 年石油产量将达到 2.19 亿 t，2020—2030 年在高峰期会稳产 10 年左右，保持石油产量在 2.16 亿～2.19 亿 t，2030 年以后石油产量会下降[②]。张抗（2006）分析了 1984—2004 年 20 年我国石油产量的变化过程，西北和海域新区产量基本上可弥补东部老油区递减的产量，东部老油区剩余可采储量减少导致产量递减加剧，西北区和海域的主产区呈现低储产比和产量下降态势，从而制约了新区石油产量上升的幅度，预测 2020 年我国石油产量在相对稳定的前提下仍然有可能低速增长[③]。翟光明（2010）预计按照近几年的发展趋势，我国石油产量可平稳上升并维持在 2 亿 t 左右，按照最终可采储量 212 亿 t，至少可以持续生产 60～70 年[④]。唐旭等（2010）运用系统动力学模型对我国石油产量进行了预测，结果认为我国石油产量已经进入了高峰期，将在 2015 年达到产量高峰 1.92 亿 t，同时预计我国最终石油可采储量为 123 亿～143 亿 t[⑤]。这与其他专家学者运用翁氏旋回法、增长曲线法、HCZ 法、盆地模拟、蒙特卡洛模拟、资源量转换系数法、储采比递减阶段曲线拟合法等预测结果的 110 亿～150 亿 t[⑥] 比较接近。此外，相关机构也对我国未来石油产量进行了预测，中石化、中石油规划总院等预测，我国石油产量的峰值为 1.8 亿～2.0 亿 t，出现在 2010—2020 年。IEA 预测，我国石油产量 2020 年将达到 2.0 亿 t，2030 年将只有约 1.7 亿 t。国土资源部油气资源战略研究中心副主任车长波（2010）认为 2 亿 t 的石油产量规模可以持续 30 年左右，同时还有 5 000 万 t 的增长空间[⑦]。以上预测结果详见表 5-8。

从表 5-8 的预测结果可以看出，较乐观的石油产量预测即 2020 年以后出现峰值，产量为 2.0 亿 t 以上，较悲观的估计即 2010—2020 年出现峰值，产量为 1.8 亿～2.0 亿 t。无论是悲观还是乐观的估计结果[⑧]，都在传递一个信息，那就是当前石油生产规模（2011 年产量 2.036 亿 t）比较接近于峰值产量了。

---

① 冯连勇：《基于峰值预测的中国石油产量合理规划》，《石油勘探与开发》，2007 年第 8 期。

② 李莹、李德贵：《我国石油产量峰值预测》，《中国能源》，2007 年第 4 期。

③ 张抗：《近 20 余年来中国石油产量及构成变化》，《石油学报》，2006 年第 3 期。

④ 翟光明、王世洪：《中国油气资源可持续发展的潜力与挑战》，《中国工程科学》，2010 年第 5 期。

⑤ 唐旭、张宝生、邓红梅、冯连勇：《基于系统动力学的中国石油产量预测分析》，《系统工程理论与实践》，2010 年第 2 期。

⑥ 陈元千：《我国未来石油产量和可采储量的预测》，《石油科技论坛》，2003 年第 2 期，第 29 页表 2。

⑦ 新浪新闻网。http://frnence.sina.com.cn.

⑧ 当然，这些预测结果是根据已探明可采储量与每年石油生产量来进行预测的，但每年都会有新的储量增加，油气的采收率、利用率等都会随着技术进步而不断变化，合理科学地开发油田方案等都会影响我国石油产量。但是这些预测都比较接近现实。

表 5-8 关于我国未来石油产量的预测结果 单位：亿 t

预测者	预测模型	预测结果					
		2010 年	2020 年	2030 年	2050 年	峰值产量	峰值时间
陈元千（2003）	HCZ	1.61	1.44	1.18	—	1.61	2010 年
冯连勇（2007）	Hubbert	1.648	1.235 5	—	0.197	1.718 1	2005 年
	广义翁氏	1.82	1.848 8	—	1.406	1.853 8	2017 年
	HCZ	1.813 9	1.789 4	—	1.181	1.823 2	2013 年
李莹、李德贵（2007）	修正的 Hubbert	—	2.19	2.16～2.19	—	2.16～2.19	2020—2030 年
翟光明（2010）						2	
唐旭等（2010）	系统动力学	—	1.92（2015 年）	—	<1	1.92	2015 年
中石化、中石油规划院		—	1.8～2.0	—	—	1.8～2.0	2010—2020 年
IEA		—	2.0	1.7	—	2.0	2020 年
国土资源部油气资源战略研究中心		2	—	—	—	2.5	2040 年

（2）从石油和经济安全角度考虑我国不适宜大幅扩张石油产量。理论上讲，当某一年的预测产量大于上年探明剩余可采储量与当年新增探明可采储量之和时，石油产量将达到最大值，随后，产量会与年平均新增探明可采储量相一致，直到可采资源耗尽。所以，新增探明可采储量越多，石油产量峰值会越晚到来。但事实上，我国石油产量很难维持持续增长态势，如大庆和胜利等主力油田，已步入“双高”（高含水和高采出程度）阶段，产量递减，这些老油田的综合递减率在 5%左右①。所以，年新增可采储量开采后，要先弥补老油田递减的产量，之后才算增长的产量。

未来，我国石油开采将呈现两种趋势：一种是在当前产量基础上快速进行产量扩张，产量到达一个最高点后，以很快的速度下滑；另一种是以当前的开采速度缓慢地增长到一个比第一种低一点的高峰，持续一段时间后，缓慢下降。本书认为第二种趋势对于我国更加有利。我国石油产量的高峰期应该来得晚一点，高峰值平一点，让其持续时间长一点更好，因为根据国内大多数专家分析研究，2020 年后我国石油年消费量还会继续增加，依照发达国家的历史经验判定，可能要在 2040 年左右增长才会放缓，如果石油消费量的高峰期晚于石油生产量且石油产量

① 李莹、李德贵：《我国石油产量峰值预测》，《中国能源》，2007 年第 4 期。

高峰期持续时间不长的话，那么石油的供需缺口会越来越大，从而加大了石油对外依存度，不利于我国的石油和经济安全[①]。所以，在现阶段我国石油产量即将接近峰值产量水平的情况下，不适宜大规模扩张国内石油生产供给，这样才能保证石油产量高峰尽量地接近石油消费量的高峰，降低经济风险。

（3）从战略角度考虑需要控制石油产量。战略角度，即要以国家利益为前提，考虑到石油供应安全和可持续发展，使石油利用与社会发展相协调，实现社会和资源的和谐发展。如果现在在原有规模的基础上大量开采石油，那么对国际石油市场的“威慑力”不够。这个威慑力不在于我国能开采多少，开采规模有多大，而在于我国每年都在生产石油，并且随时能扩大产能。因为如果现在开采得越多，速度越快，世界市场就会知道我国的石油枯竭的速度加快，那么我国对国际石油市场的依赖就越大，威慑力就越下降。所以，我国应该要保持现有规模下稳定增长的石油生产，而非大规模扩大生产，对石油资源的开采保持战略性规划安排，有意识地保留部分优质资源作为战略储备，这样才能保持对国际石油市场的威慑力。

（4）从低碳经济大环境考虑不适宜扩张石油产量。原油生产过程中会伴随着温室气体的排放，其排放量会因油田的特征、所处的生命周期以及开采方法的不同而有所差异。同样一口油井采用不同的开采技术、在不同的时间段，所产生的温室气体排放量会相差好几倍。虽然通过二次采油和三次采油可以提高石油产量，但是也会伴随着更多的能源消耗和温室气体排放。一般地，在油田开采的初始阶段，生产 1 桶原油需要消耗掉的能源相当于 1 桶原油的 2.5%；在油田进入成熟阶段，单位原油所耗掉的能源可能会提高 3～6 倍。应用三次采油技术时，每桶原油的能源消耗量可能相当于 1 桶原油总能量的 15%～35%，所排放的 CO_2 量为 13～30 kg [②]。而现今我国大部分油田已到开采的中后期，为了提高原油产量而使用二次采油甚至三次采油技术，必然会带来更多的能源消耗和 CO_2 排放量。

5.2　石油企业“走出去”获取国外的石油资源有限与风险并存

除了依赖石油进口和加大国内油气资源勘探扩大国内石油产量等途径外，国内石油企业还可以通过“走出去”以开展石油资源的跨国经营获取份额油的方式来缓解我国石油供需缺口。

---

① 邱中建、方辉：《对我国油气资源可持续发展的一些看法》，《石油学报》，2005 年第 3 期。

② 杜伟：《低碳经济与中国石油石化行业的发展》，《国际石油经济》，2010 年第 1 期。

5.2.1 石油企业“走出去”动因分析

石油企业“走出去”获得国外石油资源可以在一定程度上缓解国内的高石油进口压力，谋求国际石油话语权，保障我国石油安全，同时也是石油企业自身发展的需要。

5.2.1.1 未来我国石油供需缺口会很大

未来我国经济会继续保持快速增长势头，而高油耗的第二产业（比如汽车业、化工业等）的迅速发展，以及我国作为“世界工厂”的地位导致的制造业的快速发展，必然会带动石油需求的快速增长。从前文的分析可以看出，无论是从经济成本还是从我国国内的资源角度考虑，未来保证国内石油产量扩大的难度很大。所以，在21世纪的前半部分，至少到2030年，我国石油的供需矛盾会非常突出，对外依存度会越来越高，2012年我国石油进口依存度已经达到58%。根据发展和改革委员会能源研究所的研究，2020年我国石油的需求将达到4.5亿～6.1亿t，IEA预测的需求量也在5亿t以上，而我国国内的石油生产量估计处于2亿t，供给和需求的缺口未来会越来越大，石油进口依存度会达到60%～70%[①]。

在国内石油供需矛盾日益突出的情况下，仅仅依赖石油进口，一方面会加重我国的经济负担，国际油价的高位震荡必然会对我国经济造成一定的冲击，另一方面国外石油供给因为某些政治、运输等方面原因出现短暂的石油供给中断还是有可能的。所以，我国石油企业必须“走出去”获取更多的国外石油资源，保障国内国民经济和社会生活能够长期稳定发展。

5.2.1.2 谋求在国际市场上的石油话语权

我国目前流行着这么一句话：我国进口什么大宗商品，该商品价格就涨；我国出口什么大宗商品，该商品价格就跌。最主要的原因就是我国在国际市场上缺乏大宗商品的定价话语权。我国虽然是国际市场上第二大石油消费国和第四大石油生产国[②]，但是目前我国在国际石油市场上仍然没有定价话语权，只能被动地接受国际市场上的油价。正是因为石油价格波动和高油价的推动，我国1993—2011年石油依赖的总成本高达10 043.23亿美元[③]。所以，迫切需要我国的石油企业联合起来，提高在国际石油市场上的谈判能力，通过“走出去”参与国际合作，争取更大的市场份额，参与国际石油市场“游戏规则”的制定，提升我国在国际石油市场上的话语权，保障我国的石油安全。

---

① 周凤起：《对中国石油供应安全的再思考》，《国际石油经济》，2005年第1期。

② 2009年生产量已经超过伊朗，跃升为第四大石油生产国。

③ 见本书第4章测算结果。

5.2.1.3　石油企业自身发展需要

企业发展到一定阶段必然会通过扩张来实现自身的发展，但是因为国内的石油资源水平不足，开采难度加大限制了我国石油企业进一步壮大的步伐，因此，我国石油企业通过“走出去”寻求更多的油气资源能够满足自身扩张的需要。

目前国际市场上大型的石油巨头都通过“强强联合”的方式壮大实力，不断扩张其在国际石油市场的份额，控制世界油气资源，同时大幅进军我国市场，使我国石油石化企业的份额下降，在国内市场基本饱和的情况下，我国的石油企业为了面对内外夹击的竞争压力，必须通过“走出去”寻求新的石油资源提高自身竞争力，而非在国内等待市场份额的萎缩。

“走出去”与国外的石油公司进行国际合作，可以通过“干中学”缩小与石油巨头在技术与管理水平等方面的差距。同时也可以拓展经营业务范围，实现上下游一体化，扩大市场规模，实现规模经济效应，降低生产成本，提升经营效率，优化企业结构。

5.2.2　我国石油企业“走出去”的演进

我国石油企业“走出去”在境外投资合作开发石油资源始于 20 世纪 90 年代，迄今已经有大约 20 年的时间，在油气田的勘探、开发以及炼油等上下游一体化方面的成果还是比较丰富的。

5.2.2.1　总生产规模

从表 5-9 可知，我国石油企业在境外获得的石油资源的数量，增长还是比较迅速的。海外原油的作业量稳步增长，从 2000 年的 1 353 万 t 上升至 2011 年的 1.5 亿 t，年均增长幅度高达 84.05%。权益产量逐年攀升，从 21 世纪初的 553 万 t 上升到了 2011 年的 8 500 万 t，年均涨幅达到 119.76%。虽然占当年石油进口量的比重不是很高，但是整体上也呈现出逐步上升的态势。这在一定程度上可以缓解我国石油大量依赖国外石油厂商的压力。

5.2.2.2　投资总额

从投资总额来看，自 2006 年开始进入了快速扩张阶段，不管是上游勘探开发还是下游生产炼油，投资收购的速度都非常快，尤其近几年在全球油气并购市场上也是频频出手，成为国际市场上的最大买家之一，详见表 5-10。2010 年我国石油公司海外油气并购创历史新高，并购金额接近 300 亿美元[①]。

5.2.2.3　投资区域分布

从投资区域来看，现在逐步形成了非洲、中东、中亚-俄罗斯、南美、亚太等

① 夏丽洪、刘新茹、郝鸿毅：《2010 年中国石油工业综述》，《国际石油经济》，2011 年第 4 期。

五个投资区域。非洲主要以苏丹为中心，向阿尔及利亚、尼日利亚等地辐射；中东以伊朗、也门为中心，向科威特、沙特等国扩张；中亚-俄罗斯以哈萨克斯坦、俄罗斯为基地，向阿塞拜疆、乌兹别克斯坦等周边国家延伸；南美以委内瑞拉为中心，向厄瓜多尔等国渗透；亚太主要以加拿大的油砂项目为主。

5.2.2.4 投资方式

从投资方式来看，20 世纪 90 年代早期主要以合作开采、产量分成的形式为主，油田规模一般比较小，构造复杂，原油产量也比较少；90 年代末期到 21 世纪早期，由原来的被动态势逐步发展为主动态势，以参股或收购的方式获取海外份额油。2006 年以后，扩张的态势明显加快，海外直接收购成为主要手段。收购相对于绿地投资来讲，降低了投资风险，提高了投资效率，而我国石油企业是属于后发展型跨国经营，收购能够加快我国国际化进程。同时也重视绿地投资，但一般都是先选择规模风险较小的项目稳扎稳打，逐步向风险大的项目延伸。当然整个投资过程缺少不了与大型石油公司、主要产油国等的合作联盟。

表 5-9 2000—2011 年我国海外原油作业产量及权益产量

年份	原油作业产量		权益产量		
	产量/万 t	增长率	产量/万 t	增长率	占当年进口量比重
2000	1 353	100%	553	100%	9.06%
2001	1 623	20.96%	831	29.66%	13.17%
2002	2 129	31.18%	1 014	22.02%	12.6%
2003	2 470	16.02%	1 288	27.02%	12.62%
2004	3 011	20%	1 642	27.4%	11.34%
2005	3 582	21.5%	2 089	27.22%	14.21%
2006	5 460	52.43%	3 257	55.91%	19.86%
2007	6 023	10.2%	3 475	6.7%	19.56%
2008	6 220	3.27%	5 000	43.88%	27%
2009	7 615	22.43%	6 962	39.24%	27.46%
2010	8 673	13.89%	7 582	8.9%	25.75%
2011	15 000	72.95%	8 500	12.11%	25.91%

注：由于数据不可获得性，部分年份的油气作业产量和权益产量仅包括我国石油的数据。2008 年、2009 年的权益产量为油气合计量。

资料来源：根据《国际石油经济》杂志公布的历年《中国石油工业综述》（2000—2011）以及三大石油公司公开网站、《中国石油报》、《中国石化报》、《中国海洋石油报》、《中国的能源政策》白皮书等整理而得。

表 5-10 我国石油公司海外投资主要项目

年份	项目
2011	中国石油伊拉克艾哈代布油田一期 300 万 t/a 产能建设项目提前投产；与 BP 公司合作的伊拉克鲁迈拉项目进入投资和费用回收阶段并提取原油，日均产量达到 119 万桶；与壳牌联合以 4.6 亿美元收购从事煤层气勘探和开发业务的澳大利亚 Bow 能源公司；获得阿富汗北部地区 3 个区块的开采权；与英国英力集团完成设立贸易与炼油合资公司的交易；与阿布扎比国家石油公司签署为期 20 年的原油供应原则协议。中石化公司与加拿大日光能源公司（Daylight Energy Ltd.）签署收购协议；与葡萄牙 Galp 能源公司签署股权认购协议，以约 51.8 亿美元获得 Galp 巴西公司及对应的荷兰服务公司 30%的股权；与美国西方石油公司就阿根廷公司收购项目完成交割，以 24.5 亿美元价格收购西方石油公司阿根廷子公司 100%股份及其关联公司。中海油的全资子公司——中国海洋石油国际有限公司收购了 Tullow 石油公司乌干达 1、3 和 3A 勘探区各 1/3 的权益，成功进入东非的主要待开发盆地——阿尔伯特湖盆地；完成了总交易价约 21 亿美元的收购 OP T I 加拿大公司的交易；以 5.7 亿美元购入美国切萨皮克（Chesapeake）能源公司丹佛－朱尔斯堡盆地及粉河盆地油气项目 33.3%的权益
2010	中国石油集团相继与壳牌签署叙利亚幼发拉底项目购股协议，联合壳牌公司成功收购澳大利亚箭牌（Arrow）能源公司 100%股权，并与壳牌公司共同就卡塔尔 D 区块勘探项目与卡塔尔石油公司签署产品分成合同；正式签署委内瑞拉胡宁 4 石油合作项目协议和加拿大昆仑项目框架协议。我国石化以 46.5 亿美元收购康菲公司加拿大 Syncrude 油砂项目 9.03%的权益；以 71 亿美元收购雷普索尔巴西业务 40%的股权；以 24.57 亿美元收购 SSI 公司拥有的安哥拉 18 区块 50%的权益等。中海油西非深水勘探作业实现了该公司深水勘探作业零的突破，Bridas 股权并购项目实现了该公司海外储量、产量的迅速大幅增长；美国鹰滩页岩油气项目实现了该公司页岩气资产的零突破
2009	中国石油与 BP 联合中标伊拉克最大的 Rumalia 油田服务合同；与道达尔等联合中标 Halfaya 油田项目；与加拿大阿萨巴斯卡公司签署合作开发油砂项目的协议；收购哈萨克斯坦坦曼格什套油气公司；收购新加坡石油公司 45.5%股份等。我国石化收购 Addax 石油公司；从道达尔手中收购加拿大“北方之光”油砂项目 10%的股权；收购 Emerald 公司等。我国海油在尼尔利亚的深水油田 Akpo 投产；收购挪威国家石油公司在美国墨西哥湾的部分权益，进入美国市场等
2008	中国石油建成苏丹 1/2/4 区、3/7 区和哈萨克斯坦 PK 三个千万吨级油田，在委内瑞拉、印度尼西亚等地建成 7 个 200 t 以上油气项目，海外投资分布 28 个国家和地区，运作 73 个项目。我国石化投资 20 亿美元的雅达瓦兰油田正式开工；收购了 Tanganyika 石油公司，收购 Soco 也门公司全部股权等。我国海油整体收购挪威 Awilco 公司等
2007	中国石油苏丹 3/7 区海上终端、阿尔及利亚阿达尔上下游一体化和阿克纠宾第三油气处理厂项目建成投运等。我国石化与伊朗国家石油公司以回购服务方式正式签署 Yadavaran 开发合同；BP、安哥拉国家石油-我国石化国际公司的 Plutonio 项目正式投产等。我国海油增持加拿大 MEG 油砂项目；中标澳大利亚海上 W06-1 区块；与柬埔寨签订 F 区块产品合成合同等

年份	项目
2006	中国石油在苏丹建成世界上第一套高钙、高酸原油延迟焦化装置；3/7 区长输管道工程投入运营；新签乍得、赤道几内亚和乌兹别克斯坦等 9 个项目合同，中标尼日利亚 4 个区块等。我国石化获得俄罗斯乌德穆尔特石油公司 49%的股权；成功中标伊朗炼油改造等重大工程项目；我国海油收购了尼日利亚 OML130 区块 45%的权益和 OPL229 区块 35%的权益；获取了澳大利亚 Outer Browse 盆地 4 个区块 25%的权益等。中信集团收购了哈萨克斯坦的卡拉赞巴斯油田；中化集团与阿联酋政府达成合作开发乌姆盖万海上油气田的协议
2005	中国石油成功收购 PK；与印度石油天然气公司合资收购加拿大石油公司所持叙利亚幼发拉底石油公司 38%的股份。我国石化获得加拿大北极之光油砂项目 40%的股份。我国海油收购加拿大 MEG 能源公司 16.69%的油砂权益
2004	中国石油在伊朗、毛里塔尼亚、阿尔及利亚等国新签 7 个勘探开发合作项目。我国海油收购 BG 公司在印尼 Muturi 产品分成合同中 20.77%的权益

资料来源：根据《国际石油经济》杂志公布的历年《中国石油工业综述》（2004—2011）整理而得。

5.2.3 石油企业“走出去”的劣势分析

5.2.3.1 我国石油企业的国际竞争力较弱

评价企业的国际竞争力有多种途径，有的就选取单一的国际市场占有率指标来衡量，更多的是采取多种指标综合考虑。分析我国石油企业国际竞争力的文献也比较多，差异主要体现在指标的选取上和分析方法上。张继伟（1998）选取公司的规模实力和经济效益两个指标比较分析了中石油和中石化的国际竞争力[①]。王曦（2000）选取盈利能力、销售能力、资产状况、资本构成等指标对中石化与埃尼集团等世界大石化公司进行比较分析后，得出中石化的国际竞争力与世界其他大石化公司存在比较大的差距[②]。朱和（2001）选取的指标更微观一些，主要从制度体制和结构调整、技术创新、资源配置优化、人力资源等产业角度分析了我国石油的国际竞争力[③]。王宇奇（2002）选取资产状况、资本构成、盈利能力、销售能力、技术水平与科技创新等角度对比分析了我国石油工业的国际竞争力[④]。胡尧良（2002）首先比较了中外石油企业的综合业绩和资产结构，然后又从油气板块、炼油板块、化工板块和销售板块四个板块以及微观的核心技术、人力资源和管理理念等角度，剖析了我国石油企业在国际竞争中的优劣势[⑤]。李君发（2002）则选

① 张继伟：《石油、石化集团公司国际竞争力比较》，《石油企业管理》，1998 年第 9 期。

② 王曦：《中石化集团公司与世界大石化公司竞争力分析》，《石油化工技术经济》，2000 年第 1 期。

③ 朱和：《中国石油石化提高国际竞争力的几个重要问题》，《中国石油和化工》，2001 年第 11 期。

④ 王宇奇：《中国石油工业的国际竞争力对比分析》，《工业技术经济》，2002 年第 4 期。

⑤ 胡尧良：《我国石油化工企业的国际竞争力分析》，《当代石油石化》，2002 年第 4 期。

取资产及结构、资本构成、盈利能力、生产规模、资源占有、营销能力、国际化生产和经营、抗风险能力、研究开发能力等[①]为国际竞争力指标。张立（2006）选取整体规模、盈利能力、可持续发展、技术创新、市场实力、经营管理等指标运用 B-P 网络模型对中石油、中石化以及其他世界七大石油公司进行了国际竞争力测评[②]。王大鹏等（2007）[③]、丁苗等（2008）[④] 分别利用 SPSS 的因子分析方法对我国石油企业及其他七大国际石油公司的国际竞争力进行了测评。

本书以中石油、中石化、中海油以及其他世界七大石油公司为分析对象，对企业规模、盈利能力、生产能力、可持续发展能力、经营管理能力等单项指标（表 5-11）进行比较，在企业规模和盈利能力方面，中石油可以跻身世界大石油公司行列，但是中石化和中海油还存在一定的差距，尤其是中海油，因为企业规模的限制，各项指标基本上都排在末位；从生产能力尤其是销售能力上看，我国石油企业与国际石油巨头存在较大差距；在可持续发展能力方面，中石油的油气储量和储产比较高，但是中石化和中海油情况不是很乐观；从经营管理能力看，三大公司的总资产增长率可观，但是流动资产周转率相对比较低。从整体情况来看，中石油的国际竞争力相对优于中石化和中海油，但是与其他国际石油公司相比，仍然处于相对劣势的状态，而另两大石油公司从各方面来看，国际竞争力较弱。

表 5-11　中外石油公司国际竞争力的各项指标对比

评价指标 / 企业	企业规模/亿美元		盈利能力		生产能力			可持续发展能力		经营管理能力	
	总资产	营业收入	净利润/亿美元	资产利润率	原油产量/（10^6 桶）	原油加工量/（千桶/d）	油品销售量/（千桶/d）	油气储量/亿桶	储产比	总资产增长率	流动资产周转率/（次/年）
EXXON	2 281	4 428	452	19.24%	1 435	5 416	6 761	228	16	−5.79	5.6
壳牌	2 824	4 584	263	9.52%	1 160	3 678	6 568	109.3	9	4.8	3.59
BP	2 282	3 671	211	9.11%	1 401	2 678	5 698	181	13	−3.32	5.01
雪佛龙	1 612	2 631	239	15.44%	926	2 059	3 429	111.96	12	8.32	6.94
道达尔	1 740	2 347	155	9.4%	857	2 604	3 658	104.58	12	4.2	3.47
康菲	1 428	2 307	−170	−10.6%	809	2 678	3 040	100	12	−19.63	10.13
埃尼	1 492	1 593	129	8.36%	658	737	1 014	66	10	−12.98	3.17

① 李君发：《对我国三大石油公司的国际竞争力研究》，《化工技术经济》，2002 年第 5 期。
② 张立：《中外石油企业国际竞争力对比》，《经济管理》，2006 年第 7 期。
③ 王大鹏、陈建梁：《我国石油企业的国际竞争力及对外直接投资策略》，《国际商务》，2007 年第 6 期。
④ 丁苗、谢光亚：《中国石油企业国际竞争力评价》，《经济问题探索》，2008 年第 11 期。

评价指标 / 企业	企业规模/亿美元		盈利能力		生产能力			可持续发展能力		经营管理能力	
	总资产	营业收入	净利润/亿美元	资产利润率	原油产量/（10^6桶）	原油加工量/（千桶/d）	油品销售量/（千桶/d）	油气储量/亿桶	储产比	总资产增长率	流动资产周转率/（次/年）
中石油	1 720	1 811	103	6.57%	1 182	2 322	1 806	214.19	18	11.76	5.63
中石化	1 105	2 078	19.5	1.9%	346	3 339	2 460	40.01	11	4.79	8.66
中海油	589	280	48.15	9.32%	300	307	151	25.2	8	21.2	1.77

注：表中各公司编制所采用的会计准则不同，主要以国际会计准则、美国会计准则和本国会计准则为主。道达尔和埃尼数据按照美元/欧元兑换率 1.1 换算成美元，我国三家石油公司按照人民币/美元兑换率 6.83 换算成美元。
资料来源：各公司网站公布的 2008 年年报及财务经营报告整理。

而从综合竞争力指数指标来分析，表 5-12 也显示我国石油企业的国际竞争力处于非常弱的竞争态势。中石油、中石化和中海油与其他 7 家国际石油公司相比，除了中石油的排位处在 4～7 位外，中石化和中海油均处在末位，其中中海油因为规模较小，其指数得分差距更大。

表 5-12　中外石油公司国际竞争力指数

公司		埃克森美孚	壳牌	BP	雪佛龙	道达尔	康菲	埃尼	中石油	中石化	中海油
武新霞（2010）	指数	0.614 9	0.513 2	0.542	0.499 6	0.429	0.241 6	0.261 2	0.481 6	0.287	0.190 6
	排名	1	3	2	4	6	9	8	5	7	10
王大鹏等（2007）	指数	1.086	0.509	0.199	0.081	0.066	–0.036	–0.055 2	0.103	–0.559	–0.898
	排名	1	2	3	5	6	7	8	4	9	10
丁苗等（2008）	指数	4.32	3.78	3.33	2.4	1.49	2.37	1.53	1.5	1.4	0.32
	排名	1	2	3	4	8	5	6	7	9	10
张立（2006）	排名	1	2	3	5	6	8	7	4	9	

资料来源：武新霞，《我国石油企业国际竞争力评价》，哈尔滨理工大学，2010 年 3 月；王大鹏、陈建梁，《我国石油企业的国际竞争力及对外直接投资策略》，《国际商务》，2007 年第 6 期；丁苗、谢光亚，《中国石油企业国际竞争力评价》，《经济问题探索》，2008 年第 11 期；张立，《中外石油企业国际竞争力对比》，《经济管理》，2006 年第 7 期。

正是因为三大公司的国际竞争力不强，在竞争激烈的国际石油市场上，我国石油企业与大型石油公司展开竞争获得石油资源时，大型石油公司往往凭借其资金、技术、管理经验、人才等各方面的优势将优质资源、容易勘探开发的区块掌握在自己手中，而我国石油公司只能获取那些大型石油公司不愿意投资的规模较小、勘探开发难度大、油品较差的石油资源，该类油田对开采技术要求较高，后期增产的潜力较小。

5.2.3.2　资金不足

石油行业是一个高投入行业，随着项目的不断深入，后续的投资负担可能会更重。动辄上百亿美元的投入，但回报的周期比较长。我国石油企业在国际化的过程中经常受到资金的限制，一般只能选择开发规模较小的油田，对于大型的油气资源，只能借助于与国际大型石油公司合作共同投资，那么从中获取的份额油就相对比较少。从表 5-11 可以看出，国内相对国际竞争实力较强的中石油 2008 年的营业收入只有埃克森美孚的 40.9%，只有壳牌的 39.5%，而净利润只有埃克森美孚的 22.8%，所以在与这些大型石油公司抢占石油资源时会因为资金问题束缚手脚。另一方面，我国石油企业的融资渠道狭窄，主要依靠国内金融市场来筹措资金。在海外市场石油企业的债务融资比重很大，但我国石油企业仅仅局限在购买国债、企业债券、基金等风险小收益小的项目上，融资手段比较单一，并且获得大额的、长期的、较优惠的贷款机会比较有限，在币种的选择上也比较单一，利率和汇率风险较大，从而导致筹资成本较高。由于资金不足的限制，我国石油企业有时候不得不放弃一些较好的项目。

5.2.3.3　海外投资的区块勘探开发难度大、成本高

现在油气勘探开发热点地区和技术比较成熟的发展中国家基本上都被石油公司瓜分完毕，仅剩的若干优质资源一般都是以招投标的方式获取，为了标到这些项目，我国石油企业不惜报高价获取中标，中标后才发现项目投入资金过大，企业收益很小甚至可能为负值。

而其他的可以选择进行国际石油合作的地区不外乎三类：要么是目前技术条件缺乏、勘探开发难度大的区块，如深海、高山、极地和沙漠地区；要么是基础设施比较欠缺或者较偏远的地区，如内陆的东西伯利亚地区；要么就是政局不稳定的地区，如埃塞俄比亚等。对于勘探开发难的地区，如深海、高山等，没有先进的技术，很难介入该项目，即使介入了，经济效益相对来讲也比较差。对于基础设施比较欠缺的，必须在基础设施投资上花费财力物力，相应地也削减了经济收益。而政局不太稳定的地区所承担的经营不稳定风险和政治风险是无法估量的。

5.2.3.4　石油企业国际化经营经验不足，机制不够完善

在跨国经营管理方面，我国石油企业明显差于国际石油巨头，之前的部分项目已经暴露出不善于把握局势变化、缺乏应变能力的弱点，很多情况都是遭受变故或者遭到石油巨头的算计等不得不退出竞争市场；在管理人才的配备方面，缺

少一支跨国经营的高素质的人才团队，尤其缺乏既懂技术又善于商务运作的骨干力量，所以对国际石油市场的变化缺少预见性和处理应变技巧；在项目评估方面，项目开发的决策系统和技术经济评价方法不能适应国际石油市场竞争需要，在竞标中陷入被动。没有完整的世界油气田软硬投资环境等信息系统数据库，对世界各地区含油气盆地缺乏系统的评价；在财务机制上，虽然也有采用国际上通用的集中核算模式，依托母公司的财务公司进行资金集中管理，但是仍然有相当多的资金是游离于集中管理体系之外的，主要原因在于商业银行的软硬件和国家有关制度、政策的限制，很多地区公司在当地外部银行仍存在保留账户。另外财务公司本身也存在定位不明确的问题，中长期资金来源又相对不足，使得我国石油企业的财务公司很难发挥最大效用和应对国际化经营公司、外资银行的冲击，造成资源的浪费。

5.2.3.5 国内的政策配套相对滞后

（1）没有形成良好的国内企业之间的协调机制，各个企业“走出去”的积极性比较高，对一些优质项目都表现出极大的兴趣，在一些重点国家区域和重点项目的争夺上，出现了我国各石油企业之间相互竞争的态势，如 2004 年的苏丹 3/7 号管道项目招标上中石油和中石化两大海外公司恶性竞标，最后失去这个项目；同样的事情也发生在利比亚 727 km 输油管道项目上；我国石油企业之间的自相残杀事件也同样发生在俄罗斯和里海等地区。石油石化类项目投资大、风险高，我国各石油企业在国际激烈的竞争中并没有凝成一股力量，而是处于各自分割的状态，不利于他们的境外发展，而国内又缺乏比较有效的协调机制。

（2）海外投资各项管理制度存在缺陷。例如海外投资的保险政策不完善，我国现在唯一的专业出口信用保险机构就是出口信用保险公司，但该公司承保的海外投资等风险业务相当有限，仅仅承保一些战争与内乱险、征收或类似措施险、货币汇兑风险等，使得在海外投资的过程中不得不考虑自身承受风险的能力。再比如投资审批制度，对于海外利润再投资项目需报国家发改委报批，重大项目由国家发改委初审后，报国务院审批，审批的时间较长，手续复杂。2009 年《国家发展改革委关于完善境外投资项目管理有关问题的通知》进一步强调上报的要求，当然该办法的出发点是好的，主要针对大型海外项目收购，尤其是资源性项目，政府层面了解的信息往往比企业更加充分，如两国关系、国际局势以及对其他行业影响等，加强监管审批有利于规避风险。对外并购不仅是一项贸易活动，还要考虑是否符合国内产业政策，尤其是重大项目对国内也会有影响。但是海外石油投资项目的时效性较强，投资强度较高，错过了有利时机就可能会丢失优质项目。例如，2005 年中石油能够成功并购哈萨克斯坦的 PK 公司，就是因为抢先于竞争对手卢克石油和印度国有能源公司以优厚价格发出收购要约，同时搜集大量政界、民间反馈的信息，充分估计对手的实力，才成功击退竞争对手。

5.2.4　石油企业“走出去”的政治风险分析

5.2.4.1　政治风险的界定

学术界对政治风险的研究比较多，但是目前为止还没有一个公认的统一的定义。Robock（1971）认为国际商务活动中的政治风险存在于外部商务环境的不连续，这些不连续是由政治变化带来的，通常很难预料，这种变化会给相关企业的利润或其他商业目标产生巨大的影响[①]。随后，Van Agtmael（1976）[②]、Overholt（1982）[③]、Simon（1982）[④]、Root（1987）[⑤] 等分别提出政治风险主要是由可能的不稳定、经营中的限制（征用、国有化、所有权限制、歧视性税收、利润转移限制等）、暴力冲突等引起的。Fitzpatrick（1983）总结了 27 个政治风险的定义，将其大体上分为三类：第一类是由于政府和国家主权行为引起的政治风险；第二类是政治事件或限制特定行业或特定企业产生的政治风险；第三类是由环境不确定引发的[⑥]。Wenlee Ting（1988）年界定“政治风险是源于东道国政治、外汇制度等不稳定性的不确定变化，主要针对的是某一国际项目或企业的设定经营结果[⑦]”。国内相关学者，例如杜奇华（1995）[⑧]、须俊（1997）[⑨]、张贵洪等（2002）[⑩] 都对政治风险进行了界定。

5.2.4.2　我国石油企业“走出去”的政治风险

对于我国石油企业跨国经营的政治风险分析近些年也比较多。成金华等

---

① Robock，S.H.，Political Risk：Identification and Assessment，*Colombia Journal of World Business*，Vol.7-8，1971，pp.6-20.

② Agtmael，van A.，How Business Has Dealt with Political Risk，*Financial Executive*，Vol.4，1976，pp.26-30.

③ Overholt，W. H.，*Political Risk*，Euromoney Publications，London，1982.

④ Simon，J.D.，Political Risk Assessment：Past Trends and Future Prospect，*Columbia Journal of World Business*，Fall 1982，pp.62-71.

⑤ Root，F.，*Entry Strategies for International Markets*，Lexington Books，Lexington，MA，1987.

⑥ Fitzpatrick，Mark，The Definition and Assessment of Political Risk in International Business：A Review of the Literature，*Academy of Management Review*，1983，Vol.8，No.2，pp249-254.

⑦ Wenlee Ting，Multinational Risk Assessment and Management，Greewood Press，Inc.，1988，p33-42.

⑧ 杜奇华：《论国际投资的国家风险及其防范》，《国际经济合作》，1995 年第 4 期。

⑨ 须俊：《跨国经营中的政治风险及规避策略》，《国际经济合作》，1997 年第 3 期。

⑩ 张贵洪、蒋晓燕：《跨国公司面对的政治风险》，《国际观察》，2002 年第 3 期。

（2006）[①]、戴祖旭等（2007）[②]、常城等（2008）[③]、赵庆寺（2008）[④]、夏佐铎等（2009）[⑤] 分别对我国石油企业“走出去”的政治风险类别以及如何规避进行了论证，其中戴祖旭等（2007）还对我国石油企业面临的国际政治风险进行了定量论证。认为我国石油企业跨国经营的政治大体上风险包括两大类：一类是政局不稳定引起的，如局部战争威胁、恐怖主义、民族冲突等；另一类是由于政策不连续导致的，如法律法规的不连续、资金的转移、税收政策的变化等。

（1）因石油资源引发的局部战争威胁将长期存在。石油作为国家战略性资源，各国围绕其展开的争夺异常激烈。历史上围绕石油资源展开的战争从未间断：1990 年的海湾战争、2003 年的伊拉克战争，都是以美国为首的西方国家为了争夺石油资源而进行的。在当今的世界市场上，大型石油巨头的形成加强了石油市场的垄断，关系到国家的经济命脉甚至威胁到国家经济，在 21 世纪所有资源中没有哪一个能比石油更能挑起国家间的冲突[⑥]，所以政府不惜动用武力来获取战略性石油资源。而战争的爆发，必然对石油的生产和供应产生影响，如 1990 年的海湾战争，导致世界市场上石油供应短缺 4 900 万桶/d，占消费比重达到 9.2%[⑦]。从地缘政治角度来看，世界上资源最丰富的地方也是最复杂最不稳定的地区。因为石油分布的不均衡性，将来围绕石油资源展开的争夺甚至局部战争的威胁将长期存在。

（2）石油资源所有国政局动荡、民族冲突风险。石油资源比较丰富的国家或地区贫富差距比较大，财富一般都集中在少数特权阶层手中，另外民族冲突也比较显著，经常会发生骚乱、内战、恐怖袭击等动荡，这给外商的投资活动带来极大风险，甚至使利益受损。而我国在这些政局动荡民族冲突严重的敏感地区拥有大量的油气田，例如刚果、尼日利亚、苏丹、哥伦比亚、印度尼西亚等，他们国内围绕着石油权益的分配一直冲突不断。另外，中东地区的恐怖事件也经常发生，这些恐怖分子容易盯住输油管道和油田基础设施。

（3）东道国政策法规不连续风险。跨国公司国际经营过程中，不仅存在生产规模、技术水平、分销渠道建立等经济约束和组织结构约束，更难面对的是竞争

---

① 成金华、童生：《中国石油企业跨国经营的政治风险分析》，《中国软科学》，2006 年第 4 期。

② 戴祖旭、舒先林：《中国石油企业跨国经营政治风险模型论纲》，《中外能源》，2007 年第 6 期。

③ 常城、李慧：《中国石油企业跨国经营的政治风险及规避策略》，《中国石油大学学报（社会科学版）》，2008 年第 2 期。

④ 赵庆寺：《石油企业跨国经营政治风险与法律防范》，《新疆大学学报（哲学·人文社会科学版）》，2008 年第 3 期。

⑤ 夏佐铎、成金华、姚书振：《中国获取国际石油过程中的政治风险分析》，《中国国土资源经济》，2009 年第 3 期。

⑥ [美]迈克尔·克莱尔著，童新耕译：《资源战争》，上海译文出版社，2002 年版，第 27 页。

⑦ Alberto Clo 著，王国梁等译：《石油经济与政策》，石油工业出版社，2004 年版，第 207 页。

中政治介入的政治约束，因为东道国的政策法规可以改变市场上的竞争格局[①]。当跨国公司的经营方向与东道国的整体利益相违背的时候，东道国政府就会动用财政、货币、外贸等一系列政策限制跨国公司经营。

资金转移风险。当资金汇回国内时，有些国家通过货币政策或者汇率制度等防止或阻碍投资利润转移或者资金输出。另外，我国石油企业投资的很多地区如委内瑞拉、哈萨克斯坦、苏丹等汇率制度变化频繁，汇率波动大，这也给我国石油企业带来了一定的风险。

税收和租金政策变动风险。投资企业通常要与东道国通过合同、协议的方式获取油气资源的开采权，而该协议的核心内容就是税收和租金制度。东道国会因为利益的驱使或者国内各方利益集团的干预认为油气资源归属于本国，所以政府要分得部分利润。国际石油企业和东道国政府就会以收费标准展开博弈。一般原油生产的话，东道国通常会分得 51%～95%的利润，多数国家为 75%[②]。由于在该场博弈中跨国公司力量相对比较分散与软性，而东道国力量比较集中且带有强制性，石油企业就处于不利的态势，东道国政府还有可能随意更改分配标准和税收制度，使投资企业很难应付，在最坏的时候有可能使石油企业投资后一无所获[③]。

（4）来自第三方的干预风险。第三方干预既包括第三国政府干预又包括第三方利益主体干涉。我国石油企业在海外投资的过程中遭受第三方干预最后被迫放弃投资的情况时有发生。最典型的就是 1994 年中俄达成修建“安大线（安加尔斯克—赤塔—大庆）”的意愿，1996 年双方签订协议，协议计划 2005 年开始修建，2030 年初步建成。但是随后日本政府干预，向俄罗斯政府以更优厚的条件[④]提出修建“安纳线（安加尔斯克—赤塔—纳霍德卡）”取代“安大线”，最终俄罗斯政府为了维护本国利益最大化，确定折中方案“泰纳线”。除此之外，遭遇第三方利益主体的干预被迫放弃投资的情况也常出现。例如，2002 年，中石油应邀参加斯拉大石油公司股权拍卖，但是在俄议会部分利益集团以及俄商界联合排挤下，我国被迫在投标的前一天做出放弃选择。2003 年中石油获得了俄罗斯 Stimul 公司 61.8%的股份收购权，但是因为俄罗斯天然气工业公司的阻挠被迫放弃。还有中石油曾想参与竞购俄罗斯石油公司私有化，但受到当地另几家竞争对手的压力只好撤回竞价。

根据商务部网站公布的资料显示，我国企业在跨国经营中如果选择贸易模式，

① [美]帕拉哈拉德，伊夫·多茨：《跨国公司使命》，华夏出版社，2001 年版。

② 杨雪雁等：《论中国石油国际经营环境与策略》，石油工业出版社，2004 年版。

③ 成金华、童生：《中国石油企业跨国经营的政治风险分析》，《中国软科学》，2006 年第 4 期。

④ 工程造价 50 亿美元全部由日本承担，日本政府另外追加 10 亿美元投资帮助俄罗斯建设管道，管线的所有权全部归俄罗斯，石油输往目的地可以由俄罗斯选择。而中国的“安大线”则要求在中国境内的所有权归中国所有，石油只能输往中国。

则商业风险大于政治风险；而如果选择资源开发和海外投资模式，则政治风险大于商业风险。当然，除了上述提到的政治风险外，我国石油企业在“走出去”过程中还会遇到经济风险，如财务风险、汇率风险等，前面已经简单阐述过。还有在近些年收购的投资模式倍增的情况下，还会遭遇社会文化风险，企业并购后文化整合的风险也是非常大的，因为价值观念、商业习俗等的不同，会直接影响企业经营管理实践以及带来沟通不畅，这种影响不是短时间就可以消除的，最终会影响到整个企业的运作。

5.2.5 小结

在我国目前供需缺口不断加大的情况下，石油企业“走出去”获得的份额油确实能在一定程度上缓解依赖外国石油供给的压力，但是其作用还不是很大，获得的份额油量虽然有所增加，但是占整体石油进口的比重仍然在 20%以下[①]。我国三大石油公司通过差不多 20 年的海外投资实践获得了很大的成功，已经积累了一定的经验和技术，但是应该看到在国际石油市场上还存在竞争力不足、资金、经验、政策等多方面的缺陷，加之国际石油市场上风起云涌的政治风险，并且该风险已经突破了单纯的东道国政府和跨国公司的边界，这些都给我国石油企业以及政府提出了更强的考验。

5.3 短期内石油替代能源的理想难以照进现实

从我国目前的石油供需水平来看，石油的供应已经不能满足经济发展的需要，缺口越来越大，我国对国际石油依赖程度越来越高。世界各国都在发展石油替代能源产业，期望在未来能减少甚至完全消除对石油的依赖。

由于石油替代产业技术发展存在很大的不确定性，一次能源的替代方式还是比较复杂的，所以未来到底哪种模式能够成为石油替代的主流模式，还存在较大的变数。从短期来讲，由于煤和天然气储量相对石油还是比较丰富的，估计还是以煤和天然气为主来替代，但是煤作为不可再生能源，较高的碳排放与我国低碳经济发展模式不相吻合，而天然气的供应比较有限，并且其储量仍然集中在目前主要石油生产国区域，长期来说不推荐；从中期来讲，生物燃料可以依赖。但是如何解决生物质源，是一个难题，如何平衡粮食危机问题对于人口大国尤为重要；从远期来讲，太阳能、风能、核能等新能源是较好的替代石油的能源，这些新能源可以以分解或电解氢的方式来替代石油，例如风能可以发电制氢，太阳能直接

① 根据表 5-9 分析而得。

分解制氢，但是无论是制作还是存储、运输，对技术和成本要求都较高，远期也存在困难。

我国目前选择以发展纤维素为原料的生物燃料、煤制燃料和电动汽车作为重点的石油替代模式，但是该路径受到技术、资源、成本和环境的约束较大，从目前的产量和未来的发展规划来看其替代作用有限，只能在一定程度上作为石油能源的有效补充缓解石油供应压力。

5.3.1　生物质燃料

5.3.1.1　世界生物质燃料市场发展分析

20 世纪 70 年代的两次石油危机激起了世界各国对生物质能源开发的热潮，但是随着石油勘探技术的提高、石油危机的缓和，该热潮逐渐衰退。90 年代，因不可再生资源的枯竭问题、全球气候变化问题、能源安全、经济可持续发展等因素驱动，美国、巴西等国开始大力发展生物质能源，目前全世界有 30 多个国家正在从事生物燃料的生产，美国和巴西是主导国，巴基斯坦、南非、阿根廷、智利、我国等国纷纷加入，而欧盟则主导着生物柴油的生产。2011 年，全球生物燃料产量达到了 5 886.8 万 t，比 2010 年仅增长 7%，是 2000 年以来增幅最小的一年，北美洲产量的增长被中南美洲及欧洲的减产所抵消；其中生物柴油 1 618.87 万 t，占全球生物燃料总产量的 27.5%，但全球生物燃料产量的增长却全部来自生物柴油，生物乙醇的全球产量下降了 1.4%；美国和巴西的总产量占到世界产量的 70.4%，见表 5-13。目前液体生物燃料主要运用在运输部门，但其占整体运输燃料消耗的比重还比较小，2005 年生物燃料在全球运输部门能源消耗中所占比例为 0.5%[①]。

表 5-13　2009—2011 年世界主要国家生物质能源产量

国家	2009 年		2010 年		2011 年	
	产量/10^6 t	占世界比/%	产量/10^6 t	占世界比/%	产量/10^6 t	占世界比/%
美国	21.67	41.8	25.5	43.62	28.3	48
巴西	13.96	26.9	15.58	26.65	13.2	22.4
欧盟 27 国	10	19.3	10.7	18.3	9.69	16.5
中国	1.1	2.12	1.1	1.88	1.1	2.0
印度	0.2	0.39	0.2	0.34	0.3	0.5
加拿大	0.7	1.35	0.7	1.2	0.96	1.6
泰国	0.6	1.16	0.6	1.03	0.9	1.6

① FAO，2008。

国家	2009年		2010年		2011年	
	产量/10^6 t	占世界比/%	产量/10^6 t	占世界比/%	产量/10^6 t	占世界比/%
德国	2.7	5.21	2.89	4.94	2.84	4.8
其他国家	0.9	1.74	0.6	1.03	1.4	2.6
世界合计	51.8	100	58.46	100	58.87	100

资料来源：BP statistical review of world energy full report 2012。

各国学者也对生物质能源发展问题相当关注。他们通过建立模型、比较分析等多种研究方法对生物质能源的利用、社会影响、发展建议等多方面进行了研究分析。

在生物质燃料的利用上，发展中国家和发达国家的用途存在差异，发达国家主要用来取代化石燃料，发展中国家 1/3 是用于取暖和做饭；生物质燃料的来源也存在差异，美国主要来源于玉米，巴西是甘蔗，欧盟生物柴油主要是亚麻、油菜籽和向日葵等，尼日利亚是木薯，马来西亚是棕榈油，印度是麻疯树等①。

与化石能源相比较，生物质燃料可以节约非可再生能源，缓解对石油的依赖，减少温室气体排放，但是其发酵会产生污染，可能会过度吸收土地营养②，大规模种植生物原料会破坏土壤表层，造成土地沙化，土壤一旦被破坏，生物质能原料将无法种植生产，可能连粮食都无法耕种③，并且能源植物作物密度较低，生长相对较分散，所以收割、存储和运输等方面成本较高，一些科研杂志比较研究发现，其制造和运输过程中消耗的能源比产出的能源要多④。

关于生物质燃料对整个社会和经济造成的影响，目前也呈现两派观点。持乐观态度的认为发展生物质燃料，能较大程度上缓解石油依赖的压力，还能增加农业收入，刺激农业生产，扩大地方消费⑤。更多的是持悲观态度，他们为生物质燃

① Ashbindu Singh，*Geographical Model Lingand Monitoring：Global Land Use Changes—Where and Why?* Copenhagen Biofuel Assessment Conference，June 4～5，2007.

② Guido Reinhardt，*Environmental Assessment of Biofuels for Transport and the Aspects of Competition for Land*，Copenhagen Biofuel Assessment Conference，June 4～5，2007.

③ 表土流失是文明堕落的一个主要因素。例如原本称为美索不达米亚的富饶之地伊拉克现在有 75%的耕地变成为盐土沙漠。B. Sundquist，*A Global Perspective*，*the Earth's Carrying Capacity*，*Topsoil Loss-Causes*，*Effects*，*and Implications*，2005-5-6，http://home.alltel.net/bsundquist1/se0.html；W. Lowdermilk，*Conquest of the Land Though Seven Thousand Years*，USDASCS，1948；J. Perlin，A Forest Journey：*The Role of Wood in the Development of Civilization*，Havard University Press，Cambridge，Mass.，1991；C. Ponting，*A Green History of the World：the Environment and the Collapse of Great Civilizations*，Penguin Books，London，1991.

④ Patzek，The Real Biofuels Cycles；Patzek，A Statistical Analysis of the Theoretical Yield of Ethanol from Corn Statch；Pimentel et al.，Ethanol Production Using Corn，Switchgrass and Wood；Biodiesel Production Using Soybean and Sunfl Ower.

⑤ Jesper Kloverpris，Kenneth Baltzer，*Modelling Land Use Changes Caused by Increased Crop Demand in Brazil*，*China*，*Denmark and USA*，Copenhagen Biofuel Assessment Conference，June 4～5，2007；Jim Lynch，*Bioenergy Policy Analysis*，Copenhagen Biofuel Assessment Conference，June 4～5，2007.

料的发展对农业造成的负面影响表示担忧，生物质燃料消费的增加会出现粮食安全问题，与食品和饲料相竞争，影响国际市场的粮食价格、食品价格、化肥等其他商品的价格[①]，表 5-14 显示了全球玉米价格和储备水平，从表中可以看出，全球玉米价格上涨幅度较大，玉米储备水平下降了一半以上。

表 5-14　2000—2008 年世界玉米价格和储备水平变化情况

年份	2000	2001	2002	2003	2004	2005	2006	2007	2008
价格/（美元/t）	88.8	89.6	99.2	105.2	111.7	98.5	122.1	164.3	236.9
储备占产量比/%	29.5	25.2	21	16.8	18.4	17.9	15.4	15.3	13.5

资料来源：玉米价格来自联合国粮农组织（FAO）；产量和储备数量来自美国农业部生产、供给与分配数据库（USDA-PSD）。

现在世界市场上的生物质能源已主要转向第二代生物质燃料，即以纤维素为原料。它最大的优点是原料来源于废物或非食用作物，所以会缓解粮食供应和价格上涨的压力。由于纤维素原料具有多样化[②]，所以以其做原料生产出来的生物质能源应该远远高于以粮食为原料的产量。以纤维素为原料存在的问题是，这些植物废料经过再循环回到土壤中对于保养土壤的地表非常重要，将他们利用了会降低土壤质量；将糖从这些复杂的碳水化合物中提炼出来需要一定的技术和资金投入；燃料的分散、易腐性、体积大等特点造成收割、储存、运输成本加大[③]。目前关于以纤维素为原料的生物质燃料能多大程度降低生产成本，多大程度提高产量还是非常不确定的，世界各地有许多公司正在进行以纤维素为原料的生物质燃料商业化，但还没有一个工厂能以比较有商业吸引力的价格进行大规模生产[④]。只要下面任意一项条件无法满足，纤维素生物燃料的发展就可能存在困境：足够的纤维素来源；作物存储良好，不会发生堆肥或爆炸问题；原材料运输不需要消耗太多石油；找到分解纤维素的廉价酶或微生物；找到耐受高浓度乙醇的微生物；找

① Keiji Ohga，Tatsuji Koizumi，*Biofuels Policies in Asia*：*Trade Effects on World Agricultural and Biofuels Trade*，USDA Agricultural Outlook Forum，March 2，2007；Brown，L.，*Distillery Demand for Grain to Fuel Cars Vastly Understated*：*World May Be Facing Highest Grain Prices in History*，Report of Earth Policy Institute；Washington，2007；[美]斯蒂芬·李柏，唐娜·李柏，格伦·斯特拉西，威廉·李柏，吉尼亚·图拉诺娃著，李伟译：《即将来临的能源崩溃》，中国人民大学出版社，2009 年 5 月版，第 70 页等。

② 农作物废料，如谷物秸秆、稻草、玉米秸秆、玉米棒子、树叶；木材废料，如锯末、纸浆；以及专为生产燃料种植的能源作物，如柳枝稷等。

③ [澳大利亚]希拉·纽曼等著，龚东风、曹钦琦、项霞译：《最后的能源危机》，浙江文艺出版社，2009 年 10 月版，第 165-170 页。

④ [美]理查德·W.阿斯普朗德著，杨俊保、何西培、谢婷译：《清洁能源投资——太阳能、风能、乙醇、燃料电池、碳信用等行业的绿色贸易指南》，上海财经大学出版社，2009 年 8 月版，第 227 页。

到廉价能源清除有毒副产品[①]。

5.3.1.2 我国生物质燃料发展状况分析

（1）燃料乙醇的发展状况。20 世纪 80 年代中期我国开始启动了乙醇燃料研究，初期主要限于科研项目研究；90 年代后期开始进入生产试点，“十五”期间，在黑龙江、吉林、安徽和河南四省分别建立了燃料乙醇生产厂，其中河南主要以陈化小麦为原料。目前这四省的试点企业在国家优惠政策的支持下，年产燃料乙醇 130 万 t 左右；2008 年在广西投产了一个以木薯为原料的燃料乙醇生产厂，年生产能力 20 万 t[②]。目前，我国已经实现了在 9 个省[③]开展车用乙醇汽油的销售。考虑到粮食供给问题，我国现有政策鼓励非粮生产乙醇燃料，开始试验用甜高粱、甘蔗和木薯等作物来作为原材料。以木薯为原料生产燃料乙醇的年产潜力已经实现了 500 万 t，以甜高粱茎秆为原料生产的燃料乙醇已经达到了 5 000 t[④]。但是因为产品本身与交通燃料要求有差距，国家对燃料乙醇实行的是定点生产，所以这些甜高粱乙醇主要是掺入低质白酒中而未进入交通燃料市场；我国木薯的产量较小，主要集中在广西和海南，如果要扩大木薯乙醇产量，未来木薯的供给可能需要依赖进口；而以甘蔗为原料的乙醇燃料生产形势不太乐观，我国近些年糖也处于净进口状态，2012 年的进口量为 374.72 万 t[⑤]。

（2）生物柴油。我国从 1981 年开始试验研究用棉籽油、菜籽油等植物油生产生物柴油。目前我国已经在海南和福建利用自主知识产权技术建成了万吨级生产线，预计每年的生物柴油产量可达 100 万 t，但是因为原材料来源问题和价格的影响，大多数企业处于停产或半停产状态[⑥]。而以纤维为原料的生物柴油技术目前还处于工业示范阶段，其生产的生物柴油品质良莠不齐。未来如果原料来源充足、技术可靠、成本可以控制的话，将存在一定的发展空间。

5.3.1.3 我国生物质燃料发展存在的问题

（1）第一代生物质燃料产生的粮食危机问题。关于生物燃料是否会危及我国粮食安全问题，学术界的观点对立比较明显。一类观点认为会威胁到我国粮食安全。我国粮食供求处于紧张的平衡状态，在使用玉米等粮作物作为原材料发展生

---

① Alice Friedemann，Peak Soil：Why Cellulosic and Other Biofuels are Not Sustainable and a Threat to America's National Security，May 30，2007，http://www.energyskeptic.com/Peak_Soil.htm.

② 黄季、仇焕广、Michiel Keyzer、Erika Meng、Wim van Veen：《发展生物燃料乙醇对我国区域农业发展的影响分析》，《经济学》，2009 年第 2 期。

③ 其中 5 个省全部，4 个省的 27 个地区。

④ 刘新建、王寒枝：《生物质能源的现状和发展前景》，《科学对社会的影响》，2008 年第 3 期。

⑤ 国家海关总署：《海关统计（2013 年第 1 期）》，中国海关总署出版社，2013 年。

⑥ 刘新建、王寒枝：《生物质能源的现状和发展前景》，《科学对社会的影响》，2008 年第 3 期。

物能源方面的空间非常有限①，我国存在 13 亿人口吃饭问题，所以我国粮食不能承受“能源化”重担②。我国玉米进口主要依赖美国，2012 年从美国进口的玉米达到 511.33 万 t，占我国总进口量的 98.19%，近些年玉米价格高企，过度依赖国际玉米市场会带来较大的政治和经济风险③。虽然政府通过一系列调控措施控制了部分农产品价格，但是会累积价格上涨风险，可能会严重威胁到国家粮食安全④。而非粮作物为原料发展生物燃料的道路也比较崎岖，实现大规模工业化生产还有很长的路要走⑤，首先要解决的就是上文提到的原料来源问题，例如甘蔗和木薯的产量有限不能满足长期原料供应，甜高粱的技术还有待进一步提高，以及运输成本偏高问题⑥。另一类观点认为对我国粮食安全影响不大。因为目前我国生产燃料乙醇使用的玉米非常少，不存在“争粮之嫌”⑦。发展燃料乙醇虽然会导致农产品价格较大幅度上涨，但是有利于农民增收，有利于农业的总体发展⑧。

（2）第二代生物质燃料的前景问题。第二代生物质燃料主要指以纤维素为原料生产的生物质燃料。目前受下列几个因素困扰：①原材料数量问题，是否有非常稳定的原料供给；②生产成本高，国际市场上以纤维素为原料的生物质燃料当前生产成本仍然较高，没有达到商业化需要，我国与国际市场上技术还存在一定差距，目前基本处于没有经济效益甚至负效益；③在生产过程中会耗费大量的水，并且产生一定量的废水需要处理，环境负担较大；④技术上目前主要处于试验或中试阶段；⑤生产和运输过程中耗费大量的能源。植物是漫山遍野生长，收割和运输到加工工厂需要耗费大量能量；低浓度生物质燃料转变成高浓度燃料时，转换效率偏低，耗能较大。

5.3.1.4　生物燃料对石油的替代程度

按照国家发展和改革委员会的战略规划，生物燃料产业的发展将分为 3 个阶段：“十一五”阶段主要进行技术产业化；“十二五”阶段实现规模化生产；2015 年以后将加速发展，到 2020 年，生物乙醇燃料利用量将达到 1 000 万 t，生物柴

---

① 崔凯：《调控乙醇燃料：石油安全对决粮食安全》，人民网 http://finance.people.com.cn，2007 年 2 月 7 日。

② 葛如江等：《中国粮食能否承受“能源化”之重》，新华网 http://jjckb.xinhuanet.com，2006 年 12 月 29 日。

③ 张锦华、吴方卫：《资源禀赋、安全约束与路径选择——生物质能源发展的国际比较与中国策略》，《上海财经大学学报》，2008 年第 4 期；国家海关总署：《海关统计（2013 年第 1 期）》，中国海关总署出版社，2013 年。

④ 杨军、仇焕广、黄季焜：《生物液体能源发展对我国农业发展和粮食安全的影响》，《中国农业资源与区划》，2008 年第 4 期。

⑤ 张锦华、吴方卫、沈亚芳：《生物质能源发展会带来中国粮食安全问题吗？——以玉米燃料乙醇为例的模型及分析框架》，《中国农村经济》，2008 年第 4 期。

⑥ 杜风光、冯文生：《燃料乙醇发展现状和前景展望》，《现代化工》，2006 年第 1 期。

⑦ 李十中：《发展燃料乙醇不会影响粮食安全》，新京报网 http://www.thebeijingnews.com，2007 年 1 月 9 日。

⑧ 黄季、仇焕广、Michiel Keyzer、Erika Meng、Wim van Veen：《发展生物燃料乙醇对我国区域农业发展的影响分析》，《经济学》，2009 年第 2 期。

油利用量将达到 200 万 t，总共预计年替代石油 1 000 万 t 左右，其将占到全部交通燃料的 15%左右①。IEA（2007）认为从我国长期来看，生物燃料消费仍然有限，2015 年生物燃料占交通燃料消费量的 1%，预计 2030 年所占比重也仅为 2%②。清华大学能源环境经济研究所柴麒敏等（2008）通过 ALTENERGY 替代能源模型和 ALTRANS 交通替代燃料子模型模拟了我国生物燃料发展潜力，发现未来生物燃料将会持续发展，2020 年生物燃料将达到 2 346 万 t 标油，2030 年达到 4 061 万 t 标油，2050 年达到 9 626 万 t 标油，但是从交通燃料的市场潜力来看，石油仍然占主要份额，生物燃料替代的比重较小，2020 年生物燃料在交通燃料中占比 3.27%，2030 年占比 5.09%，2050 年占比 7.82%③。上海财经大学财经研究所吴方卫等（2009）对玉米乙醇燃料对车用汽油需求缓解程度进行了预测，如果保持玉米主要用途不变，其他所有玉米全部用于生产乙醇的话，2015 年对车用汽油需求替代率为 10.94%～12.46%，2020 年替代率为 6.63%～7.65%④。可见，当前和未来较长的一段时期内，大部分生物燃料可替代的石油资源总量是有限的，大规模的应用则要取决于第二代生物燃料技术的进步。

5.3.1.5 结论

生物燃料在可大幅降低全球石油依赖的同时，还存在很多局限。大规模的生产可能会带来一些环境和社会问题，包括土地冲突、粮食和食品价格上涨、水污染或富营养化、栖息地退化等，目前我国生物燃料的供应量还比较有限，市场占有率低，远远不能替代化石燃料，只能作为化石燃料的补充。未来，如果基于第二代生物能源技术和成本等难题有所突破，将能部分替代传统的汽油和柴油燃料。所以，我国应该根据目前的农林业发展状况，在不与农争粮争地和不破坏生态环境的情况下，制定我国的生物燃料发展计划和目标。

5.3.2 煤基液体燃料

煤制燃料行业主要包括煤制油、煤制燃料甲醇和煤制二甲醚等现代煤化工产业。近些年来，受国际油价飙升和石油安全的影响，煤制燃料产业发展相当迅速。

5.3.2.1 我国煤基液体燃料发展现状

煤制油主要通过煤直接液化和间接液化两种工艺来获得油品。我国“十一五”

① 《可再生能源中长期发展规划》（2007）。

② International Energy Agency，World Energy Outlook，2007，pp.157.

③ 柴麒敏、常世彦、张希良：《基于 ALTRANS 模型的我国生物燃料发展潜力研究》，《管理学报》，2008 年第 5 期。

④ 吴方卫、沈亚芳、张锦华、许庆：《生物燃料乙醇发展对中国粮食安全的影响分析——基于“与粮争地”的视角》，《农业技术经济》，2009 年第 1 期。

期间主要开展了技术研发和产业化示范工作，通过项目示范，为后期的煤制油大规模产业化奠定了基础。2009 年我国煤制油产能大约为 160 万 t，2009 年 3 月和 6 月内蒙古伊泰集团和晋煤集团煤制油项目顺利出油[①]；近些年煤制甲醇主要应用到石油化工产品替代领域，进一步生产二甲醚等产品。2007 年甲醇年生产能力为 1 640 万 t，产量为 1 076 万 t，2008 年我国甲醇生产能力为 2 083 万 t，产量约 1 100 万 t，甲醇下游产品类别有 120 多种，我国目前甲醇约有 80%用于化工原料，20%左右用于调和运输燃料；煤制二甲醚主要用作民用燃料和柴油替代品，2008 年我国二甲醚产能达 165 万 t，产量为 70 万 t 左右，其中 80%用于民用燃料，上海等地的一些企业正在开展二甲醚替代柴油、民用燃气的推广应用[②]。我国经过 50 多年的探索，自主研发了多种先进的煤制燃料技术，其中一部分已经实现了产业化，在水煤浆气化、煤制甲醇、煤制二甲醚等技术上已经陆续投入产业化示范和工业应用，逐步消除了产业发展的技术制约。

5.3.2.2　煤基液体燃料发展弊端分析

（1）投资成本问题。中国工程院院士李大东认为，煤液化的设备投入支出方面，每单位油品设备投资为 1 万元/t，而沿海炼油厂单位油品的投资额为 1 000 元/t。陈俊武等（2009）估算的结果是，煤炭直接或间接液化，每年的单位油品建设投资约 1.2 万元/t，每年炼油能力为 500 万～1 000 万 t 的炼油厂，单位生产能力建设投资为 1 500～2 000 元，再加上与投资有关的保险费、维修费用和折旧费等项，煤制油项目的固定成本约为炼油项目的 6 倍[③]。我国前几年所进行的可行性研究或预可行性研究煤炭液化项目，投资动辄几十亿元、上百亿元。如此巨额投资，与石油投资相比，没有利润，确实会给投资方带来很大的压力。国际油价的大幅波动给煤制燃料产业成本带来了挑战。当煤炭价格为 200 元/t 时，煤制油要与石油制品相竞争的话，原油价格应该要高于 38 美元/桶，但是 2008 年年底，原油价格跌至 40 美元/桶，而煤炭价格普遍都高于 200 元/t[④]。并且煤炭价格一直保持着上升趋势，煤炭价格每吨上涨 50 元，煤液化每吨油成本就增加约 150 元（直接液化法）或 250 元（间接液化法）[①]。投资巨大的煤液化项目时成本是否有优势，取决于煤价与原油价格的差距。甲醇市场价格的波动范围也比较大，每吨的价格为 1 000～2 000 元，二甲醚的价格也随着甲醇价格波动而变化，这大大降低了民用燃料的吸引力。

---

① 杨敏英：《论我国煤制油的战略发展方向》，《煤炭经济研究》，2010 年第 4 期。
② 张国宝：《中国能源发展报告（2009）》，经济科学出版社，2009 年 3 月版，第 202-203 页。
③ 陈俊武、李春年：《石油替代途径的宏观经济评估》，《宏观经济研究》，2009 年第 1 期。
④ 张国宝：《中国能源发展报告（2009）》，经济科学出版社，2009 年 3 月版，第 206 页。

（2）能耗问题。国内有专家将煤液化和一般炼油的投资和公用工程进行了对比分析（表 5-15），发现年产 250 万 t 成品油，煤液化项目的总投资是炼油项目的 5.13 倍；工程消耗方面，消耗的新鲜水是炼油项目的 6.45 倍，消耗的电是炼油项目的 7.89 倍，燃料气、煤、燃料油等燃料消耗上也远远高于炼油项目，耗能是相当大的[①]。煤制油是一个高耗能项目，煤制油短期内可以解决部分石油短缺问题，但是长期来看，煤也是可耗竭资源，所以煤制油只是将石油的枯竭期滞后了一点，但是却加快了煤的枯竭[②]。

表 5-15 煤直接液化与炼油项目投资及工程消耗对比（假设年产成品油 250 万 t）

项目	炼油项目	煤液化项目
总投资/万元	336 895	1 726 890
水/（万 t/a）	235	1 516
电/（万 kW·h/a）	18 900	149 136
燃料/（万 t/a）	燃料气 26	燃料气 34，煤 76，燃料油 6.5

资料来源：殷建平，《各种石油替代方式技术经济大比拼》，《中国石油与石化》，2007 年第 7 期。

（3）污染问题。从表 5-15 可知煤制油是一个高能耗工程，250 万 t 成品油需要消耗 76 万 t 煤，如果扩大煤制油的生产规模，必然会加大煤炭的开采量，所以会增加我国一次能源结构中煤炭的消费比重，产生更多的污染。煤制燃料 CO_2 排放量大、耗水量大，而我国目前煤的主产区西部地区富煤缺水，水资源和生态环境资源承载力不够，煤制燃料的加工和利用过程对环境的影响大于石油，将 1 t 煤炭按照传统的加工和利用方式转化的话，大约需要 4 t 水，排放 CO_2 约 1.5 t、废水 0.25 t、废渣 0.2 t，这将对生态环境产生较大的负面影响[③]。煤制甲醇、二甲醚生产和使用过程中的 CO_2 排放是所替代的石油的 2.5 倍，如果该问题不解决的话，将会影响我国的减排工作。

5.3.2.3 总结

美国、德国、日本等国对煤制燃料行业研发较早、投入也比较大，但是目前还没有进入商业化运行，主要原因在于煤制燃料行业属于高能耗、高技术水平、高资金投入的产业。在目前拥有的技术条件和市场环境下，大规模地进行产业化，存在投资风险、生态环境风险、资源可供性风险等一系列风险。我国煤炭资源虽

① 殷建平：《各种石油替代方式技术经济大比拼》，《中国石油与石化》，2007 年第 7 期。

② 杨敏英：《论我国煤制油的战略发展方向》，《煤炭经济研究》，2010 年第 4 期。

③ 张国宝：《中国能源发展报告（2009）》，经济科学出版社，2009 年 3 月版，第 205 页。

然丰富，但是在今后的 20～30 年首先要确保的是煤发电，可用于替代石油的煤炭资源有限，并且煤炭产区水资源缺乏、生态脆弱、经济发展水平比较低，煤制燃料产业发展需要自然资源、大量资金投入、技术装备等的支撑。所以我国需要综合各方面情况，在对煤制燃料产业的技术经济可行性、目标市场、水资源、“三废”利用、环境容量等因素进行全面深入论证的基础上来发展煤制燃料产业。

5.3.3　混合动力汽车、纯电动汽车和燃料电池汽车

5.3.3.1　电动汽车的发展现状

国外电动汽车发展呈现两个特点：①混合动力汽车已经开始大规模产业化，插电式混合动力汽车越来越受重视；②纯电动汽车已经开始进入市场，呈现增长趋势[①]。我国于 20 世纪 90 年代中后期开始着手进行混合动力汽车、纯电动汽车和燃料电池汽车的研发工作。“十五”期间，电动汽车在“863 计划电动汽车重特大项目”支持下，得到进一步发展，在自主创新过程中，坚持了政府支持，以核心技术、关键部件和系统集成为重点的原则，确立了以混合电动汽车、纯电动汽车、燃料电池汽车为“三纵”，以整车控制系统、电机驱动系统、动力蓄电池/燃料电池为“三横”的研发布局，通过产学研紧密合作，我国电动汽车自主创新取得了重大进展。

我国电动汽车自主研发取得了较大突破。2002—2008 年，我国在电动汽车领域获得的专利达 1 796 项，其中发明专利达 940 项；自主研发的容量为 6～100Ah 的镍氢和锂离子电池系列产品，在世界上首次规模应用于城市公交大客车；燃料电池可靠性明显提高，无障碍间隔里程与国外同步达到 3 000 km，发动机技术先进，效率超过 50%，是目前世界市场上少数几个掌握车用百千瓦级燃料电池发动机研发、制造和测试技术的国家之一；混合动力汽车在可靠性、节油性、系统集成等方面进步显著，节油率可达 10%～40%[②]。

目前电动汽车示范运行非常良好，很多已经进入市场。自 2003 年起，已在北京、天津、深圳、武汉等地开展了新能源汽车示范运行考核，运营里程超过 1 500 万 km，平均故障间隔里程达到了 3 500 km 以上。2009 年年初，中央四部委的“十城千辆”工程[③]计划在未来 3 年多时间示范推广 6 万辆电动汽车，实现新增销售收入 300 亿元。我国汽车企业也积极投入电动汽车的研发和产业化，一汽、上汽、东风、比亚迪、奇瑞、长安等已制定了相应的规划。2020 年我国汽车保有量肯定

---

① 中国汽车技术研究中心标准化研究所总工程师周荣在“2010 中国新能源汽车发展高峰论坛”上的发言。

② 网易汽车综合。

③ 科技部、财政部、工信部、发改委四部委组织启动节能与新能源汽车示范推广试点工作，简称“十城千辆”工程。

会突破 2 亿辆，如果有 10%也就是 2 000 万辆车是电动车，就能在很大程度上缓解能源问题。[①]

5.3.3.2 电动汽车的利弊分析

（1）混合动力汽车（HEV）。油电混合动力车是由汽油燃烧发动机和一个电动马达组合提供动力的汽车。油电混合动力车的优势在于，能够减少污染和 CO_2 的排放量，并能够达到较远的行驶里程。混合动力汽车的市内节油率达 20%～40%，但是高速公路行驶时节油效果不显著[②]。目前最流行的混合动力汽车是丰田的 Prius，2007 年 6 月其销售额占据 50.9%的市场份额，其次是丰田佳美（15.9%）、本田思域（9.33%）和福特 Escape（6.3%）[③]。混合动力汽车目前没有被大众接受的原因在于，其价格较高，混合动力汽车通常比汽油车要贵数万元以上。如果没有政府的补贴政策，消费者一时很难接受。我国的新能源汽车补贴从 2010 年 6 月 1 日开始在上海、长春、深圳、杭州、合肥 5 个城市试点，但是按照政策，只有插电式混合动力乘用车和纯电动乘用车能够得到补贴，而普通的纯混合动力汽车未能列入补贴范围[④]。如果混合动力汽车没有政府补贴以及其他税费优惠的话，很难深入消费者群体。现在新一代混合动力汽车即为插电式混合动力汽车（Plug-in HEV），它的优势在于产生更少的污染物和 CO_2 且更节油。现在有两个问题制约着插电式混合动力乘用车的大规模推广，①价格高，虽然实施补贴后，该问题有所缓解，但是申请补贴的程序和手续非常繁琐，消费者会产生一定的畏惧心理；②充电难问题，国家已经加快了充电站等基础设施的建设，但是这个过程还是比较缓慢的。在汽车完全摆脱汽油依赖的道路上，国外的普遍观点认为，混合动力汽车只是一种过渡产品，燃料电池汽车才是未来汽车的发展趋势[⑤]。科技部部长万钢也提到，未来 5～10 年，混合动力汽车将成为传统汽车节能技术升级换代的主要方向。纯电动（包括插电式、增程式）汽车将成为近期发展战略的主流，而燃料电池汽车会成为未来的制高点。

（2）纯电动汽车（EV）。纯电动汽车不用运输燃料，完全由蓄电池来提供汽车动力。近些年流行的电动自行车已经早已为大家所熟悉。在油电混合动力汽车、纯电动汽车和燃料电池电动汽车 3 类电动汽车中，纯电动汽车节油率最高、污染

---

① 国家发改委能源研究所副所长李俊峰在“第三届中国绿色能源汽车发展高峰论坛”中的发言。

② 陈俊武、陈香生：《试论石油替代的战略与技术》，《中外能源》，2009 年第 5 期。

③ http://www.HybridCars.com.

④ 自 2010 年 6 月 1 日起，在上海、长春、深圳、杭州、合肥 5 个城市启动私人购买新能源汽车补贴试点工作。按照这一政策，只有插电式混合动力乘用车和纯电动乘用车能够得到补贴。补贴标准根据动力电池组能量确定，按 3 000 元/（kW·h）给予补贴。插电式混合动力乘用车每辆最高补贴 5 万元，纯电动乘用车每辆最高补贴 6 万元。

⑤ [美]斯蒂芬·李柏，唐娜·李柏，格伦·斯特拉西，威廉·李柏，吉尼亚·图拉诺娃著，李伟译：《即将来临的能源崩溃》，中国人民大学出版社，2009 年 5 月版，第 73 页。

最少、与国外技术水平差距最小，因此更符合我国缺少石油且内燃机技术水平不高的国情。要发展纯电动汽车必须解决四类问题：①动力问题，燃油汽车风行几十年，其尽善尽美的动力和续航能力已经深入人心。消费者往往会以燃油车的相关指标（如加速到 100 km/h 用时 10 s、续航能力 500 km 以上等）来要求纯电动汽车，这将抑制纯电动汽车的发展；②充电问题，纯电动公交车之所以容易普及，是因为公交车有固定的停放、充电地点，但是，我国目前要普及家用纯电动汽车不解决这个问题恐怕很难，再就是如果大规模产业化的话，则对电力的需求将进一步提高，将涉及电网峰谷调整等问题；③造价太高，虽然 2010 年 6 月 1 日的新能源补贴能在一定程度上缓解，但是效果不是很明显；④电池原料问题，现在一些厂商在发展锂离子电池技术，虽然锂离子电池具有高储电性、低自放电率、形状可变性等一系列优点，但是也存在较多缺点：锂作为稀缺资源，未来的可获得性存在问题；锂离子电池存在过热的安全隐患；电池即使在不使用时也容易老化；电池制造费用比较昂贵等[①]。

（3）燃料电池汽车（FCV）。燃料电池无污染、无噪声、电力可以存储，并且具有更好的效率，燃料电池的燃料转化效率在各种电动汽车中居首位，是内燃机汽车的两倍，是混合动力汽车的 1.5 倍[②]。但是也存在较大缺陷：成本较高，一般使用氢燃料电池的成本是普通燃料的 5 倍以上，一辆安装质子交换膜燃料电池[③]发动机的大客车的造价要比柴油大客车高出 6 倍[④]，必须大幅度降低不同阶段的生产成本，大规模生产才有可能；可靠性、耐用性和安全性不确定，现在显示的可靠性都是基于可控制环境下运转的结果，一旦投入现实的使用中，新技术的运用还存在很大的不确定性；燃料电池电动汽车以氢气作为燃料，但是由于氢气的生产、储存和运输等问题尚未解决，加之氢燃料电池本身系统的复杂性，使之在电动汽车上的应用还需要漫长的研发过程，因此燃料电池只是解决能源问题的中长期办法。

5.3.3.3　结论

电动汽车目前是我国政策主导的石油替代策略之一，其中混合动力汽车已经大规模进入市场，纯电动汽车正在进行小规模生产，而燃料电池汽车将是未来发展的新趋势。但是在电动汽车发展过程中，存在着成本较高、技术不完善、需基

---

① [美]理查德 • W. 阿斯普朗德著，杨俊保、何西培、谢婷译：《清洁能源投资——太阳能、风能、乙醇、燃料电池、碳信用等行业的绿色贸易指南》，上海财经大学出版社，2009 年 8 月版，第 209 页。

② 陈俊武、陈香生：《试论石油替代的战略与技术》，《中外能源》，2009 年第 5 期，第 36 页。

③ 燃料电池分为高温燃料电池和低温燃料电池。高温燃料电池有熔融碳酸盐燃料电池（MCFC）、固体氧化物燃料电池（SOFC）、磷酸燃料电池（PAFC）等；低温燃料电池有质子交换薄膜电池（PEM）、碱性燃料电池（AFC）、直接甲醇燃料电池（DMFC）、直接液体燃料电池（DLFC）、可再生燃料电池（RFC）等。

④ 殷建平：《各种石油替代方式技术经济大比拼》，《中国石油与石化》，2007 年第 7 期。

础设施配套等一系列问题。未来能否发展良好，取决于这些问题的解决是否顺畅。美国、日本现在的发展模式是利用内燃机技术水平优势，首先发展油电混合动力汽车，然后再发展纯电动汽车，而我国未来可以尝试直接由传统燃油汽车过渡到纯电动汽车，实现“弯道超车”，这样比较符合我国石油进口依赖且内燃机技术水平不高的国情。

5.3.4 我国目前主流的石油替代模式的综合评估

石油替代作为世界性的难题，可能会持续半个世纪左右。无论何种石油替代能源，都存在技术、经济、原料等各方面的缺陷，投资风险较大，具体见表 5-16。

表 5-16 我国目前主流的石油替代品的技术经济可行性比较

石油替代能源	技术可行性	经济可行性	主要制约因素
煤基液体燃料	可行、已有商业项目	理论上可行	投资、成本、技术、污染
燃料乙醇	可行、已推广	可行	原料来源、技术、仓储运输等
生物柴油	可行	不确定	原料来源、技术、成本
燃料电池	可行	不可行	技术、成本

我国煤炭主要用于电力生产需求，可供使用替代石油的煤炭资源有限，并且煤制燃料产业是高能耗、高技术水平、高资金投入的产业，其发展需要自然资源、大量资金、技术装备等的支撑；生物质燃料在技术上已经证明是可行的，但是由于原料来源问题，未来一定时期内其替代石油资源量是有限的，并且在经济成本上竞争力不够；政府已经通过政策来支持我国电动汽车的发展，降低交通领域的石油消耗，短期内可以发展混合动力汽车，为纯电动汽车打下坚实的基础。长期来讲，应该要关注纯电动汽车和燃料电池汽车的发展，跟踪国外发展步伐，努力克服技术、成本以及配套设施上的障碍。

第 6 章

降低我国石油进口依赖的需求路径分析——节油潜力论证

6.1 节能潜力的文献回顾

6.1.1 节能潜力的界定

6.1.1.1 节能的概念

节能从科学的角度界定是指在满足相同目的的条件下，减少能源消耗量[①]。从经济学的角度，是指用价值相对较低的资源来替代价值相对较高的能源消耗，即不能片面地为了节能而浪费其他资源，并且各种资源消耗之间存在替代性[②]。张雷等（2008）认为，节能是一个相对概念，其本质即减少人类社会正常运行和产出所投入的能源[③]。

6.1.1.2 节能潜力的概念

范维唐（1999）对节能潜力的定义是“为完成某一经济发展目标所消耗的能源量与在原有经济增长方式下达到同样的目标所消耗的能源量的差值[④]”。史丹（2006）认为某地区的节能潜力即为该地区与先进地区能源效率的差值，用 1 减去该地区的能源效率指标[⑤]得到。

节能潜力一般分为理论节能潜力和现实节能潜力。理论节能潜力是指除了有效利用和不可避免的损失外，一切可避免的能源损失[⑥]，该潜力是一个较理想的状

① 陈金链：《节能工程的经济分析》，《北京节能》，2000 年第 1 期。
② 戎华：《节能的经济学话题》，《电力需求侧管理》，2004 年第 4 期。
③ 张雷、黄园淅：《中国产业结构节能潜力分析》，《中国软科学》，2008 年第 5 期。
④ 范维唐：《降低能耗，节约能源》，《山西能源与节能》，1999 年第 1 期。
⑤ 史丹：《中国能源效率的地区差异与节能潜力分析》，《中国工业经济》，2006 年第 10 期。
⑥ 郭丽丽、原毅军：《区域性节能潜力测算：概念解释与方法综述》，《科技和产业》，2010 年第 2 期。

态。节能潜力有一个理论极限，超过极限无论投入多少资金、无论技术水平多高，都不太可能增加节能潜力。现实节能潜力，是指在经济上合理、技术上成熟、可实现的节能。杨红亮等（2009）提出“实际节能潜力”，是指考虑外生的自然环境变量的影响后实际可实现的节能潜力[①]。杨敏英（2010）提出了“动态节能潜力”，她认为人们一般考虑的都是静态节能潜力，而动态节能潜力是指同一个用能体系发生变化的条件下，所实现的节能潜力，即考虑了用能体系内部各种因素的变化，用各省区能源消费量占全国能源消费量的比重作为估算我国节能潜力的权数[②]。

6.1.2 节能潜力的测算

国外节能潜力的测算主要分为两类：一类是能源经济模型，包括多目标规划模型和可计算的一般均衡模型。多目标规划模型通过设定不同目标以及现实中各种限制条件，求出一组非劣解用作参考；可计算的一般均衡模型是指涵盖经济体系中生产、消费、收入、贸易等各种经济要素的一个大型联立方程组。另一类是能源技术模型，包括动态能源优化模型和节能曲线供应模型。动态能源优化模型以能源供求技术的详细信息为基础，以能源系统总成本最优化为目标计算能源市场的局部均衡。节能曲线供应模型以节约单位能源投资为函数，评估其潜在的节能量[③]。

国内关于节能潜力的测算最普遍的是采用参数比照法，通常选定某一个地区作为目标值，计算具体地区与目标值之间的差距，即节能潜力。目前主要从单要素能源效率和全要素能源效率两个角度来测算。

6.1.2.1 单要素能源效率对比

该种比照法通常会选定国际上的可比国家作为参照物。具体有 3 种不同的方法：第一种方法是进行单位 GDP 能耗比较，为了便于国际比较，通常要将单位 GDP 能耗强度进行换算。采用外汇汇率进行换算的 GDP 能耗强度通常会夸大我国能耗强度，原因在于使用外汇汇率把换算的比重主要放在了国际贸易商品上。而采用购买力平价（PPP）换算的 GDP 能耗过小，因为 PPP 汇率比较重视终端消费商品而忽略了中间生产过程。第二种方法是进行产品单耗的国际比较，即可得节能潜力，沈中元（2004）认为该种方法是衡量能源效率的理想方法[④]。但是该方法仅适用于个别部门，如果要测算全社会行业节能潜力的话，数据比较难以收集。

① 杨红亮、史丹、肖洁：《自然环境因素对能源效率的影响——中国各地区的理论节能潜力和实际节能潜力分析》，《中国工业经济》，2009 年第 4 期。

② 杨敏英：《我国动态节能潜力的测算》，《中国能源》，2010 年第 3 期。

③ 刘强：《能源环境政策评价模型的比较分析》，《中国能源》，2008 年第 5 期。

④ 沈中元：《中国的节能潜力》，《国际石油经济》，2004 年第 1 期。

第三种方法是进行物理能源效率对比，即用能源活动中起作用的能源量与实际能耗的能源量比值来衡量。王庆一（2005）认为起作用的有用能和过程开始时输入的能源量都难以确定，所以该方法很难精确计算，更不利于国际比较①。

史丹（2006）认为通过能源效率国别比较可以了解我国能源效率水平和节能潜力，但短期内由于经济政策、技术等差距，节能潜力很难发挥，而国内地区间能源效率的差距才是我国目前可以实现的节能潜力。节能潜力用“1 – 全国能源效率/能效最高的省区能源效率”进行测算，而能源效率用可比价格的 GDP 除以能源消费量得到，即能源强度的倒数②。夏炎等（2010）指出以现有的能源效率指标计算节能潜力存在一定的局限性，国际可比性差，而用生产能耗综合指数能较明确地指出节能的方向和测算节能潜力③。

6.1.2.2　全要素能源效率对比

因为在社会生产中，各投入要素之间存在替代性，最终产出可能由资本、劳动、能源等要素共同决定。全要素能源效率就是考察资本、劳动、能源等不同投入按照一定权数加总得到的投入与产出的关系。Jin-Li Hu 等（2006）基于省级数据在全要素生产率框架下测算了能源效率④。魏楚等（2007）运用 1995—2004 年的省级面板数据基于全要素生产率进行了能源效率计算，得出大多数省份能源效率符合“先上升、后下降”的趋势⑤。魏楚等（2010）运用 DEA（数据包络分析）方法对我国 30 个省份进行了节能潜力和减排潜力估计，并对“十一五”规划中的节能减排目标可行性和地区目标分解进行了评价⑥。

除此之外，还有结构演进法和学习曲线法等。张雷等（2008）运用结构演进法，采用结构演进-能源消费和结构演进-单位能耗两个模型，对我国的能源消费及单耗进行了国际比较，分析了我国产业结构的节能潜力⑦。韩亚芬等（2008）基于历史时间序列提出区域经济-能源消耗的“学习曲线”，并运用该曲线计算了各省区的节能潜力和节能目标分担率⑧。

---

① 王庆一：《中国的能源效率及国际比较》，《节能与环保》，2005 年第 6 期。
② 史丹：《中国能源效率的地区差异与节能潜力分析》，《中国工业经济》，2006 年第 10 期。
③ 夏炎、陈锡康、杨翠红：《基于投入产出技术的能源效率新指标——生产能耗综合指数》，《管理评论》，2010 年第 2 期。
④ Jin-Li Hu，Shih-Chuan Wang，Total-factor Energy Efficiency of Regions in China，*Energy Policy*，Vol.34，2006，pp.3206-3217.
⑤ 魏楚、沈满洪：《能源效率及其影响因素：基于 DEA 的实证分析》，《管理世界》，2007 年第 8 期。
⑥ 魏楚、杜立民、沈满洪：《中国能否实现节能减排目标：基于 DEA 方法的评价与模拟》，《世界经济》，2010 年第 3 期。
⑦ 张雷、黄园淅：《中国产业结构节能潜力分析》，《中国软科学》，2008 年第 5 期。
⑧ 韩亚芬、孙根年：《我国“十一五”各省区节能潜力测算》，《统计研究》，2008 年第 1 期。

6.1.3 能源效率的影响因素

分解影响能源效率的因素可以更好地实现节能目标。国内外对于能源效率的影响因素分析比较多，大致可以分为以下几个方面：一是技术进步对能源效率的影响。Komor 等（1993）指出技术进步对交通运输业的能源效率影响很大[①]。李廉水和周勇（2006）认为技术效率是工业部门能源效率提高的主要原因，但是技术进步对能源效率的提高所起的作用越来越大[②]。但是 Khazzoom（1980）认为技术进步会产生能源回弹效应，使得最终对能源效率的影响很难界定[③]。二是结构变化对能源效率的影响。Samuels 等（1984）[④]、Richard（1999）[⑤]、Farla 等（1998）[⑥]、Schafer（2005）[⑦]、吴巧生等（2006）[⑧]、魏楚等（2007）[⑨] 都认为产业结构调整能降低能源消耗强度，史丹（2003）认为产业结构的调整虽然促进了能源效率提高，但是这种影响作用在减小[⑩]，王玉潜（2003）认为产业结构调整甚至对能源效率提高产生了副作用[⑪]。魏一鸣等（2006）指出能源的消费结构对能源效率有比较明显的影响[⑫]。三是其他社会因素的影响，Cornillie 等（2004）认为能源价格是提高能效的主要因素[⑬]，Geller 等（2006）认为能源政策越完善越能促进节能[⑭]，Fan 等（2007）认为市场经济化能促进能源效率提

---

① Komor，P.，Baldwin，S，*Total-factor Energy Efficiency of Regions for Improving Transportation Energy Efficiency in the Developing World*，Transportation Research Part A：Policy and Practice，1993.

② 李廉水、周勇：《技术进步能提高能源效率吗？——基于中国工业部门的实证检验》，《管理世界》，2006 年第 10 期；周勇、李廉水：《中国能源强度变化的结构与效率因素贡献——基于 AWD 的实证分析》，《产业经济研究》，2006 年第 4 期。

③ Khazzoom，J. Daniel，Economic Implication of Mandated Efficiency Standard for Household Appliances，*Energy Journal*，Vol.1，1980，pp.21-39.

④ Samuels et al.，Potential Production of Energy cane for Fuel in the Caribbean，*Energy Progress*，Vol.4，1984，pp.249-251.

⑤ Richard G，Adam B.，The Induced Innovation Hypothesis and Energy-saving Technological Change，*Quarterly Journal of Economics*，Vol.114，1999，pp.941-975.

⑥ Farla，J.，Cuelenaerall，R.，and Blok，K.，Energy Efficiency and Structural Change in the Netherlands（1980-1990），*Energy Economics*，Vol.20，No.1，1998.

⑦ Schafer，A Structural Change in Energy Use，*Energy Policy*，Vol.33，No.4，2005.

⑧ 吴巧生、成金华：《中国工业化中的能源消耗强度变动及因素分析》，《财经研究》，2006 年第 6 期。

⑨ 魏楚、沈满洪：《能源效率及其影响因素：基于 DEA 的实证分析》，《管理世界》，2007 年第 8 期。

⑩ 史丹：《产业结构调整变动对能源消费需求的影响》，《经济理论与经济管理》，2003 年第 8 期。

⑪ 王玉潜：《能源消耗强度变动的因素分析及其应用》，《数量经济技术经济研究》，2003 年第 8 期。

⑫ 魏一鸣、范英、韩志勇、吴刚等：《战略与政策研究》，《中国能源报告》（2006），科学出版社，2007。

⑬ Cornillie，J.，and Fankhauser，S. The Energy Intensity of Transition Countries，*Energy Economics*，Vol.26，No.3，2004.

⑭ Geller，H.，Harrington，P. Rosenfeld，A.，Tanishima，S.，and Unander，F.，Policies for Increasing Energy Efficiency：Thirty Years of Experience in OECD Countries，*Energy Policy*，Vol.34，No.5，2006.

高[①]，史丹（2002）[②]、吴巧生等（2005[③]、2006）、魏楚等（2007）认为市场化程度、工业化程度、国际开放程度等因素都会对能源效率产生影响。

6.2 基于单要素石油效率的节油潜力分析

本书借鉴史丹（2006）的做法，选取一个石油利用效率最高的省区作为参照标准，来测算在当前的技术水平下，全国石油效率提高的最大潜力。

6.2.1 基于单要素石油效率的节油潜力测算

全国的石油利用效率是石油强度的倒数，即各省区[④]的国民生产总值之和与石油消费量之和[⑤]的比值（式 6.1）。而各省区的石油效率则用该地区的国民生产总值 GDP_i 与石油消费量 O_i 的比值表示（式 6.2）。

$$\varepsilon = \frac{\text{GDP}}{O} = \frac{\sum_{i=1}^{30} \text{GDP}}{\sum_{i=1}^{30} O_i} \tag{6.1}$$

$$\varepsilon_i = \frac{\text{GDP}_i}{O_i} \tag{6.2}$$

选取其中一个石油利用效率最高的省区作为参照系，用 GDP_m/O_m 表示，所以在现有的技术发展水平下，我国的石油利用效率提高的最大潜力如式（6.3）所示。

$$\Delta\varepsilon = 1 - \frac{\text{GDP}/O}{\text{GDP}_m/O_m} \tag{6.3}$$

各省区的节油潜力则如式（6.4）所示：

$$\Delta\varepsilon_i = 1 - \frac{\text{GDP}_i/O_i}{\text{GDP}_m/O_m} \tag{6.4}$$

---

① Fan Ying，Liao Hua，Wei Yi-Ming，Can Market-oriented Economic Reforms Contribute to Energy Efficiency Improvement? Evidence from China，*Energy Policy*，Vol.35，No.4，2007.

② 史丹：《我国经济增长过程中能源利用效率的改进》，《经济研究》，2002 年第 9 期。

③ 吴巧生、成金华、王华：《中国工业化进程中的能源消费变动——基于计量模型的实证分析》，《中国工业经济》，2005 年第 4 期。

④ 省区为省、直辖市和自治区的简称。

⑤ 在这里选取《中国能源统计年鉴》中地区石油平衡表上的石油消耗量的数据，但是各省区的数据中没有西藏自治区的数据，所以在选取石油效率最高的省区时没有考虑西藏自治区，所以 GDP 和石油消费量的总和也是取去掉西藏后 30 个省区的值。

6.2.2 基于单要素石油效率的全国及各省区节油量

本书在全国的石油利用效率绝对趋同的情形下，计算了各省区的节油潜力和可节约的石油量，如表 6-1 所示。

表 6-1 基于单要素石油效率的我国各省区的节油潜力及节约的石油量

地区	节油潜力				可节约的石油量/万 t			
	2008	2009	2010	2011	2008	2009	2010	2011
北京	0.50	0.51	0.48	0.48	457.61	505.19	513.50	535.49
天津	0.50	0.50	0.48	0.46	273.75	301.08	341.16	347.27
河北	0.14	0.14	0.18	0.23	114.43	114.86	174.92	268.17
山西	0.59	0.63	0.50	0.44	435.42	505.02	367.96	325.38
内蒙古	0.65	0.63	0.62	0.59	631.64	659.35	754.94	748.55
辽宁	0.63	0.62	0.63	0.64	1 010.15	990.56	1 211.34	1 423.06
吉林	0.42	0.43	0.40	0.40	205.48	216.91	230.38	254.39
黑龙江	0.54	0.63	0.62	0.61	429.73	579.30	667.57	723.24
上海	0.68	0.70	0.67	0.67	1 284.07	1 369.70	1 393.02	1 384.57
江苏	0.09	0.07	0.03	0.00	133.73	110.57	42.89	0.00
浙江	0.44	0.48	0.44	0.43	717.53	844.70	856.25	878.07
安徽	0.17	0.20	0.11	0.09	79.01	97.17	57.48	57.84
福建	0.47	0.46	0.47	0.45	408.76	407.27	503.75	521.99
江西	0.30	0.24	0.33	0.30	118.29	95.87	184.65	186.34
山东	0.40	0.44	0.57	0.59	885.84	1 068.33	2 036.25	2 330.33
河南	0.00	0.00	0.00	0.12	0.00	0.00	0.00	135.75
湖北	0.65	0.66	0.49	0.47	903.34	991.45	611.54	627.32
湖南	0.28	0.33	0.28	0.25	190.61	258.36	240.41	243.78
广东	0.58	0.57	0.50	0.44	2 119.59	2 043.29	1 795.36	1 498.82
广西	0.47	0.52	0.48	0.46	272.70	329.03	351.26	361.65
海南	0.74	0.76	0.74	0.72	179.12	204.98	229.38	240.55
重庆	0.44	0.36	0.37	0.40	171.93	146.26	180.00	241.41
四川	0.45	0.52	0.48	0.49	447.06	607.46	627.54	732.02
贵州	0.62	0.59	0.58	0.57	231.52	225.62	250.49	270.10
云南	0.61	0.64	0.66	0.65	387.16	428.20	563.63	591.07
陕西	0.57	0.57	0.50	0.47	387.33	425.64	397.88	408.99
甘肃	0.42	0.47	0.44	0.38	99.38	119.99	124.85	112.35
青海	0.58	0.61	0.54	0.54	58.61	67.63	63.29	70.99
宁夏	0.61	0.57	0.62	0.55	75.26	70.49	107.01	91.77
新疆	0.65	0.67	0.61	0.58	342.42	337.38	329.44	329.14
全国合计	0.48	0.49	0.47	0.46	13 051.48	14 121.66	15 208.15	15 940.40

资料来源：根据单要素节油潜力的公式以及《中国能源统计年鉴》（2012）和《中国统计年鉴》（2012）计算而得。

从表 6-1 可以看出，全国的总节油潜力较大，2008 年、2009 年、2010 年和 2011 年的节油潜力分别达到了 48%、49%、47%和 46%，实际可节约的石油量分别达到了 1.31 亿 t、1.41 亿 t、1.52 亿 t 和 1.594 亿 t，这说明平均每年有超过 40%的过度石油消耗，可节约的石油量占当年石油进口量的 50%以上。

而各省区的节油潜力也有较大差异，河南、安徽、江苏和河北四省的石油利用效率较高，相应的节油潜力较小，其中 2011 年江苏的石油利用效率处于全国最高，2008 年、2009 年和 2010 年河南省石油利用效率最高。年平均节油潜力超过 60%的地区较多，包括内蒙古、黑龙江、辽宁、上海、湖北、海南、云南、宁夏和新疆，这说明这些地区石油的利用效率急需提升，从节油绝对量来看，山东、辽宁、广东和上海 4 地的可节约石油量较大，对全国可节约石油总量的贡献率在 10%以上，未来将是全国节油的重点区域，其中上海和广东的石油利用效率呈现提升趋势，但是山东和辽宁的石油利用效率仍在下降，是需要重点监控的区域。

当然，基于单要素石油利用效率计算全国节油潜力存在一定的缺陷，因为没有考虑到在社会生产生活中，能源、资本和劳动力等要素之间的替代性以及石油资源与非石油资源相互之间的替代性。因为交通部门和工业部门是我国两大耗油部门，其石油消耗量占全国石油消耗总量的 80%左右，下面将着重针对交通部门和工业部门，分析考虑能源、资本和劳动力等要素共同作用下我国的节油潜力。

6.3　交通运输部门和工业部门 DEA 全要素节油模型分析

6.3.1　DEA 方法简介

DEA（数据包络分析）是 Charnes 等（1978）提出的以线性规划为基础的分析工具，其基本思想是通过线性规划构建最佳前沿面，然后对其余决策单元（DMU）的生产进行比较，有效点则位于最佳边界面上，低效率点处于最佳边界面的下方，最终通过测算样本点至最佳边界面的距离来测算效率。

假设有 N 个决策单元，每个决策单元使用 K 种投入要素生产 M 种产出时，第 i 个决策单元效率可由以下线性规划方程求得：

$$\begin{aligned}&\operatorname*{Min}_{\theta,\lambda}\theta\\&s.t.-y_i+Y\lambda\geqslant 0\\&\theta X_i-X\lambda\geqslant 0\\&\lambda\geqslant 0\end{aligned}\tag{6.5}$$

式中：θ——标量；

λ——N*1 维常向量；

Y——产出；

X——投入。

通过线性规划方程（6.5）可以求解出θ，θ为第 i 个决策单元的效率值。通常情况下，都有$\theta \leqslant 1$，如果$\theta=1$，则表明该点处于生产边界面上，即该 DMU 投入产出处于最优；如果$\theta<1$，则该点在生产边界面的下方，即该 DMU 效率低，$1-\theta$ 即为效率损失①。

DEA 方法具有不需要对生产函数进行假设检验、不需要进行参数估计、允许无效率性、可以进行生产率影响因素分解等优势，近年来其应用频率越来越高。DEA 可以从产出角度和投入角度来分别测算效率。基于产出角度的测算主要用于评价相同投入的产出水平，基于投入角度的测算主要考虑在相同产出条件下如何使投入最小化。以下分析即是基于投入角度。

6.3.2 基于投入角度的交通运输部门和工业部门节油模型

如图 6-1 所示，等产量包络线用 SS_1 表示，投入要素为石油、资本、劳动力、非石油能源等，包络线上的点 C、D 都是有效率的，而点 A_1 存在效率损失，因为其在包络线的上方，即需要耗用更大的投入才能得到同样的产出。根据 Farrell（1957）的定义，A_1 点的效率可表示为 OA/OA_1。但点 A_1 的目标点并不是 A 而是帕累托最优点 C。因为在 A 点保持产出不变，可以进一步降低石油投入 AC（也称为 Slack，松弛）而达到最优点 C。A_1 点的效率损失包括两部分：一部分是由于技术无效率而导致的所有投入要素过量 AA_1；另一部分是由于配置不当所导致的松弛量 AC。所以，无效率点 A_1 达到目标点 C 所需调整的石油投入数量为（AA_1+AC）。如果该值为 1，则表示该决策单元的石油投入已经处于最优投入点，不需要再调整。

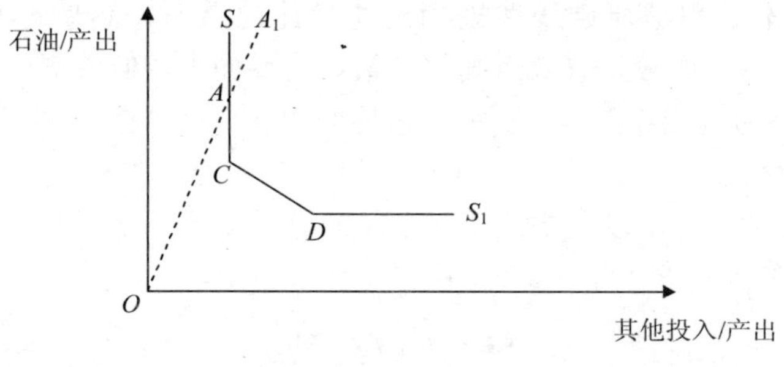

资料来源：转引自 Coelli，T.J. A Guide to DEAP Version 2.1：A Data Envelopment Analysis（Computer）Program [EB/OL]. Department of Econometrics，University of New England，Armidale，NSW2351，Australia，No.8，1996，pp.13.

图 6-1 基于投入的全要素生产率节油模型

---

① Charnes，A.，W.W. Cooper and E. Rhodes，Measuring the Efficiency of Decision Making Units，*European Journal of Operations Research*，Vol.2，1978，pp.429-444.

根据以上效率分析，可定义交通运输部门和工业部门全要素石油相对效率为：

$$\mathrm{TOP}_{i,t}=\mathrm{TOI}_{i,t}/\mathrm{AOI}_{i,t}=(\mathrm{AOI}_{i,t}-\mathrm{LOI}_{i,t})/\mathrm{AOI}_{i,t} \tag{6.6}$$

式中：i——某地区；

t——某年；

$\mathrm{TOP}_{i,t}$——第 i 地区在第 t 年的交通运输部门和工业部门全要素石油相对效率；

$\mathrm{TOI}_{i,t}$（Target Oil Input）——目标石油投入量；

$\mathrm{AOI}_{i,t}$（Actual Oil Input）——生产中实际石油投入量；

$\mathrm{LOI}_{i,t}$（Loss Oil Input）——该地区相对边界而过度投入的石油量，即实际可节油量。

所以，各地区每年的节油潜力 $\mathrm{SPO}_{i,t}$（Saving Potential of Oil），即

$$\mathrm{SPO}_{i,t}=\mathrm{LOI}_{i,t}/\mathrm{AOI}_{i,t} \tag{6.7}$$

该值越大，说明该地区的交通运输部门和工业部门的节油潜力越大。事实上，从式（6.6）和式（6.7）可以看出，$\mathrm{TOP}_{i,t}+\mathrm{SPO}_{i,t}=1$。

6.3.3　交通运输部门和工业部门的全要素石油相对效率的测算

以各省区为经济单位，考察 4 种投入要素与 1 种产出，即以 1998—2011 年我国 29 个省区交通运输部门和工业部门的资本存量、劳动力、石油消费量及非石油能源消费量作为投入变量，以各省区交通运输部门和工业部门的 GDP 作为产出，利用 DEA 模型进行节油潜力分析。

6.3.3.1　变量选取与数据来源

鉴于统计年鉴将交通运输、仓储与邮电通信业作为一个整体进行公布数据，所以这里取该项整体数据。

（1）GDP 数据。各省区交通部门和工业部门 GDP 产出数据及 GDP 平减指数来源于《中国统计年鉴》（1998—2012 年），将各省区交通运输部门和工业部门当年价格的 GDP 折算为 1997 年不变价格。

（2）劳动力数据。国外一般取工作小时来作为劳动力投入变量，但该数据国内不可获得，因此就简单采用历年就业人数来替代，数据来自《中国统计年鉴》（1999—2012 年）。

（3）资本存量数据。资本存量采用常用的“永续盘存法”来计算，首先对各省区交通运输部门和工业部门的固定资产投资数据进行平减处理，将其调整为 1997 年不变价格的固定资产投资。由于缺乏各省区交通运输行业和工业行业固定

资产投资价格指数，因此以各省区固定资产投资价格指数[①]来进行调整。“永续盘存法”的计算公式为 $K_{i,t}=K_{i,t-1}(1-\delta)+I_{i,t}$，其中，$K_{i,t}$为第 i 省区第 t 年的交通运输部门和工业部门的资本存量；$I_{i,t}$为第 i 省区第 t 年平减后的固定资产投资；δ 为固定资产折旧率，本书取 5%。由于“永续盘存法”运用的是滞期调整模型，所以我国必须获得以 1997 年作为基期的资本存量。此处借鉴邵军等（2010）[②]的做法，假设 1997 年基期的资本存量是过去投资的加总，并假定第 t 期的固定资产投资额 $I_{i,t}=I_{i,0}\mathrm{e}^{\lambda_i t}$，$\lambda_i$ 为增长率。那么，基期 1997 年交通运输部门和工业部门的资本存量可以由下式计算得出：

$$K(1997)=\int_{-\infty}^{1997} I_{it}(1-\delta)^{(1997-t)}\mathrm{d}t=\int_{-\infty}^{1997} I_{i0}\mathrm{e}^{\lambda_i t}(1-\delta)^{(1997-t)}\mathrm{d}t \qquad (6.8)$$

对式（6.8）进行计算的话，还需要得到 I_{i0} 和 λ_i 值才行，本书用 1998—2011 年平减后的交通运输部门和工业部门固定资产投资额通过线性回归求得：

$$\ln I_{it}=\ln I_{i0}+\lambda_i t,\quad t=1998,\ 1999,\ \cdots,\ 2011 \qquad (6.9)$$

式（6.8）有了 I_{i0} 和 λ_i 后，用 MATLAB 软件可以求得基期 K（1997）的值，以后各期的资本存量就可以用“永续盘存法”计算而得。

（4）石油和非石油消费量数据。石油消费量选取交通运输部门和工业部门的终端油品消费量的数据；非石油消费量取终端非油品消费量的加总数据，数据都来自《中国能源统计年鉴》（1999—2012 年），其中对部分省区部分年份缺失的数据，采用前后年份的平均数代替。

上述变量的均值统计如表 6-2 和表 6-3 所示。

表 6-2　1998—2011 年我国各省区交通部门的 GDP 以及各投入要素的均值

地　区	GDP 产出/亿元	资本存量/亿元	就业人数/万人	非石油能源消耗量（以标准煤计）/万 t	石油消耗量/万 t
北　京	184.66	1 420.84	28.20	74.98	328.24
天　津	131.26	988.44	9.74	31.33	196.74
河　北	364.97	2 866.25	22.23	83.35	279.33
山　西	154.32	1 386.16	18.53	95.01	224.75
内蒙古	209.28	1 313.16	14.08	148.20	302.51
辽　宁	259.88	2 128.68	28.97	117.33	540.94
吉　林	105.61	821.49	14.53	104.43	121.48

① 由于缺乏海南省 1998 年、1999 年和广东省 1998—2000 年的固定资产投资指数（IPI），我们借鉴张军等（2004）的做法，广东省采用地理和经济水平较为接近的福建省的 IPI 替代，海南省用其商品零售价格指数（RPI）代替。

② 邵军、徐康宁：《我国城市的生产率增长、效率改进与技术进步》，《数量经济技术经济研究》，2010 年第 1 期。

地　区	GDP 产出/亿元	资本存量/亿元	就业人数/万人	非石油能源消耗量（以标准煤计）/万 t	石油消耗量/万 t
黑龙江	155.22	1 783.20	22.75	71.48	230.53
上　海	287.65	2 165.67	23.52	31.37	840.78
江　苏	435.28	3 858.56	29.58	52.25	527.26
浙　江	413.24	3 761.13	17.07	27.20	471.12
安　徽	171.22	1 395.33	14.47	31.41	188.00
福　建	258.60	2 321.10	11.79	19.95	274.87
江　西	162.14	1 343.44	13.43	13.95	202.12
山　东	403.72	3 239.70	27.09	109.52	783.39
河　南	309.57	2 366.07	27.45	69.00	311.61
湖　北	236.86	2 136.41	26.86	148.55	468.32
湖　南	195.25	2 116.34	19.84	41.50	339.35
广　东	554.43	5 656.12	39.72	54.82	1 083.64
广　西	149.41	1 540.75	14.43	19.03	288.24
海　南	45.36	650.67	3.51	7.61	111.11
重　庆	135.52	1 227.67	12.49	34.23	183.39
四　川	228.72	3 880.82	19.63	54.80	393.74
贵　州	111.93	1 028.58	7.27	27.94	163.61
云　南	157.19	1 880.43	12.25	27.78	296.45
陕　西	158.96	1 445.55	16.96	70.24	247.99
甘　肃	82.50	1 031.90	9.69	64.75	128.19
青　海	36.20	349.16	2.84	14.06	26.51
宁　夏	33.93	461.89	2.56	17.29	53.92
新　疆	100.20	1 210.00	9.13	65.06	188.92
合　计	6 233.07	57 775.53	520.62	1 728.45	9 797.06

注：非石油能源消耗量选取煤合计、焦炭、天然气、电力和热力根据一定的折算比例换算为标准煤的合计量。下文的分析中西藏的数据缺省。

资料来源：根据《中国统计年鉴》（1999—2012 年）、《中国能源统计年鉴》（1999—2012 年）计算而得。

表 6-3　1998—2011 年我国各省区工业部门的 GDP 以及各投入要素的均值

地　区	GDP 产出/亿元	资本存量/亿元	就业人数/万人	非石油能源消耗量（以标准煤计）/万 t	石油消耗量/万 t
北　京	660.17	132 060.39	157.17	1 210.01	378.80
天　津	607.16	117 385.27	134.10	1 555.40	311.64
河　北	1 873.12	83 917.46	443.75	9 398.73	282.39
山　西	780.31	108 219.66	225.79	5 334.19	86.79
内蒙古	431.64	95 000.78	107.74	3 552.32	97.79

地区	GDP产出/亿元	资本存量/亿元	就业人数/万人	非石油能源消耗量（以标准煤计）/万t	石油消耗量/万t
辽宁	1 567.10	84 194.12	346.26	5 190.90	878.89
吉林	483.71	101 220.62	136.75	2 466.66	406.26
黑龙江	1 169.30	118 942.46	230.05	2 458.56	546.07
上海	1 604.62	123 498.24	263.16	2 216.98	772.62
江苏	3 197.81	66 158.60	900.13	7 034.92	924.85
浙江	2 386.74	79 674.41	768.44	4 310.21	490.04
安徽	860.76	99 039.58	258.92	3 873.69	143.02
福建	1 080.09	105 448.37	316.41	2 313.68	270.00
江西	549.77	103 144.79	201.26	1 733.86	112.25
山东	3 012.37	68 411.17	742.86	9 388.45	916.08
河南	1 868.26	79 869.12	454.50	6 508.97	268.42
湖北	1 170.08	112 454.58	286.38	4 640.10	381.42
湖南	977.46	107 240.87	249.69	3 714.19	206.74
广东	3 571.03	86 589.87	772.41	4 803.42	1 622.35
广西	565.07	110 665.50	137.49	2 235.23	73.07
海南	64.17	133 877.61	16.90	393.34	38.72
重庆	442.62	114 962.78	130.30	2 310.36	42.92
四川	1 124.89	100 674.73	311.66	4 620.15	123.15
贵州	288.55	122 899.99	99.45	2 297.20	42.86
云南	641.18	117 008.26	127.65	2 440.71	57.56
陕西	588.62	115 012.32	180.00	2 121.38	139.05
甘肃	310.86	127 575.19	88.44	1 642.62	183.81
青海	76.78	131 065.83	21.95	604.29	35.90
宁夏	88.44	128 661.73	31.16	1 177.05	46.14
新疆	438.33	122 779.15	70.86	1 993.50	275.99
合计	32 481.00	3 197 653.45	8 211.63	103 541.06	10 155.57

注：非石油能源消耗量选取煤合计、焦炭、天然气、电力和热力根据一定的折算比例换算为标准煤的合计量。下文的分析中西藏的数据缺省。

资料来源：根据《中国统计年鉴》（1999—2012 年）、《中国能源统计年鉴》（1999—2012 年）计算而得。

6.3.3.2 各省区交通部门和工业部门的石油利用效率评价及比较

根据上述的投入和产出变量，运用 DEA P2.1 软件，可以测算出各省区交通部门和工业部门的目标石油投入量，而全要素石油相对效率=目标石油投入量/实际石油投入量，因而就可以得出各省区交通部门和工业部门全要素石油相对效率 $TOP_{i,t}$，具体结果见表 6-4 和表 6-5。

（1）交通部门石油相对利用效率。从表 6-4 可以看出，全国的石油相对利用效率位于 70%左右，未来有较大的效率提高空间。近些年在节能减排的大政策环境下，石油相对利用效率总体呈上升趋势。从各省区平均值来看，福建、浙江、内蒙古、江西、河北交通部门的全要素生产率最高，都在 82%以上，其中福建和浙江基本上一直处在最优前沿面上，此外，北京、天津、吉林、上海、江苏、安徽、山东、河南、广东、广西、海南、云南、青海等省区也有部分年份位于最优前沿面上；甘肃、新疆、湖北、四川、宁夏、贵州等省区的全要素石油相对效率均值最低，基本上都在 56%以下，其中甘肃的效率最低，为 43.6%，这说明这些地区交通部门的石油利用效率不高，未来还有很大的节油潜力。

表 6-4　我国各省区交通部门全要素石油相对效率　　单位：%

地　区	1998	1999	2000	2001	2002	2003	2004	2005	2006	2007	2008	2009	2010	2011	均值	排序
北　京	89.1	82.2	17.6	12.1	8.1	79.7	39.8	90.3	100.0	98.2	56.4	58.3	66.1	66.7	61.8	18
天　津	99.3	89.5	16.1	13.9	11.6	12.9	34.6	81.4	81.1	100.0	64.7	86.0	85.8	92.2	62.1	17
河　北	80.6	100.0	84.2	59.3	48.1	62.7	66.6	77.2	87.3	87.2	100.0	100.0	100.0	100.0	82.4	6
山　西	56.8	71.5	30.4	31.5	31.8	35.0	67.8	73.6	64.3	62.2	65.3	66.3	70.3	67.8	56.8	22
内蒙古	100.0	100.0	67.9	50.8	100.0	100.0	100.0	100.0	100.0	93.8	72.0	71.1	63.3	64.5	84.5	3
辽　宁	91.0	89.3	17.0	11.5	12.8	43.6	44.7	68.0	98.5	72.7	53.0	60.6	60.0	50.2	50.1	24
吉　林	100.0	89.6	30.0	26.3	30.1	32.4	98.0	100.0	94.4	76.0	70.3	67.7	62.9	60.8	67.6	12
黑龙江	44.1	63.6	63.0	70.1	71.2	33.0	47.4	30.1	62.3	62.3	56.4	48.4	46.9	47.5	56.6	23
上　海	100.0	100.0	22.2	100.0	100.0	100.0	30.2	100.0	100.0	100.0	38.6	35.4	32.2	39.0	71.3	11
江　苏	73.8	86.2	88.8	82.9	83.6	100.0	70.2	68.9	66.6	57.1	82.0	97.0	100.0	100.0	82.7	5
浙　江	58.4	94.3	100.0	100.0	98.3	100.0	100.0	100.0	100.0	73.5	68.7	100.0	83.1	94.2	90.7	2
安　徽	73.5	84.0	77.2	100.0	90.9	88.5	85.0	86.1	92.9	78.6	79.4	61.4	64.3	63.6	80.4	7
福　建	100.0	100.0	93.4	100.0	100.0	100.0	70.9	75.7	100.0	100.0	100.0	100.0	100.0	100.0	95.7	1
江　西	75.1	73.1	46.5	45.6	100.0	100.0	100.0	100.0	100.0	79.4	88.9	92.8	84.9	89.6	84.0	4
山　东	100.0	100.0	100.0	67.9	54.9	29.1	58.1	44.2	59.9	44.5	100.0	100.0	100.0	100.0	75.6	9
河　南	92.5	74.0	58.6	50.3	86.4	100.0	92.4	100.0	100.0	59.3	100.0	77.6	69.8	60.8	80.1	8
湖　北	57.6	81.7	22.6	18.2	16.4	55.0	47.3	59.5	75.1	64.4	47.5	53.0	56.4	56.1	50.8	28
湖　南	53.4	63.4	67.3	63.3	47.1	62.7	36.5	46.5	53.3	46.1	61.7	79.3	68.5	77.7	59.0	19
广　东	83.6	64.7	100.0	70.9	78.2	62.5	49.4	34.4	59.4	65.0	51.6	61.6	55.8	72.3	65.0	15
广　西	49.8	93.3	54.7	53.9	76.1	64.8	52.6	66.8	66.3	71.8	53.1	55.5	56.0	100.0	65.3	14
海　南	39.5	100.0	100.0	100.0	100.0	56.4	32.8	28.3	59.9	63.5	39.8	29.5	27.7	26.6	57.4	21
重　庆	52.3	100.0	50.7	53.6	81.7	69.5	65.5	91.8	88.6	89.6	50.8	46.6	47.1	47.0	66.8	13
四　川	44.8	95.4	84.4	70.1	66.1	62.2	55.8	42.5	46.8	40.4	49.8	45.0	23.1	29.4	54.0	27
贵　州	16.2	75.3	36.1	54.4	71.8	33.9	79.7	71.4	76.0	62.7	39.1	46.6	54.2	61.8	55.7	25
云　南	35.0	90.5	94.1	60.4	71.5	66.2	100.0	66.7	61.1	70.3	31.0	25.6	17.4	18.3	57.7	20

地区	1998	1999	2000	2001	2002	2003	2004	2005	2006	2007	2008	2009	2010	2011	均值	排序
陕西	54.3	79.0	72.4	66.6	45.2	66.5	66.6	68.9	88.9	69.8	45.9	50.6	50.6	50.6	62.6	16
甘肃	19.5	57.0	17.2	14.7	52.5	34.0	63.9	59.8	53.8	36.1	51.5	48.0	48.4	53.5	43.6	30
青海	44.8	73.2	100.0	100.0	100.0	100.0	100.0	100.0	100.0	100.0	29.7	25.6	28.3	27.7	73.5	10
宁夏	37.6	100.0	71.0	58.8	60.6	39.6	79.5	41.0	42.5	30.0	40.2	44.2	54.0	74.4	55.2	26
新疆	61.6	82.1	24.2	15.6	84.1	20.3	68.0	70.1	55.9	37.6	34.3	35.2	34.2	34.8	47.0	29
合计	70.7	82.8	60.9	58.8	66.3	67.4	59.6	68.3	77.0	69.7	63.2	66.6	63.9	68.5	67.4	

资料来源：根据《中国统计年鉴》（1999—2012 年）和《中国能源统计年鉴》（1999—2012 年）数据，采用 DEA 方法计算而得。

（2）工业部门石油相对利用效率。从表 6-5 可以看出，工业部门的石油利用效率比较高，处在 85%左右，并且整体呈现稳步上升的态势，其中 2006—2009 年的效率达到 90%左右，明显高于交通部门 70%左右的效率。从各省区来看，上海、江苏、浙江和广东等的石油利用效率最高，一直处在最优前沿面上，也就是相对于我国其他省区来讲，其节油潜力几乎为零，除上述 4 个省区之外还有河南、云南、山东、四川、福建和河北等 10 个省区的工业部门石油利用效率高于 90%。北京、新疆和河北等省市区的石油利用效率有明显提升趋势，近几年一直处于全国最优前沿面上。工业部门石油利用效率最低的省区主要集中在宁夏、吉林、甘肃、青海等，其石油利用效率低于 60%，其中最低的是宁夏，其平均石油利用效率仅为 45.5%，这些省份中除了吉林省外，其他都是位于我国经济相对落后的西北地区，说明这些地区的石油利用损失较为严重，未来西北地区的工业石油利用效率有待进一步提升。

表 6-5 我国各省区工业部门全要素石油相对效率 单位：%

地区	1998	1999	2000	2001	2002	2003	2004	2005	2006	2007	2008	2009	2010	2011	均值	排序
北京	48.4	48.1	61.8	77.5	61.7	65.5	71.4	74.9	84.2	86.0	95.6	100.0	100.0	100.0	76.8	18
天津	64.2	71.0	77.4	75.0	62.7	73.2	72.4	86.4	96.0	88.4	90.2	86.7	61.7	54.9	75.7	20
河北	76.4	74.9	86.4	94.2	93.3	94.3	100.0	99.4	76.8	88.7	100.0	100.0	100.0	100.0	91.7	10
山西	64.8	54.4	66.2	67.6	72.5	80.0	78.8	85.5	84.7	86.7	91.1	83.3	96.5	100.0	79.4	15
内蒙古	58.5	62.4	65.4	69.3	70.2	62.1	60.6	64.2	71.6	79.7	82.8	87.8	79.9	77.7	70.9	23
辽宁	85.3	95.0	76.2	89.0	91.4	81.3	69.1	75.3	66.7	57.0	53.6	45.5	24.6	31.8	67.3	24
吉林	35.2	47.3	45.9	50.0	34.1	44.2	31.5	49.2	58.9	59.4	53.2	62.7	54.8	57.4	48.8	29
黑龙江	68.9	66.8	77.3	81.1	75.5	90.7	79.2	92.1	96.9	90.1	100.0	87.3	100.0	100.0	86.1	11
上海	100.0	100.0	100.0	100.0	100.0	100.0	100.0	100.0	100.0	100.0	100.0	100.0	100.0	100.0	100.0	1
江苏	100.0	100.0	100.0	100.0	100.0	100.0	100.0	100.0	100.0	100.0	100.0	100.0	100.0	100.0	100.0	1

地　区	1998	1999	2000	2001	2002	2003	2004	2005	2006	2007	2008	2009	2010	2011	均值	排序
浙　江	100.0	100.0	100.0	100.0	100.0	100.0	100.0	100.0	100.0	100.0	100.0	100.0	100.0	100.0	100.0	1
安　徽	81.2	81.8	62.9	72.7	69.5	66.6	63.1	73.6	71.2	73.4	86.6	92.4	87.5	100.0	77.3	16
福　建	100.0	100.0	100.0	100.0	100.0	98.8	100.0	92.9	90.6	87.7	91.0	88.3	75.0	72.4	92.6	9
江　西	62.1	73.9	71.7	66.8	75.5	65.0	60.9	100.0	80.7	83.5	85.3	89.6	74.5	83.7	76.6	19
山　东	98.4	83.1	92.3	87.7	84.5	84.2	100.0	100.0	100.0	100.0	100.0	100.0	100.0	93.6	94.6	7
河　南	80.0	86.6	99.1	95.5	92.5	100.0	100.0	100.0	100.0	100.0	100.0	100.0	100.0	100.0	96.7	5
湖　北	81.3	84.1	64.1	84.6	77.0	72.1	68.6	69.1	74.7	79.3	76.0	84.2	81.6	81.3	77.0	17
湖　南	70.4	68.5	66.1	71.6	69.8	88.5	83.4	79.8	82.4	90.7	89.6	93.0	90.3	100.0	81.7	14
广　东	100.0	100.0	100.0	100.0	100.0	100.0	100.0	100.0	100.0	100.0	100.0	100.0	100.0	100.0	100.0	1
广　西	73.9	78.2	80.8	77.1	77.0	83.6	74.0	86.8	93.0	86.9	100.0	99.9	86.2	91.8	85.0	12
海　南	16.8	56.5	65.9	61.5	63.1	68.4	64.1	63.4	79.1	64.9	67.0	68.9	60.7	57.9	61.3	26
重　庆	62.5	64.6	76.3	81.1	80.7	94.4	94.4	83.4	80.4	78.7	87.4	100.0	100.0	74.5	82.7	13
四　川	100.0	100.0	100.0	100.0	100.0	100.0	100.0	100.0	100.0	91.4	80.5	80.6	76.5	89.1	94.2	8
贵　州	64.7	52.0	69.9	67.8	67.1	74.5	65.1	58.7	62.9	63.7	68.6	67.6	66.1	63.7	65.2	25
云　南	100.0	100.0	100.0	100.0	100.0	100.0	100.0	100.0	100.0	100.0	100.0	91.1	80.6	80.3	96.6	6
陕　西	41.0	45.5	53.0	52.2	52.3	79.8	64.7	96.0	100.0	96.7	99.3	87.3	84.1	93.1	74.6	21
甘　肃	37.1	40.4	40.9	44.5	50.1	53.8	52.9	57.1	62.9	71.9	71.5	73.2	68.3	75.4	57.1	27
青　海	46.3	56.5	59.7	61.4	58.9	48.6	49.1	55.4	53.9	61.9	60.5	67.1	64.0	42.7	56.1	28
宁　夏	38.2	36.8	39.5	41.6	43.2	41.6	44.2	45.1	48.2	42.1	56.3	56.1	49.2	55.3	45.5	30
新　疆	32.5	39.0	51.8	50.6	63.1	57.8	84.1	39.7	100.0	100.0	100.0	100.0	100.0	100.0	72.8	22
合　计	79.2	80.6	82.8	86.0	82.7	86.4	85.5	87.4	90.3	89.7	90.1	89.5	82.6	81.7	85.3	

资料来源：根据《中国统计年鉴》（1999—2012 年）和《中国能源统计年鉴》（1999—2012 年）数据，采用 DEA 方法计算而得。

无论从全国的整体情况还是从各省区的具体情况来看，我国工业部门的石油利用效率都明显高于交通部门，由于全要素生产率的测算是从国内各省区里选取最优前沿面作为参照系的，所以这说明我国各省区工业部门的石油利用效率差异较大，未来石油利用效率提升的空间也较大。

6.3.3.3　各省区交通部门和工业部门的节油潜力分析

根据式（6.7），可以计算出各省区的节油潜力，将目标石油投入量与实际石油使用量之间的差额即为各省区的节油量，还可得到该地区当年可节约石油量在全国所占的比重，如表 6-6 和表 6-7 所示。该处的“节油量”指的是如果该地区的部门经济按照最优前沿面的省份模式运转的话，在相同的条件下，可以实现的石油减少量。所以处在最优前沿面上的省区，如上海（工业部门）、山东等地其可节约石油量应该为零，但是这并不意味着该地区不存在石油效率的损失，而是指该地区与全国其他地区相比较，在当前的产出水平和技术条件下，处在帕累托最优状态，没有石油投入可供节约。但是如果与国际市场上其他国家和地区相比，其有可能仍然存在石油效率损失和节油潜力。

（1）交通部门的节油潜力分析。从表 6-6 可以看出，不同地区的节油潜力存在很大差异，节油潜力超过 50%的省区有上海、黑龙江、海南、重庆、四川、云南、甘肃、青海和新疆等，意味着这些省区与处在最优前沿面上的福建和山东两地相比较而言，由于技术水平、组织结构管理和要素配置等因素的差异，一些石油资源被浪费，石油利用效率急需进一步改善。

表 6-6 我国各省区交通部门节油潜力及占全国节油量比重

地区	节油潜力/%					可节约石油量/万 t					该地区节油量占全国的比重/%				
	2007	2008	2009	2010	2011	2007	2008	2009	2010	2011	2007	2008	2009	2010	2011
北京	1.8	43.6	41.7	33.9	33.3	7.8	215.0	214.6	190.4	199.6	0.2	4.0	4.2	3.1	3.5
天津	0.0	35.3	14.0	14.2	7.8	0.0	83.0	35.6	38.4	22.3	0.0	1.5	0.7	0.6	0.4
河北	12.8	0.0	0.0	0.0	0.0	54.8	0.0	0.0	0.0	0.0	1.4	0.0	0.0	0.0	0.0
山西	37.8	34.7	33.7	29.7	32.2	84.9	159.9	159.1	130.6	146.8	2.1	3.0	3.1	2.1	2.6
内蒙古	6.2	28.0	28.9	36.7	35.5	29.9	157.7	177.5	256.7	271.4	0.7	2.9	3.4	4.2	4.8
辽宁	27.3	47.0	39.5	36.2	41.8	239.0	408.9	360.9	376.8	473.6	5.9	7.6	7.0	6.2	8.3
吉林	24.0	29.7	32.3	37.1	39.2	48.5	67.0	73.6	87.2	99.7	1.2	1.2	1.4	1.4	1.7
黑龙江	37.7	43.6	51.6	53.1	52.5	106.4	100.7	148.2	160.4	198.4	2.6	1.9	2.9	2.6	3.5
上海	0.0	61.4	64.6	67.8	61.0	0.0	775.3	828.3	915.2	793.6	0.0	14.5	16.0	15.0	13.9
江苏	42.9	18.0	3.0	0.0	0.0	279.3	132.9	23.0	0.0	0.0	6.9	2.5	0.4	0.0	0.0
浙江	26.5	31.3	0.0	16.9	5.8	163.5	209.2	0.0	125.3	46.7	4.0	3.9	0.0	2.0	0.8
安徽	21.4	20.6	38.6	35.7	36.4	55.0	52.0	101.2	105.8	120.6	1.4	1.0	2.0	1.7	2.1
福建	0.0	0.0	0.0	0.0	0.0	0.0	0.0	0.0	0.0	0.0	0.0	0.0	0.0	0.0	0.0
江西	20.6	11.1	7.2	15.1	10.4	47.0	25.4	17.0	43.3	32.8	1.2	0.5	0.3	0.7	0.6
山东	55.5	0.0	0.0	0.0	0.0	723.0	0.0	0.0	0.0	0.0	17.9	0.0	0.0	0.0	0.0
河南	40.7	0.0	22.4	30.2	39.2	172.7	0.0	112.7	172.9	251.5	4.3	0.0	2.2	2.8	4.4
湖北	35.6	52.5	47.0	43.6	43.9	231.3	395.1	334.0	290.9	314.3	5.7	7.4	6.5	4.8	5.5
湖南	53.9	38.3	20.7	31.5	22.3	243.5	142.4	99.4	171.7	133.4	6.0	2.7	1.9	2.8	2.3
广东	35.0	48.4	38.4	44.2	27.7	490.9	731.5	607.8	768.4	494.1	12.1	13.6	11.8	12.6	8.7
广西	28.2	46.9	44.5	44.0	0.0	107.0	180.4	194.7	217.6	0.0	2.6	3.4	3.8	3.6	0.0
海南	36.5	60.2	70.5	72.3	73.4	39.9	95.5	127.0	140.8	149.0	1.0	1.8	2.5	2.3	2.6
重庆	10.4	49.2	53.4	52.9	53.0	28.4	152.1	148.4	180.1	189.6	0.7	2.8	2.9	2.9	3.3

地　区	节油潜力/%					可节约石油量/万 t					该地区节油量占全国的比重/%				
	2007	2008	2009	2010	2011	2007	2008	2009	2010	2011	2007	2008	2009	2010	2011
四　川	59.6	50.2	55.0	76.9	70.6	297.8	295.0	379.7	535.9	534.4	7.4	5.5	7.3	8.8	9.4
贵　州	37.3	60.9	53.4	45.8	38.2	76.0	161.8	142.9	142.1	131.3	1.9	3.0	2.8	2.3	2.3
云　南	29.7	69.0	74.4	82.6	81.7	123.4	297.2	329.4	459.4	485.5	3.1	5.5	6.4	7.5	8.5
陕　西	30.2	54.1	49.4	49.4	49.4	92.7	198.9	228.5	246.5	266.0	2.3	3.7	4.4	4.0	4.7
甘　肃	63.9	48.5	52.0	51.6	46.5	81.9	66.8	75.6	84.5	82.0	2.0	1.2	1.5	1.4	1.4
青　海	0.0	70.3	74.4	71.7	72.3	0.0	32.4	40.4	45.0	47.5	0.0	0.6	0.8	0.7	0.8
宁　夏	70.0	59.8	55.8	46.0	25.6	55.4	49.2	40.8	40.1	21.6	1.4	0.9	0.8	0.7	0.4
新　疆	62.4	65.7	64.8	65.8	65.2	163.3	177.7	168.9	184.7	202.6	4.0	3.3	3.3	3.0	3.5
合　计	30.3	36.8	33.4	36.1	31.5	4 043.5	5 363.1	5 168.9	6 110.6	5 708.0	100	100	100	100	100

资料来源：根据表 6-4 和《中国能源统计年鉴》（1999—2012 年）整理计算而得。

从可节约石油量的平均规模来看，辽宁、上海、湖北、广东、四川、云南等地是节油的大户，其可节油量占全国的比例达到了 5%以上，单从 2011 年的情况来看，辽宁、上海、湖北、广东、四川、云南 6 省区的节油量较大，占全国的总可节油量的 54.2%，其中上海市和广东省的节油空间最大，5 年的可节油量分别占全国可节油总量平均值的 11.9%和 11.8%。辽宁、上海、广东、湖北、四川和云南 6 省区无论从节油潜力还是从相对节油量规模来看，都理应成为交通部门节油重点区域。

从近几年节油潜力的变化趋势来看，河北、山东、江苏等省交通部门石油利用效率提升速度较快，尤其是江苏和山东，2007 年还是全国的节油大省，到 2011 年已经处于全国石油效率最优前沿面。而北京、上海交通部门的石油效率则呈现下降态势，应成为未来重点监控区域。

对比全国总节油量与实际石油投入量，可知全国节油潜力较大，2007—2011 年的过度消费量均超过了 30%，其中 2008 年、2009 年和 2010 年的相对可节油量分别达到 5 363.1 万 t、5 168.9 万 t 和 6 110.6 万 t，是当年全国石油进口量的 23%、20%和 21%。也就是说，交通部门通过有效节油技术和政策的实施，可以为我国减少 20%以上的石油进口量。

（2）工业部门的节油潜力分析。从表 6-7 可以看出，2007—2011 年全国工业部门的总体节油潜力不是很高，均值为 13.3%，其中上海、江苏、浙江、山东、河南、广东、河北和新疆等省区一直处在最优前沿面上，而甘肃、青海、宁夏、贵州、吉林、辽宁等省区节油潜力较大，其中宁夏的节油潜力最大，各年均值达到了 48.2%。

表 6-7　我国各省区工业部门节油潜力及占全国节油量比重

地　区	节能潜力/%					可节约石油量/万 t					该地区节油量占全国的比重/%				
	2007	2008	2009	2010	2011	2007	2008	2009	2010	2011	2007	2008	2009	2010	2011
北　京	14.0	4.4	0.0	0.0	0.0	62.9	19.0	0.0	0.0	0.0	4.8	1.5	0.0	0.0	0.0
天　津	11.6	9.8	13.3	38.3	45.1	28.8	33.6	45.8	230.9	324.8	2.2	2.7	3.4	10.2	12.8
河　北	11.3	0.0	0.0	0.0	0.0	43.5	0.0	0.0	0.0	0.0	3.3	0.0	0.0	0.0	0.0
山　西	13.3	8.9	16.7	3.5	0.0	14.1	9.8	18.2	3.2	0.0	1.1	0.8	1.4	0.1	0.0
内蒙古	20.3	17.2	12.2	20.1	22.3	21.6	23.2	18.1	33.2	52.3	1.6	1.9	1.4	1.5	2.1
辽　宁	43.0	46.4	54.5	75.4	68.2	420.7	497.7	631.2	1 210.7	1 320.0	31.8	40.3	47.3	53.4	52.0
吉　林	40.6	46.8	37.3	45.2	42.6	243.5	216.9	152.5	200.9	201.6	18.4	17.6	11.4	8.9	7.9
黑龙江	9.9	0.0	12.7	0.0	0.0	63.7	0.0	90.5	0.0	0.0	4.8	0.0	6.8	0.0	0.0
上　海	0.0	0.0	0.0	0.0	0.0	0.0	0.0	0.0	0.0	0.0	0.0	0.0	0.0	0.0	0.0
江　苏	0.0	0.0	0.0	0.0	0.0	0.0	0.0	0.0	0.0	0.0	0.0	0.0	0.0	0.0	0.0
浙　江	0.0	0.0	0.0	0.0	0.0	0.0	0.0	0.0	0.0	0.0	0.0	0.0	0.0	0.0	0.0
安　徽	26.6	13.4	7.6	12.5	0.0	42.3	15.3	8.4	15.8	0.0	3.2	1.2	0.6	0.7	0.0
福　建	12.3	9.0	11.7	25.0	27.6	47.9	26.7	30.5	131.6	149.1	3.6	2.2	2.3	5.8	5.9
江　西	16.5	14.7	10.4	25.5	16.3	22.3	20.1	13.1	58.2	31.6	1.7	1.6	1.0	2.6	1.2
山　东	0.0	0.0	0.0	0.0	6.4	0.0	0.0	0.0	0.0	74.0	0.0	0.0	0.0	0.0	2.9
河　南	0.0	0.0	0.0	0.0	0.0	0.0	0.0	0.0	0.0	0.0	0.0	0.0	0.0	0.0	0.0
湖　北	20.7	24.0	15.8	18.4	18.7	102.4	124.7	87.8	62.5	72.0	7.7	10.1	6.6	2.8	2.8
湖　南	9.3	10.4	7.0	9.7	0.0	23.1	28.2	18.8	23.8	0.0	1.7	2.3	1.4	1.1	0.0
广　东	0.0	0.0	0.0	0.0	0.0	0.0	0.0	0.0	0.0	0.0	0.0	0.0	0.0	0.0	0.0
广　西	13.1	0.0	0.1	13.8	8.2	9.9	0.0	0.1	11.6	10.5	0.8	0.0	0.0	0.5	0.4
海　南	35.1	33.0	31.1	39.3	42.1	28.8	23.3	15.7	21.0	20.5	2.2	1.9	1.2	0.9	0.8
重　庆	21.3	12.6	0.0	0.0	25.5	9.8	5.3	0.0	0.0	32.1	0.7	0.4	0.0	0.0	1.3
四　川	8.6	19.5	19.4	23.5	10.9	14.3	44.9	42.8	59.8	27.0	1.1	3.6	3.2	2.6	1.1
贵　州	36.3	31.4	32.4	33.9	36.3	29.2	23.7	22.3	27.6	29.9	2.2	1.9	1.7	1.2	1.2
云　南	0.0	0.0	8.9	19.4	19.7	0.0	0.0	6.4	23.9	27.1	0.0	0.0	0.5	1.1	1.1
陕　西	3.3	0.7	12.7	15.9	6.9	2.3	0.7	23.0	29.6	13.6	0.2	0.1	1.7	1.3	0.5
甘　肃	28.1	28.5	26.8	31.7	24.6	50.3	65.2	66.1	80.1	55.9	3.8	5.3	5.0	3.5	2.2
青　海	38.1	39.5	32.9	36.0	57.3	14.2	30.1	13.3	11.6	71.0	1.1	2.4	1.0	0.5	2.8
宁　夏	57.9	43.7	43.9	50.8	44.7	27.0	25.3	29.1	31.8	27.4	2.0	2.0	2.2	1.4	1.1
新　疆	0.0	0.0	0.0	0.0	0.0	0.0	0.0	0.0	0.0	0.0	0.0	0.0	0.0	0.0	0.0
合　计	10.3	9.9	10.5	17.4	18.3	1 322.5	1 233.7	1 333.8	2 267.9	2 540.3	100.0	100.0	100.0	100.0	100.0

资料来源：根据表 6-5 和《中国能源统计年鉴》（1999—2012 年）整理计算而得。

从可节油的绝对量来看，由于其石油消耗的绝对量较大，所以辽宁、吉林和湖北等省可节约石油量最多，2007—2011 年均可节油 100 万 t 以上，其中全国炼油大省辽宁省的年可节油量均值达到了 816.1 万 t，并且呈现上升态势，占全国可节油量的 45%左右，其中 2011 年可节油量达到 1 320 万 t，但是同为炼油大省的山东省，其石油相对损失却为零，说明辽宁省未来石油利用效率有待提升。青海、宁夏等西部地区虽然节油潜力较大，但是由于其石油消耗量较少，所以可节油绝对量并不高。从 2011 年情况来看，辽宁、吉林和天津三省市的总计可节油量占全国比重高达 72.7%，应成为我国工业部门未来重点节油区域。

从 2007—2011 年纵向变化趋势来看，北京、河北和新疆等省区工业部门石油利用效率提升速度较快，2008—2011 年节油潜力均为零。但天津、辽宁、福建和云南等省市节油潜力呈现上升态势，将是未来重点监控地区。

从全国的总节油规模来看，由于工业部门石油效率损失不是很大，所以其总节油量明显低于交通运输部门，2007—2011 年的年节油量分别为 1 322.5 万 t、1 233.7 万 t、1 333.8 万 t、2 267.9 万 t 和 2 540.3 万 t，分别占当年石油进口量的 6.26%、5.36%、5.2%、7.7%和 8.04%。

（3）交通部门和工业部门的总节油潜力分析。交通部门和工业部门是我国石油的主要消耗部门，其石油消耗量达到了 80%左右。这两部门节油潜力的挖掘对于我国石油消耗总量的减少意义非凡，如果其真能够实现有效节油的话，则可以缓解我国石油进口的压力。

表 6-8　1998—2011 年我国交通和工业部门的总节油潜力　　单位：万 t

年份 / 部门	1998	1999	2000	2001	2002	2003	2004	2005	2006	2007	2008	2009	2010	2011
工业	1 476.7	1 345.8	1 287.7	999.4	1 373.2	1 124.8	1 364.6	1 373.6	1 174.5	1 322.5	1 233.7	1 333.8	2 267.9	2 540.3
交通	969.1	620.9	1 661.5	2 080.8	1 900.3	2 241.5	3 260.7	3 300.3	2 653.9	4 043.5	5 363.1	5 168.9	6 110.6	5708
合计	2 445.8	1 966.6	2 949.2	3 080.1	3 273.5	3 366.3	4 625.3	4 673.9	3 828.4	5 366.0	6 596.8	6 502.7	8 378.5	8 248.3

资料来源：根据《中国统计年鉴》（1999—2012 年）和《中国能源统计年鉴》（1999—2012 年）数据，采用 DEA 方法计算而得。

从表 6-8 我们可以看出，工业部门的可节油量呈现出相对平稳的态势，平均节油量基本上维持在 1 300 万 t 左右；交通部门的可节油量随着其石油消耗量的迅速增长而一直保持着增长态势，2007 年和 2010 年增长速度更快，这说明我国交通部门整体运行效率较低，石油效率损失较严重，未来应该重点提升交通部门的石油利用效率，从而有效降低我国石油消费增长速度。

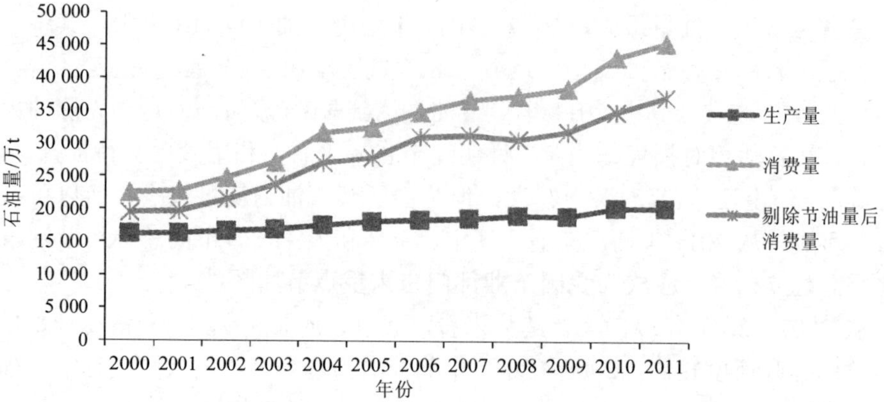

资料来源：根据表 6-8 和历年《中国能源统计年鉴》整理而得。

图 6-2 考虑了交通部门和工业部门的节油潜力后的石油供需曲线

图 6-2 展示了 2000—2011 年 12 年间在交通部门和工业部门的节油潜力能够实现的基础上石油消费量的减少量，可以看出在考虑了两部门节油潜力之后，石油供需之间的缺口明显缩小，调整后 2000 年的供需缺口为 3 246.7 万 t，交通部门和工业部门的可节油量占当年实际进口量的比重达到了 47.6%，调整后 2011 年的供需缺口仅为 1.68 亿 t，两部门的可节油总量占当年石油进口量的 26.1%。

6.4 交通运输部门的节油策略及未来节油潜力预测

交通运输部门是我国石油消耗增长最快、环境影响较大的部门。事实上，我国交通运输部门的石油消耗量因为统计口径问题被严重低估，如我国公路运输用油仅仅统计了营运车辆用油，社会其他行业部门及私人汽车、摩托车、军车等用油均未统计在内，而部分用于旅游的车辆、船舶等都计入了旅游业，未计入交通运输能耗。贾顺平（2010）对交通部门能耗数据进行了修正，得出 2007 年我国交通运输部门的石油消耗占全国石油消耗量的比重达到了 60.1%[①]。一般按照国际市场经验数据，交通部门石油消耗增速是大于社会总石油消耗增速的，我国总石油消耗以及交通部门石油消耗相比国际市场则增长更快。2002—2007 年的 5 年间，我国总石油消耗增长了 53.6%，同期英国只增长了 2.2%，美国只增长了 3.6%；而我国交通石油消耗增速高达 94.5%，同期英国为 3.8%，美国为 6.7%，未计入交通

① 按国家统计数据，交通运输部门石油消耗占全国石油消耗量的比重为 36.4%。

部门能耗的私人和社会汽车的油耗增长了 124.2%[①]。

2007 年我国成品油消耗占交通运输总用能的比重高达 94%，大约 95%的汽油、60%的柴油和 90%的煤油被各类交通工具所消耗[②]。在交通石油消耗和石油对外依存度的双重增长压力下，我国交通部门的节油是保证我国石油安全和交通部门可持续发展的重大问题。

6.4.1　铁路运输节油策略及潜力

6.4.1.1　铁路运输石油消耗现状

我国铁路运输目前主要依靠内燃机车和电力机车，而蒸汽机车自 2003 年后大体上被内燃机车和电力机车所取代。我国内燃机车牵引的单位油耗基本上维持在 25 kg/（万 t · km）（表 6-9），因为其承担的牵引工作量在逐年增多，所以其年耗油量也在逐年上升。1990 年耗油量为 251 万 t，1993 年超过了 300 万 t，1997 年超过了 400 万 t，2005 年耗油量已经达到了 515 万 t，年均耗油量增长了 7%左右[③]。

表 6-9　我国铁路内燃机车和电力机车的能耗比较

机车能耗		2003 年	2004 年	2005 年	2006 年	2007 年	2008 年
内燃机车耗油（以标煤计）	kg/（万 t · km）	25.4	25	24.6	24.3	24.6	24.9
	kg/（万 t · km）	37.0	36.4	35.8	35.4	35.8	36.2
电力机车耗电	kW·h/（万 t · km）	110	111.2	111.8	110	119.5	110.6
	以标煤计，kg/（万 t · km）	13.52	13.67	13.74	13.52	14.69	13.59
电力机车单位能耗占内燃机车比重		36.53%	37.52%	38.33%	38.18%	40.97%	37.46%

资料来源：根据《中国交通年鉴》（2004—2009 年）整理计算而得。

6.4.1.2　铁路运输结构调整的节油潜力

1980—2010 年，我国铁路的公里能耗（以标准煤计）已经由 147.4 kg/（万 t · km）下降到了 77.5 kg/（万 t · km），自 1995 年起，综合能耗已经远远低于日本，2000 年日本铁路货运综合能耗（以标煤计）为 90 kg/（万 t · km）[④]。从表 6-9 可以看出，我国近些年内燃机车耗油率下降的空间已经非常小了，依靠提高内燃机

① 张国伍：《综合交通节能减排——"交通 7+1 论坛"第十八次会议纪实》，《交通运输系统工程与信息》，2010 年第 2 期。

② 李连成：《节能减排是"十二五"交通发展的重要任务》，《交通节能与环保》，2009 年第 2 期。

③ 何吉成、黄茵、徐雨晴：《1990—2005 年中国铁路机车的耗能分析》，《中国能源》，2009 年第 7 期。

④ 《中国能源统计年鉴》（2011）。

车的效率来节约石油消耗潜力非常小。

但是从表 6-9 的内燃机车和电力机车的能耗比较可以看出，电力机车的能耗远远低于内燃机车，不到其 40%。因此可以通过铁路电气化建设，提高电力机车牵引比重来实现节约石油。我国铁路总公司（原铁道部）正在加快铁路电气化建设，“十一五”末电力机车牵引运输量达到了 75%～80%[①]。如果 2020 年我国电力机车和内燃机车牵引运输量的比重达到 9∶1 的话，其与现在的动力结构相比，将会节约柴油 1 163.58 万 t。

6.4.2 航空运输节油策略及潜力

6.4.2.1 航空运输石油消耗现状

我国民航能源消耗主要是航油消耗，航油消耗占民航总能耗 94%，机场、航空公司地面、空管以及其他用能比较少。其我国航、南航、东航燃油消耗占整体航空业燃油消耗的 75%。从表 6-10 可以看出，航油的消耗量随着航空需求量的增加呈现较快增长态势，从 1998 年的 377.58 万 t 增长到 2008 年的 1 174.55 万 t，年均增幅达到了 19.2%，是各种运输方式中增长速度最快的。但是航空运输石油消耗效率却显著提高了，从 1998 年的 0.461 kg/（t · km）下降至 2007 年的 0.309 kg/（t · km），2008 年有所反弹至 0.312 kg/（t · km），降幅达到了 32.3%。航油利用效率得到有效提升的主要原因在于航空机队结构优化、航线运营组织优化，以及以空客和波音的大中型飞机为主，可以实现规模效应。

表 6-10 1998—2008 年我国航空运输航油消耗情况

年份	1998	1999	2000	2001	2002	2003	2004	2005	2006	2007	2008
民航航油消耗量/万 t	377.58	387.37	420.23	535.57	600.07	604.88	788.77	878.08	1 000.54	1 129.89	1 174.55
航油效率/[kg/（t · km）]	0.461	0.418	0.396	0.381	0.364	0.354	0.341	0.336	0.327	0.309	0.312

资料来源：根据《中国交通年鉴》（1999—2009 年）整理计算而得。

6.4.2.2 航空运输策略调整的节油潜力

我国的航空飞机基本上都是进口，所以依靠提高飞机技术达到节能的潜力非常小，但是，与其他国家相比，我国民航系统在航线优化、运行管理以及相关配套条件与技术等方面还有较大差距。所以民航的节油策略应该从提高空域使用环境、完善运行管理机制和系统决策机制等角度提高航空运输的运行效率，达到节

① 铁路“十一五”规划，http://www.china-mor.gov.cn。

油的目的。

我国航空运输单位工作量油耗比美国航空公司同类指标高 10%[①]，其中航空客运单耗与美国、日本相当，主要差距体现在航空货运上。根据《我国民用航空发展第十一个五年规划》，2010 年我国航油吨公里消耗达到 0.302 kg，依据此趋势进行简单外推，假设 2020 年我国航油消耗强度比 2010 年下降 10%，则 2020 年我国航油消耗将达到每吨公里 0.271 8 kg。

分高、中、低水平对航空总周转量进行分别预测，中水平假设我国 2010—2020 年航空总周转量能继续保持我国民用航空发展“十一五”规划水平年均 14%的增速，2020 年我国的航空总周转量将达到 1 157 亿 t · km；高水平假设我国航空总周转量能保持 2003—2008 年 20%的年均增速，2020 年我国航空总周转量为 1 582 亿 t · km；低水平假设按照目前的发展趋势外推 12 期，2020 年我国航空总周转量为 897 亿 t · km。那么按照高、中、低水平航空运输总周转量的预测，假设航油消耗强度降低 10%，2020 年我国可实现的年节油量分别为 478 万 t、350 万 t 和 271 万 t（表 6-11）。

表 6-11　2020 年航空运输用油节约潜力

情景预测	高情景	中情景	低情景
航空总周转量增速/%	20%	14%	BAU
总转量预测/（亿 t · km）	1 582	1 157	897
节油量/万 t	478	350	271

注：假设航油消耗强度下降 10%。BAU 为基准情景，即按其当前发展趋势进行预测。

资料来源：吴文化、樊桦、李连成、杨洪年，《交通运输领域能源利用效率、节能潜力与对策分析》，《宏观经济研究》，2008 年第 6 期；以及《我国民用航空发展第十一个五年规划》整理计算而得。

6.4.3　水路运输节油策略及潜力

6.4.3.1　水路运输石油消耗现状

水路运输主要是货运，客运量相对较少，不足全国客运量的 1%。水路货运主要分为内河运输、沿海运输和远洋运输，其中沿海和内河货运量仅占国内货运量的 9%左右[②]。从表 6-12 可以看出，近些年我国水路运输燃油消耗量呈现上升态势，从 2002 年的 1 652.3 万 t 上升至 2007 年的 7 717.3 万 t，尤其是 2007 年燃油

① 吴文化、樊桦、李连成、杨洪年：《交通运输领域能源利用效率、节能潜力与对策分析》，《宏观经济研究》，2008 年第 6 期。

② 数据来源于历年《中国交通年鉴》。

消耗量增长迅猛。但是从单位油耗来看，整体上呈现下降态势，从 2000 年的 92 kg/（万 t · km）下降至 2006 年的 50 kg/（万 t · km），但是 2007 年却迅速反弹，上升至 120[①] kg/（万 t · km）。

表 6-12　2000—2007 年我国水路运输耗油量

年份	2000	2001	2002	2003	2004	2005	2006	2007
换算周转量/（亿 t · km）	23 767.4	26 018.6	27 537.6	28 736.6	41 450.6	49 694.7	55 510.0	64 310.5
油耗/[kg/（万 t · km）]	92	74	60	63	57	66	50	120
燃油消耗量/万 t	2 186.6	1 925.4	1 652.3	1 810.4	2 362.7	3 279.8	2 775.5	7 717.3

注：换算周转量按照我国统计制度规定的客货换算系数换算而得；因为我国水路消耗的燃料主要是柴油和燃料油，所以这里燃油消耗量直接将水路换算周转量与单位油耗相乘而得。

资料来源：根据《中国交通年鉴》（2001—2008 年）整理计算而得。

6.4.3.2　水路运输技术进步节油策略

水路运输的单位油耗受船舶技术、船舶类型、运营组织和运输市场供求等多个因素影响。加快船舶的技术进步是提高水路运输燃料利用效率的有效途径。

（1）研发并推广节能船型。研发推广节能船型的策略有：建立和健全船舶节能技术标准、设计规范和评价体系；积极开发和采用先进动力系统和节能新船型，大力推广加大双尾船型等节能新船型，提高节能船型比重；大力发展船舶节能新技术，鼓励采用新材料、新技术、新工艺和新结构来提高船舶设计制造水平，减轻船舶自重量，选择运用先进推进器、低转速大直径螺旋桨，运用节能型柴油机，提高燃油效率。根据《公路水路交通节能中长期规划纲要》的规划，2020 年力争使新增船舶运力中节能船型的比重达到 80%以上，该策略预计可使单位油耗相比 2005 年下降 2.0%左右（表 6-13）。

（2）大力研发和推广船舶节能新技术、新产品。加强机桨匹配节能技术改造，优化船舶运行参数，采用舵附推力鳍以提高舵效、减少船舶阻力；推广优化电子喷油控制装置、防污漆、新型燃油添加剂等先进适用节能技术（产品），降低船舶航行运营油耗水平。按照规划安排，到 2020 年如果船壳防污漆应用率提高到 90%以上，则可使单位油耗较 2005 年下降 4.6%；如果燃油添加剂应用率提高到 80%以上，则可使单耗较 2005 年下降 2.2%（表 6-13）。

---

① 2007 年水路运输单耗突然上升至 120 kg/（万 t · km），不太符合现实情况，无法解释，笔者认为可能是中国交通统计年鉴的统计数据的异常。

表 6-13　水路运输的技术型节能的目标分解

项　目		2015 年		2020 年	
类别	主要任务	具体目标	节能效果	具体目标	节能效果
技术性节能	燃油添加剂	应用率≥60%	1.6%	应用率≥80%	2.2%
	推广防污漆	应用率≥70%	3.4%	应用率≥90%	4.6%
	推广节能船型	应用率≥70%	1.4%	应用率≥80%	2.0%

资料来源：《公路水路交通节能中长期规划纲要》。

6.4.3.3　水路运输结构调整的节油措施

（1）提升航道技术等级。大力开发利用长江、京杭运河、淮河、珠江、黑龙江及水网地区水运资源，推进内河水运主通道建设，全面提高航道等级、改善航道条件，提高航道标准和通航保证率。加快形成以高等级航道为主体的干支直达、通江达海、结构合理的内河航道网，到 2020 年，力争使三级以上航道比重达到 10%以上[①]。

（2）优化船舶运力结构。

- 加快海运船舶运力结构调整：推动海运船舶向专业化、大型化方向发展，着重发展大型集装箱运输船、原油运输船以及散货运输船等，建成结构合理、规模适当、具有较强国际竞争力的海运船队。通过优化海运船舶运力结构，到 2020 年，如果能使海运船舶平均吨位达到 12 000 t 以上，则预期可使单耗较 2005 年下降 4.6%左右[①]。
- 推进内河船舶运力结构调整：发展适应航道技术标准的标准化、大型化船舶，积极发展散装水泥、商品汽车等特种货物运输船舶，加快淘汰技术落后、能耗高、污染大的老旧、落后船型。积极引导运输企业和船户组建专业化内河运输船队，提高船舶吨位，发展规模化运输，降低燃料消耗。到 2020 年，全国内河货运船舶基本实现标准化和系列化，平均吨位达到 600 t 以上，通过优化内河船舶运力结构，到 2020 年，预期可使单耗较 2005 年下降 5.2%左右[①]。

而我国的内河和沿海运输只占水路运输货运量的 9%，所以根据这个比例换算节油率的话，预计 2020 年通过水路运输结构调整可使节油率较 2005 年下降 4.65%[②]。

---

① 《公路水路交通节能中长期规划纲要》。

② 4.65%=4.6%×91%+5.2%×9%。

6.4.3.4 水路运输技术进步和结构调整的总节油潜力

由于节油效果是相互的，其中一个节油措施是以另一个节油措施为基础的，所以上述节油效果只能相乘，而不能累加。所以，2020 年我国水路运输节油后的油耗水平为 2005 年油耗的 81.67%，即节能潜力为 18.33%。按照 1993—2007 年我国水路运输总换算周转量的变化趋势外推（图 6-3），预测得 2020 年我国水路运输总换算周转量为 205 549 亿 t · km，那么 2020 年可实现的总节油量为 2 486 万 t。

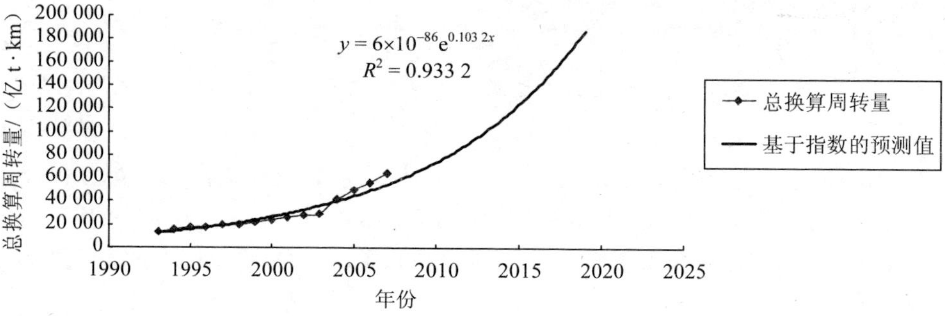

资料来源：根据《中国交通年鉴》（1994—2008 年）数据整理计算而得。

图 6-3 水路运输总换算周转量预测

6.4.4 公路运输节油策略及潜力

6.4.4.1 公路运输石油消耗现状

公路运输是交通运输业中耗油最大的部门，占交通运输业 80% ① 左右甚至以上的油耗量。对我国目前的公路运输能耗仅仅统计了营运车辆，还有一些社会和私人车辆的油耗没有统计，而这些车辆的油耗比较复杂，表 6-14 结合交通部公路科学研究院蔡凤田和国家发展改革委综合运输研究所李连成、吴文化等专家的相关统计，对我国公路石油消耗进行了简单估计。从表 6-14 可以看出，我国民用汽车拥有量从 1980 年的 178.29 万辆上升至 2007 年的 4 358.4 万辆，年均增幅高达 86.84%；营运车辆的耗油量和石油消耗总量也快速增长，其中 2000—2007 年我国营运车辆耗油量增加了 4 451.6 万 t，石油消耗量增长了 3 866 万 t。未来，随着公路运输的迅速发展和私人汽车进入普通家庭，我国公路交通工具的石油消耗量仍然会保持快速增长态势，并且这种趋势会持续一段时期。

① 国家发展改革委综合运输研究所吴文化副研究员在“交通 7+1 论坛”第十八次会议上的发言。

表 6-14 我国公路运输石油消耗情况

年份	2000	2001	2002	2003	2004	2005	2006	2007
民用汽车拥有量/万辆	1 608.9	1 802	2 053.2	2 382.9	2 693.7	3 159.7	3 697.4	4 358.4
营运车辆耗油量/万 t	3 344	3 899.7	4 266.8	4 363.2	4 770.6	5 419.6	6 591.0	7 795.6
石油消耗总量/万 t	6 500	7 479	7 960	8 442	8 923	9 800	9 885	10 366

注：民用汽车拥有量不包括农用汽车；石油消耗总量结合营运车辆耗油量统计及私人汽车拥有量、行驶里程和燃油消耗平均水平进行估算。

资料来源：《中国交通年鉴》（2001—2008 年）；蔡凤田，《公路交通运输领域节能减排对策》，《交通节能与环保》，2008 年第 2 期，表 1；李连成、吴文化，《我国交通运输业能源利用效率及发展趋势》，《综合运输》，2008 年第 3 期，表 4。

从表 6-15 可以看出，我国营运性车辆的单耗整体上也呈现上升态势。公路营运性客车的汽油、柴油单耗一直保持着上升态势，营运性货车的汽油、柴油的单耗 1995 年前呈现逐渐下降趋势，但是 1995 年后则保持上升态势。2007 年营运性客车的汽油平均油耗水平为 13.1 L/（100 t · km），柴油为 12.2 L/（100 t · km），单位油耗水平分别比 1978 年提高了 55.92%和 121.82%。2007 年营运性货车的单位能耗水平基本上能与 1978 年持平，但是比 1995 年的汽油和柴油单位油耗水平提高了 31.75%和 43.18%。营运性车辆单耗指标不降反升的态势，说明公路运输车辆节油空间还比较大。

表 6-15 我国公路营运性车辆单位耗油量 单位：L/（100 t · km）

项目＼年份		1978	1985	1990	1995	2000	2001	2002	2003	2004	2005	2006	2007
客车	汽油	8.4	8	8.7	9.1	11.0	12.0	10.0	12.0	12.0	13.2	12.8	13.1
	柴油	5.5	6.1	7.2	8.6	9.0	8.0	10.0	11.0	11.0	11.6	11.2	12.2
货车	汽油	8.5	7.7	7.1	6.3	7.0	8.0	8.0	8.0	8.0	8.0	7.9	8.3
	柴油	6.0	5.8	4.8	4.4	5.0	6.0	6.0	6.0	6.0	6.3	6.5	6.3

资料来源：根据历年《中国交通年鉴》整理而得。

6.4.4.2 公路运输技术进步节油策略

（1）加大车辆节油技术应用力度。我国现在行驶的乘用车大多都是从国外引进的 20 世纪末的车型，节油技术的运用非常有限。沈中元（2006）对我国乘用车的节油技术进行了分析，发现我国节油技术应用最多的节油技术为电控燃料喷射技术。其主要集中应用在一些中高档汽车上，但该技术在国际市场上是相当普及的技术，在日本其应用率达到了 100%。而像“可变气门正时和升程”新技术，只在“雅阁”、“飞度”和“帕萨特”等车型上应用过。我国汽车技术研究中心（2003）的资料显示，日本无级变速技术应用率达到 14%，而我国仅为 1%[①]。日本为了降低汽车油耗，从发动机系统、驱动系统、补给系统到行驶系统各个环节都采用了较多的节油技术（表 6-16），而在我国这些节油技术应用较少，从中日两国比较来看，两国节油技术的应用差距较大，直接导致了两国的公路油耗差异。

表 6-16　日本已采用的节油技术

名称	采用的节油技术
发动机系统	空气冷却；低摩擦引擎燃料；电子控制方式燃料喷射；稀薄燃烧；怠速状态防止装置；均质压缩点火；高压喷射；点火方式改良（相位等）；大量 EGR 系统；可变压缩比；可变气门正时和升程；活塞环摩擦的降低；筒内直喷；压缩空气供给装置的追加；Miller 冲程；气筒休止（可变气筒）
驱动系统	电动 4WD；自动 MT；自动无级变速；锁定动作范围的扩大（离合器）；AT 车空挡控制；增加可变段数；混合动力技术；摩擦损失的减少
补给系统	充电控制系统；电动方向盘系统
行驶系统	空气阻力的减少（如车体形状改良）；滚动阻力的减少（采用低滚动阻力的轮胎，轻量化）；车体重量的减轻（零部件的减轻、轻材料使用的扩大，车体结构的改良）

资料来源：沈中元，《中国汽车领域的节能潜力》，《国际石油经济》，2006 年第 8 期。

根据《公路水路交通节能中长期规划纲要》，在未来规划期内主要推行部分可行技术，包括减轻车重、发动机系统改变、滚动阻力减少等（表 6-17），这些技术如果能够普及，其节油潜力较大。按照中日现有的油耗比较，我国乘用车的平均排气量为 1 650 ml，平均油耗为 9.1 L/100 km，日本乘用车平均油耗换算成 1 650 ml 的排量的话为 6.1 L/100 km；货车在日本的平均油耗为 18.7 L/100 km，而我国的平均等速油耗为 34.2 L/100 km，是日本的 1.83 倍。到 2020 年，日本采用的各项节油技术在我国应该能得到足够的普及，那么保守估计我国车用石油的节约率可以达到 33%[②]。

表 6-17　我国公路运输技术型节能潜力

类别	主要节能措施	节能效果参考值/%
技术性节能	应用智能交通技术	25～50
	推广应用混合动力系统	10～50

① 中国汽车技术研究中心：《中国汽车燃料经济性标准法规及政策研究》，2003。

② 33%=（9.1–6.1）/9.1×100%，具体详见沈中元，《中国汽车领域的节能潜力》，《国际石油经济》，2006 年第 8 期。

类别	主要节能措施	节能效果参考值/%
技术性节能	减轻车身自重 10%	8
	发动机提高 1 个单位的压缩比	7
	子午线轮胎代替普通斜交胎	5～10
	高速车辆安装导流板	4～10
	安装风扇离合器	4～6

资料来源：《公路水路交通节能中长期规划纲要》。

（2）大力发展智能交通技术（ITS）。未来汽车的全球技术会逐渐趋同，单位车公里的理论单耗差异不会很大，实际运行油耗的差异主要体现在道路状况、拥挤程度、管理政策等方面。利用智能交通技术，可以减少交通拥堵和不必要的行驶，提高运输系统的合理性，是节能的重要方面。

应该重点加强以高速公路客运为核心的现代客运公共信息服务平台、客运信息系统、货运信息服务网和物流管理信息系统建设；加快推进公路运输信息化和智能化进程，加大现代信息技术在公路运输中的研发应用，逐步实现数字化、智能化管理；促进客货运输市场的电子化、网络化，实现客货信息共享，以提高运输效率，降低石油消耗。根据《公路水路交通节能中长期规划纲要》，到 2020 年，如果将 ETC（电子不停车收费系统）覆盖率达到 60%以上，出行信息服务系统覆盖率达到 90%以上，则可使单耗较 2005 年下降 3.1%左右。

6.4.4.3　公路交通领域结构性节油措施

（1）降低乘用车平均排气量（汽车小型化）。汽车排量的大小是决定汽车燃料消耗的重要因素。我国以及日本相关机构已经对排气量和油耗之间的关系进行了定量研究，日本国土交通省出版的《汽车油耗一览》中计算了 1991—2004 年代表性小型车和中型车的排气量相差 100 ml 时的平均油耗差，平均值为 0.32 L/100 km，最大值为 0.35 L/100 km，最小值为 0.29 L/100 km[①]；我国新华网 2006 年也研究了我国 38 种主要车型的排气量与油耗的关系，得出若排气量相差 100 ml，则平均油耗相差 0.281 4 L/100 km[②]；沈中元（2006）在研究我国汽车节能潜力时得出，平均排量每减少 100 ml，油耗下降 0.3 L/100 km[③]。中国汽车技术研究中心 2003 年的报告显示，我国销售的乘用车平均排气量为 1 650 ml，而日本国土交通省的资料显示，2004 年日本乘用车平均排气量为 1 616 ml，比我国低。

① 日本国土交通省，汽车油耗一览，http://www.mlit.go.jp/jidosha/nenpi/nenpilist/nenpilist.html。

② 年中系列报道——小排量车解禁，新华网，2006-06-28，http://www.xinhuanet.com/auto/2006-06/28/content_4749209.htm。

③ 沈中元：《中国汽车领域的节能潜力》，《国际石油经济》，2006 年第 8 期。

2008 年以来，我国连续出台了鼓励小排量汽车发展的税收政策[①]，但是在政策实施的 3 年里，效果并不理想，虽然税收优惠鼓励 1.6 L 以下排量汽车的销售，然而人们对大排量车的兴趣依然不减。当前，国家发改委、交通部、环保部在研究交通行业节能减排任务时提出，交通节能减排的目标和限制要求已列入“十二五”规划，我国拟对大排量汽车进行更严格的限制。

到 2020 年，如果我国汽车的平均排气量能下降至 1 500 ml [②] 的话，则每百公里可以节约油耗 0.5 L 左右，按照现在的平均油耗 9.1 L/km 来换算的话，节油率大约为 6%。根据沈中元（2006）的估计，2020 年我国乘用车占汽车的比例为 77.45% [③]，那么换算到整个汽车领域，其节油率为 4.6%。

（2）高效柴油动力汽车的应用。柴油轿车节能效果与汽油混合动力汽车基本上差不多[④]，柴油车的效率比汽油车高大约 20% [⑤]。现在限制柴油动力车的运用主要原因在于担心柴油车的尾气排放会造成严重环境污染以及我国目前的柴汽比较高。所以我国要大力发展柴油车，就必须解决好排放控制问题，比如柴油电控高压燃油喷射系统、清洁柴油和代用柴油技术、柴油及电控技术、排气后处理技术等，这些绿色高效柴油机核心技术都应该要大力发展。现在的废气再循环技术已经成熟，效果较好，可以快速推广；欧洲柴油车的微粒捕捉器技术已经普及，可以加快应用。另外，我国农业生产对柴油的需求量较大，在油品结构上给普及柴油车造成了一定的压力，随着家用轿车拥有量的增加，柴汽比过高的问题会逐渐得到缓解。按照国务院发展研究中心分析预测结果，若 2020 年我国柴油轿车数量发展到乘用车的 20%，则当年可以节油 1 880 万 t。

（3）优化道路基础设施结构。试验表明，汽车在一般公路（二级公路）上行驶，油耗要比汽车专用公路（一级公路）高大约 10%，在三类公路上要高 25%，在四类公路上油耗要高 35%，在五类公路上要高 45%，在六类公路上要高 70% [⑥]。这说明道路的质量对机动车的油耗有较大的影响。所以，改善道路基础设施条件，完善路网结构，可以达到节油降耗的作用。

可以通过加强公路网络化建设、发挥公路网络效益，来提高路网通行效率；优化公路站场布局，建设以公路运输枢纽为龙头、一般性汽车客货运站（点）为

---

① 2008 年实施车辆购置税优惠，1.6 L 及以下小排量车购置税税率为 5%，2009 年提升至 7.5%，2011 年 1 月 1 日取消车辆购置税税率优惠，目前我国车辆购置税税率为 10%。

② 1.5 L 是一个并不牺牲汽车乘用舒适性的排气量，应该能够接受。

③ 沈中元：《利用收入分布曲线预测中国汽车保有量》，《中国能源》，2006 年第 8 期。

④ 欧阳明高：《我国节能与新能源汽车发展战略与对策》，《汽车工程》，2006 年第 4 期。

⑤ European Commission. Well-to-Wheels analysis of future automotive fuels and power trains in the European context. May 2006. http://ies.jrc.ec.europa.eu/WTW.

⑥ 蔡凤田：《公路交通运输领域节能减排对策》，《交通节能与环保》，2008 年第 2 期。

辅助，布局合理、结构优化、与其他运输方式有效衔接的公路站场服务体系；可以通过加快高等级公路建设、加快改造国省干线公路扩容升级力度、加快未铺装路面改造、提高路网路面铺装率、强化公路路面养护、全面改善路面状况，来提升路网技术等级和路面等级。如果到 2020 年，能使二级以上公路占公路总里程（不含村道）的比重达到 21%以上，路网（不含村道）路面铺装率达到 75%以上，则预计单耗较 2005 年下降 4.5%左右①。

6.4.4.4　公路交通管理性节油措施

（1）改进运输组织管理。目前我国各地车辆的实载率比较低，而汽车的吨位利用率和里程利用率越低，车辆的燃油消耗量就越高。车辆里程利用率提高 1%、3%和 5%，则可分别使汽车油耗降低 3%、7.5%和 15%②。所以通过提高运输组织管理水平，可提高车辆的里程利用率和实载率，达到节油目的。

对于公路货运，要引导运输企业规模化发展，加强货运组织和运力调配，有效整合社会零散运力，实现货运发展的网络化、集约化、有序化和高效化；对于公路客运，应加强客运运力调控，对于实载率低于 70%的客运线路不得新增运力，推进客运班线公司化改造，提高公路客运企业集约化水平，推广滚动发班等先进客运运输组织模式，提高客运实载率。

根据《公路水路交通节能中长期规划纲要》，到 2020 年，力争使公路货运里程利用率达到 67%以上，这样可使单耗较 2005 年下降 8.1%左右。从图 6-4 可以看出，按照 1993—2007 年公路货运周转量的发展趋势外推，2020 年我国公路货运周转量为 23 071.69 亿 t · km，据此可估算出该项措施可节油 1 047 万 t③。

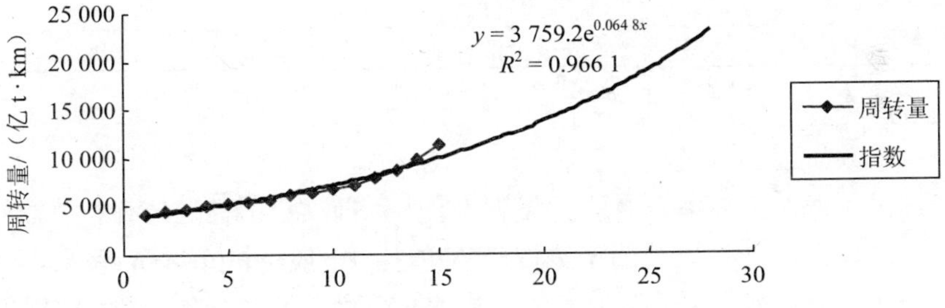

资料来源：历年《中国交通统计年鉴》。其中 1993 年取值 1，则 2020 年取值为 28。

图 6-4　我国公路货运周转量预测

---

① 《公路水路交通节能中长期规划纲要》。

② 蔡凤田：《公路交通运输领域节能减排对策》，《交通节能与环保》，2008 年第 2 期。

③ 1 047 万 t=（8.0×0.74+6.3×0.839）/2/1 000×8.1%×23 071.69×1 000 000。单位换算比例为：汽油 1 kL=0.74 t；柴油 1 kL=0.839 t。

（2）提高汽车驾驶员节油素质。驾驶员的驾驶水平和习惯会影响汽车行驶的油耗。研究表明，一般驾驶员驾驶习惯对汽车油耗的影响范围可以达到30%，而职业驾驶员的操作技能对汽车油耗的影响也可以达到12%。所以加强对驾驶员节能驾驶培训管理可以起到非常好的节油效果。在驾驶的过程中，对油耗影响比较大的操作有：汽车起步加速、发动机启动升温、离合器运用、换挡加速、车速控制、汽车空挡滑行等。可以制定汽车节能驾驶技术标准规范，编制培训教材和操作指南，强化公路运输企业节能驾驶的培训力度，通过提升汽车驾驶员的节油意识来实现油耗的降低。到2020年，如果能使节能驾驶培训普及率达到70%以上，则估计可以使汽车单耗较2005年下降2.1%左右①。

6.4.4.5 公路交通领域总节油潜力分析

综合上述公路交通部门的节油策略和措施，发现可以通过车辆、道路和运输组织管理3个方面入手来实现技术、结构和管理性节油，提高公路交通领域的用油效率（表6-18）。其中车辆技术性节油是以日本现有的节油技术作为参考的，结构性和管理性节油是根据目前国内的发展状况预测的节油潜力。

表6-18 2020年我国公路交通领域节油潜力

节油类别	节油策略	节油率（量）
技术性节油	车辆技术节油	33%
	智能交通技术节油	3.1%
结构性节油	降低乘用车排气量（汽车小型化）	4.6%
	高效柴油动力车的应用	1 880 万 t
	优化道路基础设施结构	4.5%
管理性节油	改进运输组织管理	1 047 万 t
	提高汽车驾驶员节油素质	2.1%

注：这里的节油潜力测算没有考虑摩托车和农用汽车，表中的节油量为笔者上文测算的2020年节油量，节油率是与2005年相比的节油率。

根据表6-18的节油率来测算综合节油潜力，前文已经提过最终总节油的效果不应该是累加，而是相乘的结果，因为节油的措施间是相互依存的关系。那么根据表6-18的各项节油率换算为公路交通领域的综合节油率是42.1%。根据表6-14的我国公路交通石油总消耗量估算出2005年单位民用汽车的年耗油量为3.1 t。借鉴日本能源经济研究所沈中元（2006）用收入分布曲线基于收入和汽车购买力的推算结果，预测我国2020年汽车保有量为11 682万辆②，则2020年公路交通

① 《公路水路交通节能中长期规划纲要》。

② 沈中元：《利用收入分布曲线预测中国汽车保有量》，《中国能源》，2006年第8期。该数据相对还比较保守。

的节油量可以达到 18 173 万 t。

6.4.5　交通运输领域结构调整的节油潜力

从 2007 年我国主要运输方式的能源消费结构的综合能耗来看，不计管道运输，铁路占比为 7.1%，航空占比为 6.5%，水路占比为 12%，而公路占比达到了 74%；从运输工具来看，铁路机车占 4.5%左右，民航飞机占 6.8%左右，船舶占 11%，而汽车占比超过了 77.7%①。

从几种主要运输方式污染物排放水平来看，基本上与能源结构保持一致，航空占 6.2%，水运占 11%，铁路因为电气化比重加大，如果按终端能耗排放量则比重较小，而公路机动车占总排放量的 80%②。

从表 6-19 也可以看出，航空的单耗最高，其次是公路，而铁路和水路都是具有较高的节油环保性，但是铁路和水路运输其快捷性不如航空，灵活性不如公路，相对来说发展速度不如公路和航空。从客运周转量来看，1993—2007 年，我国航空和公路的年均增速分别为 32%和 14%，但是铁路的年均增速仅为 7%，而水运更是负增长，为 –4%；从货运周转量来看，1993—2007 年，航空和公路的周转量年均增速为 40%和 11%，而铁路的年均增速仅为 6%③。

表 6-19　我国四种主要交通方式的单位油耗量　　单位：kg/（万 t · km）

年份	2000	2001	2002	2003	2004	2005	2006	2007
铁路	25.8	25.7	25.6	25.4	25	24.6	24.3	24.6
航空	3 960	3 810	3 640	3 540	3 410	3 360	3 270	3 120
水路	92	74	60	63	57	66	50	120
公路	626.7	663.7	668.6	726.6	726.6	767.7	754.2	783.9

注：公路单位油耗量简单地取客货运的柴油和汽油平均值。

资料来源：根据《中国交通年鉴》（2001—2008 年）整理计算而得。

未来，为了实现交通部门的节能减排，应该加强油耗强度低的运输方式对油耗强度高的交通方式的替代，加大铁路、水路等油耗较低运输方式的力度，通过交通领域的结构优化产生巨大的节油潜力。从货运角度，铁路和水路目前的运输量较大，2007 年二者的货运周转量占全社会总周转量的比重已经达到了 86%，且铁路货运周转量在整个货运周转量结构中一直处于下降状态，从 1993 年的 39%

① 根据《中国交通年鉴》（2008 年）计算而得。

② 吴文化在“交通 7+1 论坛”第十八次会议中发言。

③ 根据历年《中国交通年鉴》计算而得。

下降到 2009 年的 20.8%，但是美国和俄罗斯的货运周转量中铁路的比例一直处于增长态势，美国 2007 年的铁路周转量占比 39.5%，俄罗斯 2008 年的铁路周转量占比 42.8% [①]。到 2020 年，如果公路货运能转移 5%到铁路，则可以节油 875.9 万 t [②]；从客运角度，2007 年铁路周转量仅占总周转量的 33%，水运周转量不足 1%，到 2020 年，如果公路客运能转移 5%到铁路，则可节油 89.24 万 t [③]。

6.4.6 我国交通运输领域综合节油潜力

依据以上分析可知，交通部门的节油主要从技术进步、结构调整和提高交通管理水平等方面入手。

从不同运输方式来看，未来公路交通部门的节油潜力最大，预测 2020 年节油量可以达到 18 173 万 t 左右，占总节油量的比重为 78%；水路节油潜力其次，大约为 2 486 万 t，占比 11%；航空部门的节油潜力最小，平均只有 388 万 t 左右，仅占 2%，见表 6-20。

表 6-20　2020 年我国交通部门的节油潜力预测

方式	铁路	航空	水路	公路	整体结构调整	合计
节油量/万 t	1 163.58	478	2 486	18 173	965.14	23 175.72
占总节油量的比例	5%	2%	11%	78%	4%	100%

注：航空部门的节油量取高、中、低情景的平均值。整体结构调整指四种交通运输方式之间的结构调整，而每种运输方式的内部的结构调整节油量已经包括在各种运输方式中。

从不同节油方式来看，由于铁路部门其内燃机车油耗水平近些年在逐年下降，与国际市场上油耗水平相差不大，所以主要依靠电力机车对内燃机车的替代来实现节油；航空部门的飞机基本上都是进口，节油潜力不大，其节油潜力主要来自航空运营的组织管理水平；而水路和公路交通部门的技术进步带来的节油潜力较大，尤其是公路交通，同时通过结构运力的调整和提高运输组织及管理水平等方式亦可实现较大的节油空间。

总体上来看，2020 年，我国交通部门可节油总量将会达到 23 175 万 t 左右，占当年预测石油消费量的 30%左右，相当于当年石油进口量的 42%左右，有效地缩小了我国石油供需之间的缺口，缓解了我国石油进口及供应安全的压力，详见图 6-5。

---

① 贾顺平在“交通 7+1 论坛”第十八次会议中发言。

② 计算方法：875.9 万 t=23 071.69 亿 t · km×（783.9–24.6）kg/（万 t · km）/1 000×5%。

③ 计算方法：89.24 万 t=2 350.6 亿 t · km×（783.9–24.6）kg/（万 t · km）/1 000×5%，其中 2 350.6 亿 t · km 为 2020 年预测的客运周转量换算而得。

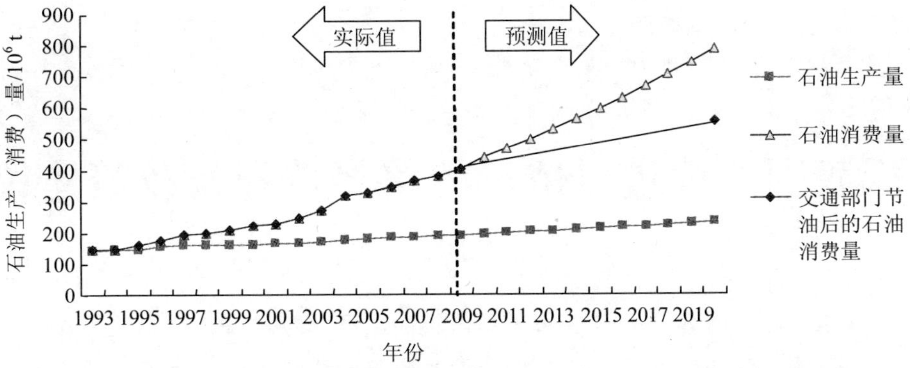

图 6-5 1993—2020 年考虑到交通部门节油后的我国石油生产量和消费量

交通领域是未来我国节能减排的重点领域，也将是难度最大的领域。提高交通部门的石油利用效率受多方面因素影响：①政策法规的导向；②交通运输的发展模式和结构；③节油技术应用水平；④运输组织管理水平；⑤资金投入问题。未来，应该以交通部门的技术进步为核心，提高各种运输方式的石油利用效率，尤其是公路运输领域的技术节油，加快国内和国际市场已经成熟的节油技术的推广；以交通部门的结构调整为先导，加强低油耗运输方式对高油耗运输方式的替代，实现结构优化带来的庞大节油潜力；更新运输设备及加快基础设施建设，提高运输组织管理水平，通过运输效率的提高来达到降低油耗、减少排放的目的。

第 7 章
降低我国石油进口依赖的路径选择及政策建议

本章主要对前面各章降低石油进口依赖的主要路径进行总结比较，在比较的基础上，借鉴国外的政策经验，提出降低我国石油进口依赖最优路径的政策保障体系。

7.1 降低我国石油进口依赖的路径选择

石油依赖作为一种“特别残酷和不可摆脱的依赖”已经迫使世界各国纷纷采取措施来应对。目前弥补我国石油供求缺口的路径选择主要从“开源”和“节流”两个角度入手，具体包括石油进口、扩大国内石油供给、石油企业“走出去”获取国外石油资源、石油替代以及提高石油利用效率（节油）等。本书前面几章已经对各项路径进行了具体分析，现将其结论概述如下。

7.1.1 石油进口依赖的成本及风险

自 1993 年我国首次成为石油净进口国以来，我国石油进口量大幅上升，2011 年石油进口量已达到 3.16 亿 t，石油依存度逐年增长，从 1993 年的 5.3%上升至 2011 年的 60.55% [①]。该指标的不断攀升表明我国石油消费越来越受到国际石油市场的影响，给我国石油安全增加了一定的风险。我国石油进口的安全与否主要体现在 3 个方面：能否买得起；能否买得到；能否运得来[②]。

7.1.1.1 能否买得起

由于我国是石油进口大国，所以石油消费所产生的本国向石油生产国的财富转移成本非常高昂，2011 年的石油财富转移成本达到了 1 957.01 亿美元（2011 年美元价格），从成为净进口国的 1993—2011 年的财富转移成本总计为 8 479.65 亿

① 根据历年的《中国能源统计年鉴》计算而得。

② 郑传贵：《世界石油地缘政治格局新态势与中国石油进口安全》，《北京石油管理干部学院学报》，2007 年第 6 期。

美元（2011 年美元价格）[①]；我国目前在国际石油定价权上没有话语权，只是其价格的被动接受方，所以作为石油进口大国来讲，国际油价的大幅波动会对我国国内经济产生影响，Davis 和 Haltiwanger（1997）发现石油价格冲击对就业的影响是货币冲击的两倍[②]，同时价格波动导致国内市场价格、工资和利率的调整存在时滞，从而使可用资源未能实现充分利用，经济产出降低，2011 年因为国际油价的波动对我国经济产生的成本达到了 239.81 亿美元（2011 年美元价格）；国际石油价格的高企意味着石油资源越来越稀缺，我国经济在拥有同样的资本、劳动等其他要素禀赋时会因为石油资源的稀缺而使产出减少，这种影响所带来的成本是持久的，只要石油价格保持上升态势，该损失就存在，2011 年该项损失给我国经济带来的成本为 205.81 亿美元（2011 年美元价格）。

因此，我国作为石油进口大国，因为国际石油价格的高企、国际油价的波动和我国石油进口量的大幅上升，1993—2011 年由此带来的经济成本达到了 10 043.23 亿美元（2011 年美元价格），其中 2011 年的石油依赖成本为 2 402.64 亿美元，占当年 GDP 的 3.2%，该项成本占 GDP 份额最高的年份（2006 年）达到了 5.8%。

7.1.1.2　能否买得到

国际市场上多方势力的影响给我国石油供应带来了不确定性，美国、日本、印度等国已经将我国列为影响其石油资源获取的重点观察国家；我国石油进口国高度集中于地缘政治不稳定区，未来我国石油供应不仅取决于这些进口来源地的稳定和安全，还取决于我国与这些国家或地区的政治、经济以及外交关系；虽然我国一直把石油进口“多元化”作为自己的奋斗目标，但是在整个进程中依然困难重重，收效甚微。

7.1.1.3　能否运得来

影响“能否运得来”的因素主要有运输路线和运输能力。要解决运输线路问题首先要解决的是进口多元化问题，但我国进口多元化的进程困难重重。而选择新的路线要考虑投资成本和经济回报的问题，不是短时间就能解决的；同时我国石油运输能力的改善也因为船队的运输能力、船舶结构和行业管理体制三大难题在短时间内无法实现。

---

① 数据来源于第 4 章的计算结果。

② Davis，S.J. and J. Haltiwanger. Sectoral Job Creation and Destruction Responses to Oil Price Changes and Other Shocks，presented at the conference on International Energy Security：Economic Vulnerability to Oil Price Shocks，Washington，DC，October 3-4，1996，sponsored by the U.S. Department of Energy and Department of State.

7.1.2 扩大国内石油供给

石油进口为我国经济发展带来了一系列风险和不确定性，为了降低石油进口依赖，国内市场上通常会采用“开源”策略，即加大国内石油资源的勘探开发力度，充分发掘我国石油资源潜力，通过加大科学技术投入，扩大国内石油供给，使我国石油资源产量逐年上升，从而降低石油进口。但是无论是从成本-收益角度还是从我国石油资源储量角度，在现有的生产规模上继续扩大石油供给的潜力非常小。

从成本-收益角度来看，扩大国内石油供给事实上就是减少石油进口，所以其收益即为石油进口依赖的成本，包括降低了石油消费国向石油生产国的财富转移，因为扩大石油生产导致能源等生产要素更便宜而使生产经济能力上升所带来的收益，提高了国内应对石油价格波动的能力从而带来的宏观经济调整收益；另一方面扩大国内石油生产所产生的成本，包括生产者从石油勘探开采到市场销售的直接成本，石油开发对地表、土壤、水系生态、环境污染等的环境成本，现在使用石油不可再生资源而不能留给后代使用所产生的使用者成本和增加石油消费而产生的外部性成本等。通过对扩大石油总供给的成本-收益进行分析，可以看出石油生产成本呈现逐年攀升的态势，由于国际油价高企和上升的态势，石油生产的收益也是上升的，并且总收益是大于总成本的，这说明扩大国内石油生产是有利可图的，但是从测算的收益-成本弹性指标变化来看，该指标从 2003 年的 4.81 下降到了 2007 年的 0.68，表明整体上成本的相对增长幅度要快于收益的增长幅度，随着 2009 年国际油价的适度回落以及未来石油开采的难度加大等因素，收益-成本弹性下降的趋势会维持。所以从成本-收益角度来分析，在原有国内石油供给的基础上扩大国内石油生产，收益的增长有限，而随着开采量的进一步扩大，直接成本等成本攀升速度会更快，笔者认为扩大国内石油生产路径存在一定的局限性。

从我国石油资源储量来看，我国石油生产从 1963 年 12 月大庆油田的发现到 1965 年的 0.113 亿 t 处于低产阶段，之后直至首次成为石油净进口国的 1993 年的 1.44 亿 t 到 2011 年的 2.03 亿 t 一直处于高产阶段，未来也会遵循世界油田“发现→低产→高产→衰减→枯竭”的趋势，呈现出逐渐衰减甚至枯竭的态势。从已探明储量以及储产比等指标来看，已探明可采储量呈现下滑趋势，储产比从 2000 年的 15.1 下降到 2011 年的 9.9，且远低于世界市场中的美国、意大利等其他国家，说明我国石油已探明储量相对不足；待探明石油资源地质条件比较复杂，地表条件恶劣、勘探作业难度比较大，成本高，直接制约了这些领域的油气资源开发；新增石油储量和待探明石油资源品位不断下降，新增储量中难动用储量比例显著增加，待探明石油资源低品位资源比例比较高，重油、低渗透油的比例达到了 43%，石油资源品位降低和规模缩小，加大了勘探难度，而且使勘探成本大幅增加。综合众多学者和研究机构的观点，我国目前的石油产量比较接近于我国石油产量峰值。为了给国际石油市场形成一定的威慑力，我国需要控制国内石油产量。未来，我国石油开采将呈现两种趋势：一种是在当前产量基础上快速进行产量扩张，产量到达一个最高点后，以很快的速度下滑；另一种是以当前的开采速度缓慢地增长到一个比第一种低一点的高峰，持续一段时间后，缓慢下降。从石油和经济安全角度看，应该选择第二种趋势。所以无论是从资源储量、战略角度还是从石油经济安全等角度，我国都应该保持现有规模下稳定增长的石油生产，而不适宜大规模扩大生产。

7.1.3 石油企业“走出去”获取国外石油资源

石油企业“走出去”获取国外石油资源可以在一定程度上缓解国内的高石油进口压力，谋求国际石油话语权，既能保障我国石油安全，同时也有利于石油企业自身发展。

我国石油企业“走出去”在境外投资开发石油资源经过近 20 年的发展，在油气田的勘探、开发和炼油等上下游一体化方面成果比较丰富，获取的份额油的绝对量也呈现增长态势，但是与同期我国石油进口量相比，其所占比重还较低，处在 20%以下，缓解石油进口压力的作用还比较有限。

从我国三大石油企业与国际大型石油公司的国际竞争力比较来看，生产能力尤其是销售能力差距明显；从企业规模、盈利能力和可持续发展能力上来看，中石油保持着较低的竞争力，而中石化和中海油与国际大型石油公司差距巨大；从经营管理能力上来看，三大公司的流动比率都处于较低水平。从整体的综合竞争力水平来看，我国三大石油公司相比国际大型石油公司竞争力较弱，从而导致他们在获得境外石油资源方面处于被动局面。此外，由于企业资金不足、投资区块开发难度大成本高、经营经验不足、机制不够完善、国内政策配套相对滞后等因素的影响，我国石油企业获取份额油的道路困难重重。同时，其“走出去”的政治风险难以规避，石油资源引发的局部战争威胁将长期存在，资源拥有国政局动荡、民族冲突、政策法规不连续等风险及第三方的干预风险等已经突破了单纯的东道国政府和跨国公司的边界。

所以，获取份额油之路虽然可取，但对于缓解我国石油供求缺口作用有限，同时给我国石油企业以及政府提出了较强的考验。

7.1.4 石油替代

我国目前选择以发展纤维素为原料的生物燃料、煤制燃料和电动汽车作为重点的石油替代模式。

生物质燃料在当前以及未来较长时期内替代石油资源的数量都是有限的，根据第5章的分析，目前绝大多数研究资料的预测结果显示，到2020年生物质燃料占交通燃料的比重不超过10%，所以只能作为石油资源的补充而非替代。未来的发展趋势是第二代生物质燃料，其虽能避免粮食危机，但原材料来源问题、成本高、环境压力、技术问题等，会制约其前进的步伐。

煤基液体燃料属于高能耗、高技术水平、高资金投入的产业，在目前的技术条件和市场环境下，其大规模产业化存在投资风险、生态环境风险、资源可供性风险等一系列风险。投资成本方面，煤制油项目的固定成本约为炼油项目的6倍，前期投资动辄几十亿元、上百亿元①，相当庞大，给其商业化带来了巨额成本挑战；能耗方面，煤液化所消耗的燃料气、煤、燃料油等远远高于炼油项目，耗能巨大，同时也加快了煤的枯竭；生态环境方面，目前煤主产区富煤缺水，水资源和生态资源承载力不够，会影响我国整体节能减排工作。在今后的20～30年，我国首先要确保的是电煤供应，事实上可用于替代石油的煤炭资源比较有限。

混合动力汽车作为传统汽车技术升级换代的过渡产品，具有一定的节油空间，但是因为成本较高难以深入消费者群体；纯电动汽车比较符合我国缺少石油且内燃机技术水平不高的国情，但是动力不足、充电配套、成本过高、电池原料等问题缺陷亟待破解；燃料电池汽车是未来发展的新趋势，其可靠性、耐用性和安全性有待提高，氢燃料的利用技术还有待完善，在较长时期内努力降低其不同阶段的生产成本才能实现产业化。

以上三条路经受到的技术、资源、成本和环境的约束较大，从目前的产量和未来的发展规划来看替代作用有限，但是可以在一定程度上缓解石油供应压力，作为石油能源的有效补充。

7.1.5 节油

从第 3 章我国石油供求的基础数据可以看出，我国石油消费的增速非常迅猛，年均增长率为7%，甚至有若干年份石油消费弹性系数大于1，即石油消费增速大于GDP增速，说明在经济增长过程中高耗油产业发展过快，对石油的消耗过多。虽然我国石油利用效率在逐步提高，但是与发达国家之间还存在一定的差距，

---

① 陈俊武、李春年：《石油替代途径的宏观经济评估》，《宏观经济研究》，2009年第1期。

未来石油利用效率的提升还存在很大潜力。

本书第 6 章对单要素石油利用效率的测算显示，全国的总节油潜力较大，2008 年、2009 年、2010 年和 2011 年的节油潜力分别达到了 48%、49%、47%和 46%，实际可节约的石油量达到了 1.31 亿 t、1.41 亿 t、1.52 亿 t 和 1.594 亿 t，这说明平均每年有超过 40%的过度石油消耗量，可节约的石油量占当年石油进口量的 50%左右。而基于第 6 章全要素模型测算的结果，占我国石油消耗量 80%的交通部门和工业部门的节油潜力是非常巨大的，两部门的合计节油量从 1998 年的 2 445.8 万 t 上升至 2011 年的 8 248.3 万 t，分别占当年石油进口量的 66.34%和 26.1%。其中工业部门的可节油量呈现相对比较平稳的态势，平均节油量基本上维持在 1 300 万 t 左右；交通部门的可节油量随着其石油消耗量的迅速增长而一直保持着增长态势，这说明我国交通部门整体运行效率较低，石油效率损失较严重，未来应该重点提升交通部门的石油利用效率从而有效降低我国石油消费增长速度。

交通部门作为我国最大的石油消耗部门，可以从其技术进步、结构调整和提高交通管理水平等方面入手，实现节能减排。通过第 6 章对 2020 年节油潜力预测的结果来看，公路交通部门的节油潜力最大，预测 2020 年可节油量占可节油总量的比例为 78%；水路节油潜力其次，占比 11%；航空部门的节油潜力最小，仅占 2%。2020 年，我国交通部门的可节油总量将会达到 23 175 万 t 左右，占同期预测的石油消费量的 30%左右，相当于同期预测的石油进口量的 42%左右，有效地缩小了我国石油供需之间的缺口，缓解了我国石油进口及供应安全的压力。未来，应该以交通部门的技术进步为核心，以交通部门的结构调整为先导，更新运输设备、加快基础设施建设、提高运输组织管理水平，通过运输效率的提高来达到降低油耗、减少排放的目的。

当然提高交通部门的石油利用效率受多方面因素的影响，除了节油技术应用水平、交通运输的发展模式和结构、运输组织管理水平等因素外，还会受到政策法规导向、资金投入等因素的影响，未来应该在政策法规和资金支持等方面为交通部门的节油提供保障。

7.1.6　基于降低石油进口依赖程度的节油路径选择

石油进口依赖的高成本和高风险加重了我国的经济成本和能源安全风险，需要寻找有效路径来降低进口依赖。目前降低石油进口依赖的路径主要有扩大国内石油供应量、石油企业“走出去”获取份额油和石油替代等供给路径和节油需求路径。从上述若干路径降低石油进口依赖的程度来看，无论短期效果还是长期选择，节油都是最有效、潜力最大的路径。

通过节油可以实现石油进口下降的比例达70%左右，消耗了全国80%石油的工业和交通两耗油大户的可节油量也可以降低30%左右的石油进口量，其中交通部门的可节油量随着其石油消耗量的迅速增长而一直保持增长态势，通过对未来交通部门的石油节约潜力测算，得出其可节油总量相当于同期预测的石油进口量的42%左右。所以，无论是短期潜力还是长期发展趋势，提高石油利用效率（节油）是降低我国石油进口依赖最可行的路径选择。当然，以上只是基于国内和国际市场上相关参照系的比较测算出的理论上的节油量，要实现该节油量还需要提供行之有效的政策支持和保障。

7.2 国外交通和工业节能政策经验及启示

交通运输行业和工业是国民经济的重要构成部分，也是各国能源消耗的主要部门。在全球油价高企的形势下，能源矛盾逐渐凸显。因此，世界各国都在积极制定政策来保障交通运输业和工业的节能减排。

7.2.1 国外交通行业的节能政策经验及启示

7.2.1.1 国外交通行业的节能政策经验

（1）交通行业节能法律保障。在节能制度实施的初期，交通行业市场主体实施交通节能的意愿并不强，所以需要以刚性的法律来约束交通行业市场主体，促进节能政策的顺利实施。

美国1973年的石油危机唤醒了其石油安全意识，随后通过立法确立了能效标准和标识的法律效力，实施了强制性能效标准、标识和自愿性认证制度。该制度的实施使美国轿车的燃油经济性提高了近1倍。具体的法律、法规有1975年出台的《能源政策和节约法》、1978年颁布的《国家能源政策法》、1992年出台的《国家节能政策法》。2002年制定了《美国国内产业自律型的能源消费说明书》，其中说明了国家的整体能源消耗与交通行业密切相关，交通行业应该加大力度来提高燃油利用效率①。2005年8月8日出台了新的《2005年能源政策法》，2007年又制定了《美国能源独立与安全法》，该法案包括提高车辆燃料经济性、能源运输和基础设施和增加生物燃料产量等法规。美国通过一系列立法，大大提高了汽车的燃油经济性，推进了交通运输行业节能减排的实施。

日本的能源相当匮乏，所以其在节能方面的法律相当严格。1979年颁布了《节

① IEA，*Energy Statistics and Balances*，International Energy Agency，2004.

约能源法》，该法规定按汽车重量来确定其燃油效率。以 1 515.5 kg 为界限，燃油效率为 7.7 L/100 km，重量超过该界限，则燃油效率有所提高，该法案还确立交通运输行业在 2025 年开发推广油耗为 2 L/100 km 汽车的节能目标[①]。1998 年又重新对《节约能源法》进行了修改，引入了“向冠军看齐”制，即新开发的汽车节能效果必须超过现已商品化的同类产品中节能效果最好的产品[②]。除了《节约能源法》外，日本还颁布了《能源合理消耗法》、《关于机动车能源利用率的省令》等。

欧盟国家也非常重视交通运输业的节能，不仅制定了运输政策的白皮书，还发表了《能源效率——用较少的资源办更多的事》绿皮书，制定了欧盟共同体能源政策加强交通运输行业的节能[②]。欧盟各成员国各自也有相关的节能法律。德国制定了《能源节约法》、《可再生能源法》和《石油及石油制品储备法》等能源利用方面的法律；英国 2007 年颁布了“国家能源效率行动计划”；丹麦 2000 年颁布了《丹麦节能法案》和《能源供应法案》，从不同角度对能源利用活动加以规范。

（2）交通运输行业节能政策措施。世界市场上的交通行业节能措施以美国、日本和欧盟最突出。

美国最早提出车辆耗能管理制度，通过制定行业标准和征收相关税费的方式来节能。例如，每年根据车型公布小客车和轻型货车在高速及市区油耗测试值，要求新车销售商必须在展厅提供燃油消耗指南供消费者参阅；对未达到平均燃油经济标准的车辆征收“油老虎税”；对车辆生产厂商制定整厂加权平均油耗规定值，未达规定值，则征收罚金。

日本通过大力资助、补贴等政策引导各大公司以及交通运输企业进行科技创新，同时配合税费政策进行节能。例如，设定燃油消耗目标值对汽柴油小客车、汽柴油小货车进行管制；对购买清洁并且使用替代燃料的车辆少缴纳购置税，一般车辆实行高税收、高油价政策；确立行业杠杆，即确立汽车最高节能标准，未达标的制造商，采用警告、公告、命令、罚款等手段进行惩罚；通过高油价政策有效抑制了石油消费的增长。

欧盟委员会对交通运输业的节油措施也非常严格。1998 年公布的法案（1999/94/EC）中要求所有的轻型燃油车新车出厂时必须贴燃油资讯标签，同时发布车辆油耗指南供消费者索取，对未采取该行为的厂商课以罚金；通过减税来鼓励使用者采用性能好、压力适当的轮胎来减小地面摩擦耗油；对污染和高能耗汽车收费或限制行驶；2006 年公布的“提高能源效率行动计划”中提出了具体的交

① 沈俊：《交通运输业节能减排国际管理手段及启示》，《武汉理工大学学报》，2010 年第 4 期。

② 韩立波、刘莉：《国外道路运输业节能管理经验》，《交通节能与环保》，2008 年第 2 期。

通部门节能措施目标，包括限制汽车排放量、鼓励能源效率投资等。欧盟各国在交通运输业节能方面也是多管齐下，效果明显。以德国为典型，欧盟国家对汽车发动机进行改造，发展清洁柴油汽车，截至2005年，德国的汽车中有50%采用柴油发动机；法国征收汽车燃料税，但对低能耗、低污染的清洁汽车实行1 800欧元左右的免税政策；英国从2001年起，每年拿出5 000万英镑的“能源效率基金”鼓励企业节能，大力发展低碳交通模式，英国政府规定每天7:00到18:30期间通过伦敦市中心的车辆，必须缴纳交通拥堵费，而所得费用用来建设道路、轨道等公共交通基础设施①；通过对高能耗汽车课以重税、绿色汽车免税等财税政策引导消费者选择低能耗、低排放的汽车。

（3）节能宣传和提高民众节能意识措施。

- 节能驾驶：美国、日本、欧盟诸国重视对驾驶员的节能驾驶方面的培训。一方面，在驾驶培训中有意识地增加节能驾驶的内容，让驾驶人员学习节油的窍门，并在考试中增加相关的燃油使用效率等方面的测试项目。英国、荷兰等欧盟诸国都已将节油能力测试纳入了驾驶考试中，使节能成为全行业的自觉行为。
- 提高节能宣传力度和节能意识：美国从幼儿园到12年级均有分年级的能源知识等节能配套课程，日本从小就开始给民众灌输能源危机意识和节能意识。美国能源部号召民众购买汽车时首先考虑燃油经济性。日本民众平时上下班都具有愿意搭乘公共交通的意识。德国每年在全国开展节能知识有奖竞赛，宣传节能知识的同时提高了民众的节能意识。欧盟委员会在定期向社会发布能源效率的绿皮书时提出欧盟国家在节能宣传和能力培训中存在不足，要求各国共同解决节能宣传和节能意识培养问题。

7.2.1.2 对我国交通运输业节能的启示

从以上美国、日本、欧盟等国交通运输业的节能政策措施来看，我国与他们还存在一定的差距，通过借鉴发达国家的先进经验，我国可以得到以下一些启示：

（1）节能法律体系要完善。我国只有现行的《节能法》，但并没有针对交通运输业节能减排方面的法律法规。节能目标方面没有针对综合交通运输领域给出较明确的目标。在一些法律中有涉及交通部门，但是主体并不是太明确，没有对生产厂商、中间商和消费者的具体行为进行约束。未来应该从这些角度来完善法律体系，做好综合交通运输发展战略规划工作，并将这些法律、规划等落到实处，保证性措施的法律也需健全。

（2）交通节能政策措施要配套。要通过相关政策措施的配套使法律、规划能

---

① 沈俊：《交通运输业节能减排国际管理手段及启示》，《武汉理工大学学报》，2010年第4期。

具体落实。西方发达国家采取的车辆燃油资讯的粘贴、发布、指南等措施，我国也正在进行之中，但强制性力度不够，未来可以进一步加强；通过完善财税政策来提高厂商和消费者的节能积极性，对于低油耗交通工具的制造和使用给予奖励，对于高油耗、重污染的交通工具课以重税和罚金；可以学习日本利用价格杠杆引导节能，降低石油消费；也可以考虑英国的交通拥堵费措施，一方面可以改善交通拥堵状况，另一方面也可以通过收费弥补道路、轨道交通等基础设施建设的资金不足问题，如广州市交委已经将该项措施纳入考虑范畴。

（3）要加强节能宣传和节能意识培养。

引入国外将节能效果测试与驾驶培训相结合的机制，提高驾驶员的节能技能和意识。培养消费者绿色交通意识，当然这需要政府以及其他社会力量的广泛参与，让消费者从身边的小行动做起，通过其价值观的改变来改变其具体的消费行为。比如，日本人上下班乘坐公共交通的理念是从小受能源危机意识教育的影响，但是我国目前由于炫富、讲究舒适的观念影响以及公共交通发展差强人意等，产生了生活越富裕，小汽车出行的人数就越多的现象。所以，未来一方面交通的配套设施建设要逐渐完善，另一方面在整个社会文化中要营造出节能环保的氛围，让消费者自主产生节能环保的需求，当然这个过程可能会比较漫长。

7.2.2 国外工业的节能政策经验及启示

7.2.2.1 国外工业的节能政策经验

（1）健全的法律法规。国外很多国家尤其是能源消费大国或供求缺口较大的国家非常重视用立法来实现节能，促进能源效率的提高。他们大多有自己的《节能法》，一般会涵盖多个领域，工业节能是其节能法最主要的条款之一，具体包括耗能设备的能效标准执行、上规模企业的能源审计，重点耗能工业企业的能源监管等。

（2）通过财税政策激励工业节能。促进工业节能的财税政策包括两个方面：一方面是税费政策，主要是为了增加能源使用成本；另一方面是财政支持政策，目的是降低企业节能投入成本。

- 税费政策：通过能源税的征收增加能源使用成本，从而减少被征税能源的消费，实现提高工业企业能效水平和减少排放的目的。目前开征能源税的国家有德国、丹麦、奥地利、芬兰、瑞典、英国、瑞士、法国等。例如，英国在 2001 年征收的能源税高达 10 亿英镑，其中的 20%用于节能，其他 80%用于社会福利事业①。

① 刘石慧：《国际节能趋势、政策比较研究》，《中国国土资源经济》，2008 年第 2 期。

➢ 财政支持政策：财政支持政策主要体现在补贴、公共贷款、创新基金、补贴审计和税费减免等。①补贴：如美国 2001 年 40 个州级政府部门和公用事业单位共提供了 1.33 亿美元现金补贴，鼓励用户购买“能源之星”认证的节能电器等节能产品，给购置节能家用电器和高效照明产品用户的补贴，分别为 6 330 万美元和 5 000 万美元[①]。②贷款优惠：贷款优惠是指对节能项目提供贴息或低息贷款，对节能项目贷款提供担保等。例如，日本的工业企业节能投资一般来自政府政策性银行，企业按照规定的条件（现有设备的能源或石油消耗量减少 20%，新项目的能源或石油消耗量减少 40%）、审批程序申请，即可取得比商业银行低 20%～30%的政府贴息贷款，如果工业企业安装节能设备或开发节能技术等也可以直接从商业银行贷款，则可享有政府专项准备金的担保；荷兰 1998 年在工业领域投入 20 亿荷盾用于节能设备的信贷投资[②]。③创新基金：节能创新基金是指通过参股能源服务公司开展节能投资，使用风险基金、周转基金和担保基金提供节能贷款和贷款担保。该基金的主要目的是协助一些新能源技术或尚在成长的公司，由于他们未来获利状况未知，也没有相应的资产用作抵押贷款，所以借助于基金的力量减少投资风险。目前已有 29 个国家设立了节能创新基金。例如，澳大利亚的 CEGT 风险基金，能源和温室技术中心参与股权最高为 50%，剩余由技术开发企业及其他股权投资人以联合投资的方式为节能技术提供创业投资[③]。④补贴审计：能源补贴审计是指对设施、装置的能效进行评价，并提供减少能耗、负荷管理和燃料转换等方面的能源技术和财政金融信息。它由政府和公共机构资助，为工业企业提供全部或部分补贴，减少与采用高能效技术有关的交易成本[④]。目前已有 40 多个国家实行了节能项目补贴审计，美、日等国政府为中小企业提供无偿能源审计。例如，由美国能源部出资，美国能源分析与诊断中心为工业中小企业提供能源审计服务，已完成 8 000 多个项目[⑤]。⑤税费减免：对符合规定的节能设备减免所得税。在法国，针对对节能进行投资的企业，政府免征其在节能设备和租赁中的盈利所得的税；日本节能投资促进税制规定，购置指定的节能设备并在 1 年内使用的企业，可从应缴所得税中按设备购置费的 7%扣除，以应缴所得税的 20%为上限，截至 2004 年，工业部门可

---

① 中国节能协会：《发达国家节能政策体系》，《资源节约与环保》，2005 年第 6 期。
② 刘虹：《国外工业节能政策与措施》，《中国能源》，2007 年第 3 期。
③ 刘虹：《中外工业节能政策对比分析》，《中国石油和化工（综合版）》，2008 年第 4 期。
④ 赵建：《国外节能公共投资政策和对我国的启示》，《中外能源》，2009 年第 7 期。
⑤ 李果仁、李菡：《国外支持节能环保的财税政策及借鉴》，《节能与环保》，2010 年第 5 期。

以享受税收优惠的节能设备共计 185 种[①]；在德国，热电联产全免石油税；罗马尼亚等国进口节能技术和设备减免关税[②]。

对特定技术进行减免税和加速折旧。加拿大对特定能效和可再生能源设备以 30%的比例折旧，一般设备投资的年折旧率为 4%～20%；法国对工业领域能源效率技术投资第一年实行加速折旧制度，并少征商业税；英国强化资金津贴计划中允许企业在购买符合要求技术的第一年申请 100%资金补贴，并可从当年的缴税利润中扣除节能技术投资部分[③]。

（3）开展工业领域节能自愿协议活动。自愿协议是工业界整体或单个企业在自愿的基础上与政府签订的一种提高能效的协议[④]。协议一般规定，如果整体或单个企业完成了其承诺的一定时期内的能效目标，政府则承诺给予某种形式的奖励。1992 年联合国通过了《气候变化框架公约》以后，发达国家就开始纷纷开展节能自愿协议活动。目前美国、日本、欧盟等国都有相关协议，如荷兰的自愿协议通常是长期盟约的形式，到 1999 年与行业协会签署了 30 多个自愿协议，共有 1 200 个企业参与，占行业总能耗的 90%以上；美国有 40 个行业/企业与联邦政府签订了自愿协议[⑤]。

（4）建立能效标准和标识制度。工业企业一般无法限定生产过程中的能耗，所以对工业耗能设备和生产制造的终端产品制定了较严格的节能标准。日本、美国、欧洲诸国、澳大利亚等国纷纷建立了该项制度，强制性地设立了新增设备市场准入门槛，同时鼓励生产企业生产高能效产品。例如，日本实行“领先产品”能效基准制度，对汽车和电器产品制定不低于市场上最优秀商品水平的能效标准，1999 年开始实行强制性能效标识制度便于消费者比较选择；美国 1980 年开始实行强制性能效标识制度，1992 年开始实施自愿性节能认证（能源之星），事实上“能源之星”已经成为地方政府采购的强制性行为；澳大利亚制定了最低能耗标准等。

（5）重点耗能工业企业管理。日本对重点耗能企业进行了非常严格的规定，将年消耗 300 万 L 标准油或者 1 200 万 kW·h 电力以上的企业归为一类重点用能单位；年消耗 150 万 L 标准油或者 600 万 kW·h 电力以上的企业归为二类重点用能单位，要求这些企业必须配备专职能源管理人员，每年定期向通产省和相关部门汇报能耗状况。如果这些重点能耗工业企业不能按期完成节能任务，又无法提出

① 李果仁、李菡：《国外支持节能环保的财税政策及借鉴》，《节能与环保》，2010 年第 5 期。
② 王庆一：《国外促进节能的财税政策》，《中国能源》，2006 年第 1 期。
③ 赵建：《国外节能公共投资政策和对我国的启示》，《中外能源》，2009 年第 7 期。
④ 刘虹：《国外工业节能政策与措施》，《中国能源》，2007 年第 3 期。
⑤ 中国节能协会：《发达国家节能政策体系》，《资源节约与环保》，2005 年第 6 期。

合理的改进措施，则主管单位拥有向社会公布的权利，责令其限期整改，并处罚金。法国将年耗能 5 000 t 标准煤以上的用能企业归为重点耗能企业，强制企业向政府做出“自愿”节能保证[①]。

（6）加强节能宣传和信息咨询。国外的节能信息宣传和咨询一般都是由政府提供资金，由中介机构组织的。例如，日本政府规定每年 2 月为节能月，面向公共机构和消费者举行能效展览和其他大型活动；每月的第一天为节能日，对节能活动进行评估；8 月和 12 月的第一天为节能检查日，检查评估节能活动；为了加强工业企业的节能降耗，日本政府委托节能中心对指定工厂进行节能诊断，通过节能咨询专家对企业生产过程进行详细的能源审核，提出改善建议。法国在全国共建立了 100 多个信息宣传点，提供节能信息宣传和咨询，每年用于节能宣传的财政预算支出高达 9 000 万法郎[①]。

7.2.2.2 国外工业的节能政策对我国工业节能的启示

（1）法律法规要配套，形成较完善的节能法律体系，对节能的各方主体包括节能机构、节能监督、节能信息传播、节能设计规范、节能管理人员等进行详细具体的规范，依照法律来开展、管理和监督节能工作。

（2）加大财税及投融资激励措施的力度和可操作性。美、日、欧等国在财税和投融资措施上给予工业企业较大的节能积极性，可操作性较强。而我国虽然存在相关的政策，但是效果和效力不太明显。

（3）加强与工业企业的合作意识，如可以借鉴发达国家工业领域的自愿协议活动，将节能变成企业的自主行为，而不要一味强调惩罚措施，将自愿合作和强制政策结合，充分调动工业企业的积极性。

（4）加强节能管理机构的建设。我国节能法律法规也较多，如 2000 年国家出台了 27 个节能设计规范、约 100 项节能标准、1 068 项节能机电产品目录、610 项淘汰机电产品目录[②]。但是这些宏观政策的执行效果不是很好，所以要加强节能管理机构的建设，保障节能目标和计划的顺利实施。

（5）重视节能信息传播和咨询服务，树立企业节能理念。加强节能信息宣传，向企业提供节能信息服务，鼓励社会各界对节能领域工作进行监督，为企业提供能源诊断和节能技术咨询。

---

① 刘虹：《国外工业节能政策与措施》，《中国能源》，2007 年第 3 期。

② 国家发展与改革委员会的官方网站。http://www.ndrc.gov.cn/zcfb/zcfb1/200507。

7.3　降低石油进口依赖的节油政策目标和总体思路

低碳经济是未来国际经济发展的一种新趋势。发展低碳经济不仅要求减少化石燃料的使用，而且要努力提高能源的利用效率，使单位 GDP 的“碳消耗”逐渐降低，这也符合我国建设资源节约型、环境友好型社会以及节能减排工作的需要。要实现这个目标，主要有两种方法：①改变能源结构，大力发展清洁新能源；②提高能源的利用效率（节能）。基于上文降低石油进口依赖的路径分析，可以发现节能更可取些，因为在以后较长一段时间内，石油在我国能源结构中的地位无法改变，清洁能源对石油的替代极其有限。所以要保证我国经济快速增长、降低石油安全风险，同时实现低碳目标，最简便可行的路径是提高石油利用效率。因此，积极鼓励和保障节油工作顺利实施是节油政策的出发点。

7.3.1　降低石油进口依赖的节油政策目标

节油政策总体目标是“可持续发展”和“建设节能型社会”，应该将“节流”放在优先地位，同时也要通过技术创新带动石油替代新能源发展，即实现“开源”与“节流”并举，根据石油供求特点和政策效果，分提高石油利用效率的近期目标和开发替代石油资源的远期目标来研究。下面将主要讨论节油政策的近期目标和总体设计思路。

7.3.1.1　降低石油消费增长速度从而缓解石油进口依赖程度

从第 6 章我国节油潜力的测算可知，我国平均每年有超过 40%的石油被过度消耗，可节油量占同期石油进口量的 50%左右。2011 年工业和交通两大耗油大户的理论节油量达 8 248.3 万 t。如果通过有效节油政策的实施达到测算的节油量，那么将大大降低我国石油消费增长率，从而缓解石油进口依赖程度。

7.3.1.2　实现由高成本的粗放式石油利用方式向集约式石油利用方式转变

近些年通过一系列能源产业政策和产业结构优化政策，我国能源行业进入了节能、降耗、减排的轨道，石油利用效率呈现逐年提高的态势，但是还远远低于英国、法国、美国等发达国家的石油利用效率。2011 年英国、法国和澳大利亚的石油强度分别为 0.296 t/万美元、0.299 t/万美元、0.308 t/万美元，而我国的石油强度高达 0.633 t/万美元[①]。未来我国要通过有效的节油政策来缩小与发达国家之间的石油强度差距，转变石油利用方式，实现石油节约、提高利用效率。在该过程中，要发挥政策法规的导向作用，以技术创新为核心、节油管理为保障，有效实

① 根据《中国统计年鉴（2012）》和 BP statistical review of world energy full report 2012 计算而得。

现石油利用方式从粗放式向集约式转变。

7.3.1.3 完善节油市场机制，由非市场化向市场化目标转变

我国的石油利用效率低，在很大程度上并非由于技术力量不足，而是由于体制的不合理和市场机制的不完善。比如，支持技术创新产业发展的制度缺失导致大量高效清洁技术得不到普遍采用；政府对石油行业运行和价格进行管制会抑制石油利用效率提升。未来，我国要加速完善节油市场机制。

7.3.2 降低石油进口依赖的节油政策总体思路

近期内石油仍然是我国第二大供给能源，因此应将提高石油利用效率放在首要位置。而石油利用效率的提高受多方面因素影响：政策法规导向；资金投入情况；节油技术应用水平；节油的组织管理水平；石油市场机制完善程度等。基于此，节油政策的总体思路为（图 7-1）：以节油财税和金融政策支持为推动，调动全社会节油积极性；以节油技术进步为主导，加快国内和国际市场上已经成熟的节油技术的推广；以企业和消费者的节油管理为保障，变政府主导的强制节油为企业和消费者的自主节油；建立完善、长效的节油市场机制，实现“政府推动，企业主导，消费者参与”的节油优先战略。远期来看，石油替代能源在整个能源供给结构中的比例将会逐步提升，所以，在促进石油利用效率提升的基础上，加大替代能源的研发力度，促进其市场化、商业化，逐步降低石油依赖程度。

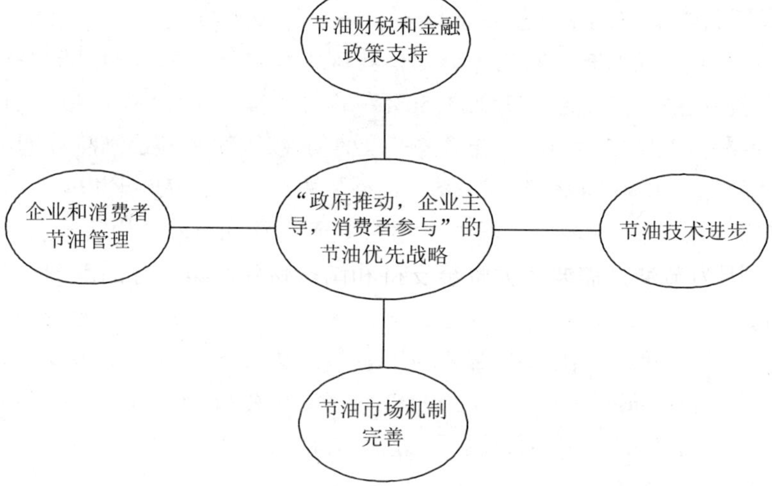

图 7-1 降低石油进口依赖的节油政策总体思路设计

节油需要政府、企业和个人三方共同努力才能呈现效果，仅仅依赖政府行政调控措施可能在短期内有效，但是会给政府带来沉重的成本压力，因为它无法把握“量”和缺乏转换的协调，容易受到各种宏观因素的影响而导致长期无效。一般来讲，企业和个人承担节油社会责任是理所当然的，但是实践证明，依靠企业和个人自觉来实现节油是靠不住的，所以要建立起政府推动、企业主导和消费者参与的节油思想。

节油可以降低我国的石油依赖水平，具有较强的社会效益，但是在节油初期投资会比较大，经济效益具有不确定性，具有一定的风险，所以节油项目的实施需要政府和其他主体的财政和金融支持；降低石油消耗关键是技术进步，我国要推动节油关键技术创新，建立企业为主体、市场为导向、产学研相结合的技术创新体系，同时提升装备的利用水平；在节油管理方面，未来将由命令型管理转变为服务型管理，所以应该加快建成以政府为主导，由企业具体实施，公众广泛参与的节油管理模式，形成全民节油的社会氛围；在石油市场化方面，我国目前石油市场化程度较低，石油行业的运行主要依靠的是政府政策，而非市场手段，我国的能源需求增长过快主要原因在于市场化改革尤其是能源价格改革不充分，因此我国要建立完善、长效的节油市场机制。

7.4　降低石油进口依赖的节油政策建议

要实现“政府推动、企业主导、消费者参与”的节油战略，应该遵循以节油财税和金融支持为推动，以节油技术进步为主导，以企业和消费者节油管理为保障，建立完善、长效的节油市场机制的思路。

7.4.1　充分发挥财税和金融政策支持作用

要实现降低石油进口依赖程度的目标，达到节油效果，国家的政策推动是不可或缺的，因为节油是需要较大资金支持和国家财税政策引导的。

7.4.1.1　促进节油的财税政策的运用

（1）促进节油的财政政策的运用。

- 加大节油项目的财政政策力度：中央及地方政府在财政预算中要安排一定的资金用于补贴、奖励等方式来支持节油重点工程、节油技术和产品、节油管理能力建设等，进一步加大财政基础设施建设向节能项目的倾斜力度；优化财政政策的模式，将补贴与财政贴息、税前还贷、加速折旧等措施组合使用；将财政政策与其他各项政策相互协调来共同保障节油的资金投入。

- 完善政府机构节油产品采购机制：将有利于节油的产品和服务（例如节能环保型汽车、清洁能源汽车等）纳入政府采购目录中，政府采购清单要动态管理，鼓励各级政府优先选择节油产品，并且建立政府采购评审和监督体系，由于政府采购的规模较大，所以会引导企业加大对节油产品的研发和生产。同时扩大对购买和使用节油产品的消费者的财政补贴范围和力度。
- 借鉴西方发达国家的节能项目补贴审计措施：企业能源审计可以加强政府对企业节能的监管。我国应该制定能源审计工作指南，明确能源审计的内容、作用和管理办法等，同时要完善能效标准和认证体系，为能源审计提供衡量标准和评估体系。

（2）促进节油的税收政策的运用。节油的税收政策主要包括两类：一类是激励性的税收政策，另一类是惩罚性的税收政策。应通过新一轮税制改革，建立和完善资源节约的税收制度，研究开征能源税、碳税等绿色税种的可行性。

- 充分发挥消费税的双向调节作用：对于高能耗消费品课以高税收来抑制其消费，对节能消费品减征或免征消费税。比如，通过消费税的调整支持节能环保小型乘用车，限制中大排量乘用车。目前的消费税虽然已经体现了“排量越大税负越重”的原则，但事实上此次消费税调整[①]对大部分汽车油耗没有造成多大影响，因为我国排量 3 L 以下 1 L 以上的乘用车占总小型乘用车的份额达到了 90%[②]，但是新消费税政策没有体现对该部分车型的优惠和限制。
- 以增值税和所得税来支持节能产业发展：对企业购入并使用节能的技术和设备允许其作为进项抵扣，而对节能效益特别好但开发成本很高的重大节能产品和服务，可以考虑减免增值税。对于低能耗、积极推行节能的企业可以给予所得税优惠，这样可以降低企业的生产成本，提高其节能减排积极性。
- 加大对高油耗产业的税收惩罚力度：取消现行税收制度中不利于节油的内容，如增值税法规定对液化石油气按 13%的低税率计征增值税；对特殊高油耗产业开征新税种，例如对高能耗的石油加工行业、汽车行业的高油耗车型等，加大企业的生产成本，从而增加消费者消费成本，达到节油的效果。

---

① 财政部、国家税务总局发出通知，自 2008 年 9 月 1 日起，1 L 排量以下的小型乘用车消费税税率从 3%下调至 1%；排量 3～4 L 排量的小型乘用车，税率由 15%上调至 25%；4 L 以上排量的税率从 20%上调至 40%，其他排量税率不变。

② http://www.sina.com.cn.

7.4.1.2 加大投融资政策支持力度，克服节油投入不足问题

根据能源替代理论可知，经济体中或者制造业部门的能源、资本和劳动之间存在一定的替代性。有许多学者对能源与资本之间的关系进行了估计，结论不尽相同，有些认为二者存在替代性，有些认为资本和能源具有互补性。能源和资本之间替代的机理主要是随着能源价格的提高，需要减少能源的消费，消费的减少又依赖大量节能技术的运用，意味着需要大量资金的投入。有学者对我国工业部门的能源、资本和劳动的关系进行了研究，发现能源和资本之间存在较强的替代性。所以要想实现有效节油，必须投入大量的资本来完成技术革新和提高石油利用效率，用资本来替代石油。

目前，我国节能资金主要来自于政府的投入，企业自筹资金非常有限。虽然从 2006 年开始我国政府投入的节能资金已经大幅上涨，如 2009 年全年安排资金 300 亿元，国发[2010]12 号文提到 2010 年继续加大节能减排支出，安排中央预算内投资 333 亿元，财政资金 500 亿元[①]，但是仍然点多面少，资金量比较小，节能项目效果不是很明显。要实现政府的节能减排目标，资金明显不足，而融资难成为节能的最主要障碍。

从地方政府层面来看，我国目前的节能投融资支持政策有节能专项资金、以合同能源管理形式开展节能、节能融资专项担保资金、与金融机构合作、节能融资租赁、节能基金等。但是很多支持政策模式仅限于在少数地区的尝试探索，没有进行大范围推广，单个政策模式的支持标准偏低，对企业的激励力度不够，并且这些金融激励政策支持缺乏系统性和长期性。

（1）继续加大政府投融资政策支持力度。目前各级政府已经制定了各种激励政策，但是与当前紧迫的节能任务相比，力度还是不够，对投融资的支持作用非常有限；财政资金的保障程度较低，项目和资金没有形成完整的评价监督体系；节能专项资金的申请手续比较繁琐，单个项目补助额度较低，降低了企业申请资金的积极性。未来我国政府应该加大政策制定和支持力度来保障节能工作，建立节能资金监管体系提高财政资金投入的利用效率，简化审批程序提高资金申请的可操作性。

（2）金融机构积极参与节能项目。根据王树茂（2008）对节能项目的测算，0.21 元成本能换来 1 元的能源节约[②]，可以看出节能项目是具有高回报性的。但是目前金融机构对节能项目反映比较冷淡的原因在于，节能项目大多为新技术，这些金融机构无法对新技术的可靠性、先进性进行评估，再加上信息不对称和技术

---

① 国家发展与改革委员会网站，http://xwzx.ndrc.gov.cn/ywdt/default.htm。

② 齐芳：《如何克服节能项目投融资障碍》，《国际融资》，2008 年第 4 期。

市场不规范等原因，金融机构很难把握项目投资风险，项目评估成本高使其投资该类项目比较谨慎。所以，金融机构应该要全面掌握节能相关政策法规，提升技术评估能力，克服自己的财物风险，积极创新与节能有关的金融产品。

（3）创新金融支持模式。在节能项目的融资上，除了传统的政府财政资金投入和国有银行融资外，还应创新投融资模式。租赁融资方式作为国际资本市场的第二大融资方式，可以在减轻企业一次资金投入、缓解资金压力的同时引进先进的节能技术和设备，所以应该让我国处于试点阶段的租赁市场不断完善，充分发挥其融资作用；可以考虑借鉴国外的节能基金的做法，建立节能创新基金，通过参股能源服务公司进行投资，运用风险投资基金、担保基金等为获取节能贷款或贷款作担保；发行股票募集资金，将社会的闲散资金集中起来投入到节能项目中，让中小投资者获得投资收益，当然该措施的顺利实施来有待法律体系的认可。

节能减排需要政府、企业和个人的共同参与。如果我国能将政府、银行、投资商、担保公司、基金、融资租赁公司等多方力量参与到节能项目中来，节能融资难的问题就可以得到有效缓解。

7.4.2 加快节油技术进步

降低石油消耗的重点是技术进步，未来我国政府应该组织对关键、共性和前沿的节油技术进行研发，对制约我国油气工业和交通行业的主要瓶颈技术，集中技术、科技、人才优势资源，进行国家级联合攻关；引入市场竞争机制，加快节油科技创新和成果推广，实行市场化运作；对高投入、高风险的项目给予经费支持，在国家各类科技专项计划中，将节油重大技术的研发作为重点，大力开发节油和石油替代技术；对引进的国外先进节油技术，应加速消化吸收，引导企业和金融机构开展节油技术开发项目的投资；积极支持科研单位和企业开展节油技术应用研究，开发关键技术，促进技术创新和成果转化，加快先进适用技术的推广应用[①]。

7.4.2.1 汽车工业先进技术推广

（1）注重先进动力技术的大力研发和推广。日本汽车制造商（如丰田）拥有发展燃料电池汽车和混合动力汽车的经济实力，正在通过其规模、经验和其混合动力车获得的品牌效应，寻求获得下一代高效汽车的领先优势。欧洲汽车制造商（如戴姆勒-克莱斯勒）在欧洲环境规范和客户的支持下，发展更清洁的柴油机。GM 正在燃料电池方面做长远的打算，一些韩国公司也有相似的目标。我国的汽

① 《国务院关于进一步加强节油节电工作的通知》。

车厂商不能继续迷恋更大、更笨重的汽油发动机 SUV，顽固地维持着市场份额，而要加大在新一代汽车动力技术上的研发投入和力度。

（2）加快超轻车身材料的研发和产业化步伐。普通车辆为车轮提供 1 单位动力，需要消耗的燃料能量为 7～8 个单位，通过减轻车重和阻力而减少的 1 单位牵引力相当于节约了 7～8 个单位的燃料能量。对于一个典型的中型轿车而言，车身重量所消耗的燃料相当于消耗总量的 2/3～3/4 [①]。An 和 Santini（2004）的研究显示，由于 Taurus 2000 加上了附加载重，在规定的城市/高速公路混合道路上行驶的油耗升高了 8%左右，如果剔除附加载重的原因，73%的油耗和车身重量有关，其将 2004 版奥迪 Allroad 2.7T 与新型混合动力汽车进行比较发现，到 2020 年耗油量逐步降低的影响因素中，68%的燃料节约是因为减轻了 51%的车身重量[②]。铁矿石的采购价高企带动钢铁价格越来越贵，而新型的超轻复合材料成本正在逐渐下降，从而为其替代传统普通钢材提供了条件，超轻复合材料已经应用在国际市场上部分车型的车罩、顶棚等零部件中，具备超轻、抗疲劳、抗腐蚀特点以及优异的抗撞击能力[③]。

目前，欧盟已经开始支持安全轻便型汽车的研发，日本的汽车制造商也正在将超轻材料和制造工艺移植到汽车产业。由于传统的汽柴油发动机汽车在较长时期内仍然具有较大的市场份额，企业也需要将自己的财力分摊一部分到超轻车身汽车技术的发展上，而不能将所有的赌注全部放在电动汽车的动力技术上[④]，超轻车身技术的推广会给电动汽车的发展产生良好的叠加效应。

（3）紧跟国际车辆系统的设计和构造技术步伐。美国麻省理工学院的教授 Daniel Roos 曾警告过汽车界的执行总裁们，“在未来的 20 年内，世界汽车工业将面临剧变，将完全改变其公司和产品的本质……在 20 年内，今天的主要汽车制造公司将可能不再成为车辆工业的操纵者，部件和系统供应的主宰权将易位。全新的参与者，例如电子和软件公司，也许将成为汽车制造公司真正的竞争者。”车辆系统的设计和构造对于汽车的节油作用是跨越性的，对于未来多软件车辆，竞争的关键点在于谁的系统集成器和简化器适应得最快。

我国在跨越式的前进中是具有优势的。我国 7 亿多的移动电话用户可能没有经过固定电话阶段就直接跳跃到无线阶段，很多年轻人可能从没接触过模拟录像带，但是视数字媒体为家常便饭。所以未来可能就很自然地直接跨越到接收软件

---

① [美]Lovins，A. B. 等著，李政、江宁译：《石油博弈 解困之道：通向利润、就业和国家安全》，清华大学出版社，2009 年 10 月版，第 53 页。

② An，F. & D. J. Santini，Mass impacts on fuel economies of conventional vs. hybrid electric vehicles，SAE 2004-01-0572，Warrendale，PA：Society of Automotive Engineers，2004. http://www.sae.org.

③ Norr & Imbsweiler（2001）；iafrica.com 2003；Herrmann，Mohrdieck & Bjekovic（2002）等。

④ 笔者认为，“弯道超车”计划固然完美，但是无论从政府、汽车企业还是消费者角度来看，不是一蹴而就之事。

富集、全数字的命令控制车辆，如果我国的汽车企业在车辆系统设计和构造技术上能实现跨越的话，“弯道超车”也许没有那么多障碍。

7.4.2.2 加快石油石化行业技术升级

我国石油很大一部分用于合成其他的物质。而石化行业的技术创新水平与发达国家相比，还存在较大差距。工艺和技术设备的落后影响了石油资源的高效利用；目前的技术主要依赖引进、跟踪创新，科研基础比较薄弱，缺少消化、开发和创新等方面的能力。未来我国应该要加大相应技术的研发投入，促进石油化工技术创新。

（1）石油上下游产业技术提升。在油田生产方面，我国东部老石油基本处于产量递减阶段，生产难度加大，能耗逐渐增加；西部油田地质复杂，油井较深，比埋藏浅的油田耗能更多。所以我国石油企业需要不断革新技术，降低能耗，减少在石油开采过程中的石油消耗。目前，CO_2驱油技术①已经逐渐发展成为一种成熟的采油技术，利用CO_2驱油可提高油田采收率15%以上，世界市场上正在实施CO_2驱油项目的有近80个②。我国石油企业可以加强该技术的研发和应用，发挥CO_2在石油开采中的作用，提高我国原油采收率，同时降低CO_2排放。

在石油下游加工产业方面，我国炼油行业的转换效率一直比较高，但是近些年来却呈现下降趋势（图7-2），我国的炼油能力已经跃居世界第二位，但是炼油效率还没有达到国际领先水平，工艺和效率越低，油耗就越大，CO_2排量也越多。所以我国要加大该领域投资以进一步提高炼油工艺、提高石油转换效率，同时要提高炼厂和油气生产装置的运行效率，提高自身运营的石油利用效率，加强石油资源的低碳、高附加值转化技术的开发利用。

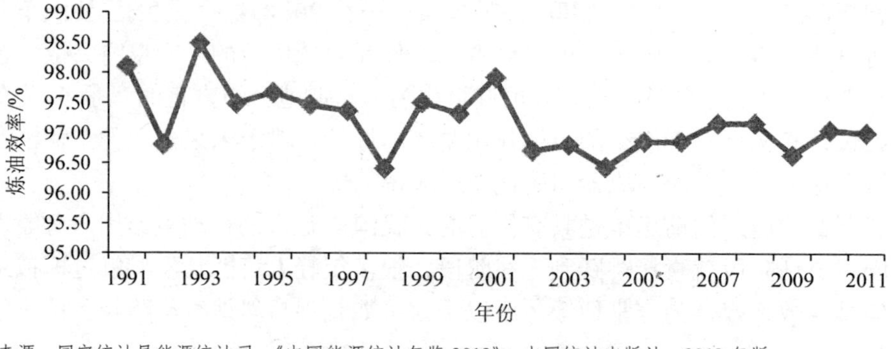

资料来源：国家统计局能源统计司，《中国能源统计年鉴2012》，中国统计出版社，2012年版。

图7-2 1991—2011年我国炼油转换效率

---

① 将二氧化碳注入已经枯竭的油气层中，会变成了一种高密度的超临界的液体，可以提高碳氢化合物的采收率，同时降低碳封存的成本。

② 杜伟：《低碳经济与中国石油石化行业的发展》，《国际石油经济》，2010年第1期。

（2）加快石油化工行业技术进步。

➢ 铺设公路的沥青技术创新：截止到 2009 年 6 月，我国已建成的高速公路已经达到了 7.5 万 km[①]，而目前铺设的高速公路几乎主要用沥青这种石油制品作为基础材料。美国等发达国家发现在沥青中添加废旧轮胎获得的橡胶碎屑可以用于替代目前铺设公路用的绝大多数沥青。美国的统计数据显示，如果到 2025 年能充分应用该技术，则可以节约多达 60%的铺路用沥青，从而每天节约 0.36×10^6 桶的原料石油消耗[②]。

在我国，废旧轮胎胶粉改性沥青作为一种新型环保铺路材料，属于国家重大技术开发项目和资源综合利用重点示范项目。这种新技术在消除黑色污染的同时，还可大幅度提高沥青品质、减少交通噪声、增加路面弹性、降低路面造价、延长路面使用寿命和提高车辆行驶的舒适度。目前已经在河北、天津、重庆等地区的部分路桥建设中示范试验，效果很好。如果能将该项技术推广到全国市场，不仅可以节约石油原料的消耗，同时可以解决废旧轮胎再利用的问题。

➢ 石油化工原料替代物技术研发：很多石油替代物逐渐出现，如果能研发出更耐用的聚合物替代材料，就可以大大节约石油化工原料，同时也可以节约产品的生产成本。例如，3M 公司已经生产出不需要石油做原料的 Scotch 胶带和绷带黏合剂[③]；Interface Inc 公司已经成功开发出了一种新型地毯，能够综合节约 99.9%的原材料消耗量，可以使美国用于石油化工行业的原料石油消耗量大约减少 6.6%；麦当劳公司已经开发出用土豆-淀粉-石灰石混合材料替代聚苯乙烯塑料壳的技术；Cargill-Dow 公司开发聚乙酯烯酸基纺织纤维等[④]。美国落基山研究所（RMI）的研究数据表明，如果美国能够将现有的技术运用到生产中去，则可以节约 25%的石油化工工业原料[⑤]。我国工业石油消耗量一直占全国石油消耗量的 40%以上[⑥]，这个比例比西方国家要大得多，所以，石油化工原料替代物的研发并大规模产业化，能有效节约我国石油消耗量。

除此之外，通过提升塑料等废弃石油化工材料的回收再利用技术水平所能节

① 摘自交通运输部公布的“2009 年上半年公路水路交通运输经济运行情况”。

② http://www.oilendgame.com.

③ Uchitelle，L.，Controlling energy costs on the factory floor，N. Y. Times，27 May，2004，p.C1，http://www.nytimes.com/2004/05/27/business/27conserve.html.

④ [美]Lovins，A. B. 等著，李政、江宁译：《石油博弈 解困之道：通向利润、就业和国家安全》，清华大学出版社，2009 年 10 月版，第 98-99 页。

⑤ http://www.rmi.org.

⑥ 根据历年中国能源统计年鉴计算而得。

约的石油量也是不容小觑的，因为石油化工原料所耗费的石油很大一部分都是用来制造塑料的；将废润滑油再次精炼技术或者合成润滑油技术等进行广泛推广应用，也可以大大节约石油的消耗量。

7.4.3 加强企业和消费者的节油管理

应以科学发展观为指导，建立和完善体现节能发展规律的长期稳定而高效的节能机制。在节油管理方面，未来的发展趋势将由曾经的命令型管理转变为服务型管理，所以我国应该加快建成以政府为主导，由企业具体实施，公众广泛参与的节油管理模式，形成全民节油的社会氛围。

7.4.3.1 继续推进政府与企业的自愿节能协议

政府与工业企业或行业协会之间签订承诺在一定时期内提高能效的协议，达到某一能效指标政府承诺给予一定的奖励。该协议可以将政府的强制惩罚性行为转变成与企业合作的方式，与其他政策相比，企业的积极性更高，见效更快。协议条款必须是企业或行业协会与政府谈判的结果，而非政府单方面起草。该项政策从“十一五”期间有所推广，但是效果不是很理想，其中一个重要原因在于政府在优先扶持政策上不能较好地兑现，很多企业存在观望态度，所以我国要加快在重点能耗企业推行节能资源协议试点工作，兑现相关政策，同时避免某些企业观望行为的存在，而且政府应该跟踪和检测整个项目的进程。

该项政策目前在美国、日本、欧盟等国已经迅速被采用，例如，美国政府曾与国内三大汽车生产厂商达成协议，2005 年开发出油耗比 1994 年低 3 倍的汽车；德国的汽车制造商也曾自愿声明，2005 年生产和销售的汽车油耗比 1990 年低 25%；荷兰企业对自愿性协议的评价是减少节能障碍，企业更加注重能源效率和降低节能成本①。该项政策可以将政府的强制性“硬”手段和自愿协议“软”手段措施捆绑，互为补充，企业和政府之间的关系由被管理和管理的关系发展成为灵活伙伴关系，以此来提高企业节能的积极性。

7.4.3.2 加快推进合同能源管理机制

自 20 世纪 90 年代末我国引进合同能源管理机制以来，经过示范、引导和推广，节能服务产业范围已延伸到工业、交通等多个领域，2009 年全国共有节能服务公司达 502 家，形成年节能能力 1 350 万 t 标准煤②的规模，有效地降低了能源消耗。但这种发达国家已经普遍推行的节能服务机制在国内还没有得到足够的重视，另外，在财税和金融政策扶持方面比较欠缺，整体发展规模不大，还不能适

① 刘虹：《国外工业节能政策与措施》，《中国能源》，2007 年第 3 期。

② 国家发展改革委、财政部、人民银行、税务总局，《关于加快推行合同能源管理促进节能服务产业发展意见》。

应节能工作形势的需要。

合同能源管理模式是一种节能服务公司和用能企业双赢的节能模式，目前在我国大型油田等高油耗部门还处于初级试点、探索阶段。我国要通过政策支持引导，完善激励机制，加强行业监督，创造良好的节能服务产业环境；提高节能服务公司的创新服务能力，培育一批专业的节能服务公司；积极借鉴国外在合同能源管理方面的先进经验，解决节能服务业在发展过程中存在的困难和问题，推进该产业的可持续发展；同时要广泛宣传推广合同能源管理对企业节能的重要意义，提高企业自主选择合同能源管理的意识，采用合同能源管理模式实现用能单位的节能改造。

7.4.3.3 强化企业节油管理的针对性和基础性

中央和地方的国有企业要发挥表率作用，加强节油管理，各省级节能主管部门要加强对年耗油 1 000 t 以上的重点用油单位的节油监管，落实石油利用情况报告制度，推进能效水平的对标活动，对完不成节能目标和严重浪费能源的，在经营业绩考核中降级，并与企业领导者绩效挂钩；同时开展节能管理师和能源管理体系试点。日本的节能法规定，年耗 3 000 kL 原油的耗能单位根据能耗数量的不同须设 1～4 个能源管理者；年耗 1 500～3 000 kL 原油的耗能单位必须设能源管理者，这些能源管理者必须通过日本全国能源管理师考试合格具有能源管理师资格的人员来担任，日本全国获得该资格的能源管理师有 80 000 人[①]。我国可以借鉴日本的做法，形成一支专业的企业节油管理队伍，将节油管理的技巧和节油诊断的技能应用到企业的日常节油管理中。

石油企业要努力降低石油自用率，对炼油行业采取区域等量替代方式，淘汰 100 万 t 及以下低效低质落后炼油装置，积极引导 100 万～200 万 t 炼油装置关停并转，从而实现减少石油损耗。交通领域要注重运输节能管理，继续加强车辆用油定额考核，对客车实载率低于 70%的线路不准投放新的运力；推行公路甩挂运输；严格执行车辆燃料消耗量限制标准，完善汽车燃油经济性标准；优化民航航线等。

7.4.3.4 重视节油信息宣传和意识培养

在发达国家，想获得节能相关知识或服务帮助是非常容易的事情。他们把树立企业和公众的节能观念和意识、向其提供节能信息服务，作为节能工作的重要构成部分。比如，日本、法国、德国等国家会定期或不定期地举行企业或消费者节能知识的宣传和培训，为企业提供能源诊断和节能相关技术咨询服务。

（1）加强节油信息服务，建立节油信息系统。将重点耗油企业节油信息、节

① 沈国平:《对日本节能管理的学习与思考》,《资源与发展》, 2008 年第 1 期。

油技术信息、重点产品油耗信息等定期向企业和社会公布，便于企业参考。在汽车行业，每年根据车型公布小客车和轻型货车在高速及市区的消耗测试值，要求新车销售商必须在展厅提供燃油消耗指南供消费者参阅。因为历来的购买习惯，大多数消费者并不急于购买非常高效的车辆，通常要花费较长时间才能接受，所以企业要为消费者创造早日购买的跳板，并且要相应地对汽车制造业进行早期重整。

（2）培养公众的节油意识。加强能源资源国情宣传教育，增强公众资源忧患意识和节能知识。组织好全国节能宣传周等活动，普及节能知识，推介节能新技术和产品。政府以及其他社会力量广泛参与，培养消费者绿色交通意识，从身边的小行动做起，通过其价值观的改变改变其具体的消费行为。比如日本上下班乘坐公共交通的理念是受从小能源危机意识教育的影响，所以我国在整个社会文化中要营造出节能环保的氛围，让消费者自主产生节能环保的需求。

7.4.4 完善节油市场机制

2009 年 1 月 1 日的新成品油定价机制启动，对保障国内石油供给、炼油行业的健康发展、促进能源合理消费起到了一定的积极作用，但是还存在一定的问题，例如价格调整不及时、不到位问题，投机空间更大问题，国际油价大幅上涨时如何定价问题等。我国目前石油市场化程度较低，石油行业的运行主要依靠的是政府政策，而非市场手段。我国的能源需求增长过快主要原因在于市场化改革尤其是能源价格改革不充分[①]。虽然成品油价的管制能够在一定程度上降低油价对经济体中其他商品价格的影响，但是其负面效果更大，油价的管制放大了石油的需求，需求的放大会提高石油稀缺的预期，从而推动价格上涨。也就是不需要真正的石油短缺仅仅放大石油需求就可以推高石油价格。同时，油价的管制加剧了石油行业的垄断，不利于石油国有企业的效率提高。

7.4.4.1 加大石油定价机制的市场化程度

石油定价机制的改革观点分为两派：“激进派”认为应该完全放开石油价格管制，由市场自发调节，如史丹（2006）[②]、梁小民（2005）[③] 等持该种观点；“渐进派”认为我国成品油市场还不是很成熟，现在需要政府指导价来维持国内的石油市场和经济均衡发展，石油价格形成改革要逐步来实现，例如马川（2008）[④]、

---

① 林伯强：《节能减排的动力与机制》，《中华建设》，2007 年第 12 期。
② 史丹：《完善我国成品油价格机制的政策建议》，《天然气经济》，2006 年第 4 期。
③ 梁小民：《油价放开势在必行》，《新财经》，2005 年第 10 期。
④ 马川：《别简单化油价改革》，《中国石油石化》，2008 年第 18 期。

查道炯（2007）[①]、李书田（2006）[②]、董秀成（2005）[③] 等。

但是，我国石油市场化现在不能停留在政府指导定价阶段，而应该在实现政府调控的同时建立市场化机制。通过合理税费使成品油价格能反映石油市场稀缺和环境成本，提高石油利用效率。在这个过程中必然会带来油价的上涨，这不是改革的目的，改革是为了提高石油行业的效率从而抑制石油价格的持续上涨。通过提高油价可以迫使企业和个人提高节能投入，增加节能动力，事实上，石油利用效率提高而实现的节省能远远抵消油价上涨的部分。同时我国要通过税收和补贴等其他政策措施配套将油价上涨的负面影响降至最低。

7.4.4.2　完善石油价格波动的避险机制

在国际市场上石油定价权的缺失使我国不能较好地应对国际油价波动，缺乏比较完善的石油期货市场是我国只能被动地接受国际油价其中一个重要原因。要完善石油价格形成机制改革，建立石油价格波动的避险机制，首先必须推进国内石油期货市场的建立。我国要充分考虑到石油期货市场风险，尽快完善石油期货市场信用、结算管理、投资管理等各项制度，降低系统风险，同时要建立多方位监管体系。然后要完善石油战略储备体系，这是发展石油期货市场的有力保障，同时可以在国际市场上形成一定的战略威慑力，提高我国在国际油价定价中的话语权，也能够很好地缓解国际油价波动对我国宏观经济体的影响，应对油价市场化改革时的负面影响。我国可以以政府储备为主，民间储备为补，合理设计储备规模、存储方式、资金来源和管理体制等，建立科学的石油战略储备体系。

7.4.4.3　引入竞争型机制提高石油行业运行效率

我国要建立竞争的石油市场，打破石油行业的行政性垄断，让三大国有石油公司接受市场民营和外资石油公司的竞争，促进石油企业经营效率和国际竞争力。三大国有石油公司不能简单地依靠垄断来提高价格能力，等待国家的财政支持，而是要提高自身的竞争力，靠自己的国际化经营水平来分散价格风险。政府要收回赋予三大国有石油公司垄断资源和市场的特权；鼓励外资企业进入国内成品油的流通领域；对于民营石油企业，政府要放宽准入门槛，让其能涉足石油行业的上中下游领域，这样才有利于在整个石油行业形成竞争性的市场结构。对具有一定实力的民营企业给予扶持，通过兼并重组、拓展业务领域等手段来提升竞争力。

---

① 查道炯：《换一种观念看石油》，《中国市场》，2007 年第 9 期。

② 李书田：《对我国成品油价格形成机制改革的探究》，《价格与市场》，2006 年第 2 期。

③ 董秀成：《国内成品油价格改革现状、问题和思路》，《中国能源》，2005 年第 9 期。

参考文献

[1] 理查德 · W.阿斯普朗德．清洁能源投资——太阳能、风能、乙醇、燃料电池、碳信用等行业的绿色贸易指南．杨俊保，何西培，谢婷，译．上海：上海财经大学出版社，2009.

[2] Lovins A B. 等．石油博弈 解困之道：通向利润、就业和国家安全．李政，江宁，译．北京：清华大学出版社，2009.

[3] 杰奎斯 · 克莱默，德加瓦德 · 沙雷西-伊斯法哈里．石油市场模型，王芳，译．平新乔，校．北京：北京大学出版社，2004.

[4] 斯蒂芬 · 李柏，唐娜 · 李柏，格伦 · 斯特拉西，等．即将来临的能源崩溃．李伟，译．北京：中国人民大学出版社，2009.

[5] 彼得 · 特扎基安．每秒千桶——即将到来的能源转折点：挑战与对策．李芳龄，译．北京：中国财政经济出版社，2009.

[6] Robin M. Mills．石油危机大揭秘．初英，译．北京：石油工业出版社，2009.

[7] 丹尼尔 · 耶金．关于全球能源安全供应问题．石宝明，朱和摘，译．国际石油经济，2003（7）.

[8] 蔡国田，张雷．中国能源安全研究进展．地理科学进展，2005（6）.

[9] 曹新．中国能源发展战略与石油安全对策研究．经济研究参考，2005（57）.

[10] 曹玉书，尤卓雅．环境保护、能源替代和经济增长．经济理论与经济管理，2010（6）.

[11] 常城，李慧．中国石油企业跨国经营的政治风险及规避策略．中国石油大学学报：社会科学版，2008（4）.

[12] 柴麒敏，常世彦，张希良．基于 ALTRANS 模型的我国生物燃料发展潜力研究．管理学报，2008（5）.

[13] 陈健宏．矿产资源经济学．长沙：中南大学出版社，2009.

[14] 陈浩，陈燕．中国石油依赖的经济成本分析．广东社会科学，2010（1）.

[15] 陈甲斌，贾文龙，殷俐娟．能源消费结构分析及政策研究．中国煤炭，2007（5）.

[16] 成金华，童生．中国石油企业跨国经营的政治风险分析．中国软科学，2006（4）.

[17] 崔明选．中国能源发展报告（2010）．北京：社会科学文献出版社，2010.

[18] 戴彦德，周伏秋，朱跃中，等．实现单位 GDP 能耗降低 20%目标的途径和措施建议．中

国工业经济，2007（4）.
[19] 戴祖旭，舒先林．中国石油企业跨国经营政治奉献模型论纲．中外能源，2007（6）.
[20] 邓子基．低碳经济与公共财政．当代财经，2010（4）.
[21] 刁凤琴，诸克军．石油储量动态经济评价研究．武汉：中国地质大学出版社，2007.
[22] 丁峰，邱海峻，刘传芳．我国油气资源勘查开发重点和方向．中国国土资源经济，2005（11）.
[23] 董秀成，朱瑾．我国石油企业的跨国经营环境模糊综合评价——以南美三国为例．石油大学学报：社会科学版，2005（1）.
[24] 范英，焦建玲．石油价格：理论与实证．北京：科学出版社，2008.
[25] 冯连勇，唐旭，赵林．基于峰值预测模型的中国石油产量合理规划．石油勘探与开发，2007（4）.
[26] 冯连勇，赵林，赵庆飞，等．石油峰值理论及世界石油峰值预测．石油学报，2006（5）.
[27] 傅琦．中国石油加工业竞争力评价和分析．北京：中国标准出版社，2007.
[28] 付允，马永欢，刘怡君，等．低碳经济的发展模式研究．中国人口·资源与环境，2008（3）.
[29] 高铁梅，等．计量经济分析方法与建模——EViews 应用及实例．北京：清华大学出版社，2009.
[30] 葛世龙，周德群．可耗竭资源市场中的不确定性研究综述．中国人口·资源与环境，2007（5）.
[31] 耿勤，余湘耘，朱虹，等．我国交通运输能源消费的初步分析与探讨．中国能源，2009（10）.
[32] 郭菊娥，柴建，席酉民．一次能源结构变化对我国单位 GDP 能耗影响效应研究．中国人口·资源与环境，2008（4）.
[33] 国家发展和改革委员会能源局，等．中国可再生能源产业发展报告（2006）．2007.
[34] 国务院发展研究中心．中国能源发展战略与政策研究．北京：经济科学出版社，2004.
[35] 韩立波，刘莉．国外道路运输行业节能管理经验．交通节能与环保，2008（2）.
[36] 韩亚芬，孙根年．我国“十一五”各省区节能潜力测算．统计研究，2008（1）.
[37] 郝鸿毅．“后危机时代”石油战略．北京：中国时代经济出版社，2009.
[38] 何吉成，黄茵，徐雨晴．1990—2005 年中国铁路机车的耗能分析．中国能源，2009（7）.
[39] 何文渊，魏彩云．中国油气资源发展现状面临的问题和对策．中国能源，2005（1）.
[40] 胡金东．交通节能制度变迁的分析．中国人口·资源与环境，2008（9）.
[41] 胡金东．交通节能潜力分析．长安大学学报：社会科学版，2008（9）.
[42] 黄季，仇焕广，Michiel Keyzer，等．发展生物燃料乙醇对我国区域农业发展的影响分析．经济学，2009（2）.

[43] 黄璜．能源安全的经济学分析及政策建议．新疆大学学报：哲学·人文社会科学版，2007（5）．
[44] 黄运成，陈志斌．高油价时代的国际石油地缘政治与中国石油贸易格局．资源科学，2007（1）．
[45] 洪保民，郝鸿毅，夏丽洪．2007年中国石油工业综述．国际石油经济，2008（4）．
[46] 李建武，丁峰，李香菊，等．国内油气资源“十一五”勘探重点与方向．中国矿业，2008（1）．
[47] 李坤望，孙玮．我国石油进口需求弹性分析．当代财经，2008（4）．
[48] 李岩，王礼茂．从地缘政治角度看中国石油进口运输安全．资源科学，2008（12）．
[49] 李莹，李德贵．我国石油产量峰值预测．中国能源，2007（4）．
[50] 林伯强，牟敦国．高级能源经济学．北京：中国财政经济出版社，2009.
[51] 林伯强．能源经济学理论与政策实践．北京：中国财政经济出版社，2008.
[52] 林伯强．中国能源政策思考．北京：中国财政经济出版社，2009.
[53] 林伯强．危机下的能源需求和能源价格走势以及对宏观经济的影响．金融研究，2010（1）．
[54] 林伯强，王锋．能源价格上涨对中国一般价格水平的影响．经济研究，2009（12）．
[55] 林伯强，何晓萍．中国油气资源耗减成本及政策选择的宏观经济影响．经济研究，2008（5）．
[56] 林晓言．节能环保视角下交通方式比较优势分析．综合运输，2010（6）．
[57] 刘宝发．国际石油勘探开发项目政治风险的不确定性研究．中国石油大学学报：社会科学版，2009（2）．
[58] 刘虹．国外工业节能政策与措施．中国能源，2007（3）．
[59] 刘石慧．国际节能趋势、政策比较研究．中国国土资源经济，2008（2）．
[60] 刘彦明，郝鸿毅，夏丽洪．2009年中国石油工业综述．国际石油经济，2010（4）．
[61] 卢锋．论中国汽车工业可持续发展的能源创新模式．甘肃社会科学，2006（2）．
[62] 陆晓召．论可持续交通系统的构建．当代经济，2010（5）．
[63] 罗佐县．中外石油公司油气勘探开发生产要素投入效率分析．中外能源，2008（6）．
[64] 马海涛，程岚．论促进节能减排的财税政策．财经论丛，2010（3）．
[65] 欧阳明高．我国节能与新能源汽车发展战略与对策．汽车工程，2006（4）．
[66] 欧训民，谭一宁，常世彦，等．未来我国电动汽车能耗和温室气体排放全生命周期分析．新能源汽车，2009（13）．
[67] 潘成夫．国际油价上涨对中国构成的经济风险评估——基于历史比较视角．世界经济与政治论坛，2007（1）．
[68] 邱中建，方辉．对我国油气资源可持续发展的一些看法．石油学报，2005（3）．
[69] 瞿国华．新世纪中国石油资源风险分析．当代石油石化，2006（4）．

[70] 渠时远. 我国节油的潜力和对策. 中国能源，2004（5）.
[71] 邵军，徐康宁. 我国城市的生产率增长、效率改进与技术进步. 数量经济技术经济研究，2010（1）.
[72] 沈俊. 交通运输业节能减排国际管理手段及启示. 武汉理工大学学报，2010（4）.
[73] 沈中元. 中国的节能潜力. 国际石油经济，2004（1）.
[74] 沈中元. 中国汽车领域的节能潜力. 国际石油经济，2006（8）.
[75] 沈中元. 中国汽车领域石油替代的可能性——现状、政策和长期展望. 国际石油经济，2006（11）.
[76] 石友蓉，赵威. 公路水路交通运输节能减排综合管理体系研究. 武汉理工大学学报，2010（4）.
[77] 史丹. 中国能源效率的地区差异与节能潜力分析. 中国工业经济，2006（10）.
[78] 史丹，董利，孟合合，等. 我国各地能源效率与节能潜力及影响因素分析. 天然气技术，2007（2）.
[79] 苏竣，眭纪刚，张汉威，等. 中国政府资助的可再生能源技术创新. 中国软科学，2008（11）.
[80] 孙仁金，马杰，万学鹏. 新形势下石油企业"走出去"的战略选择. 国际经济合作，2009（7）.
[81] 陶磊，刘朝明，陈燕. 可再生资源约束下的内生增长模型研究. 中南财经政法大学学报，2008（1）.
[82] 童生，成金华. 中国石油公司跨国经营的政治风险分析. 世界经济与政治论坛，2005（1）.
[83] 王大鹏，陈建梁. 我国石油企业的国际竞争力及对外直接投资策略. 对外经济贸易大学学报，2007（6）.
[84] 王丹. 中国石油产业发展路径：寡占竞争与规制. 北京：中国社会科学出版社，2007.
[85] 王功礼，顾利民，王雷. 中国石油集团公司能源现状与节能对策. 中外能源，2009（2）.
[86] 王昕杰. 完善节能减排体制机制和政策措施——以河南省为例. 企业活力，2010（3）.
[87] 王勇. 中国对外石油战略研究. 杭州：浙江大学出版社，2009.
[88] 王勇. 我国石油价格形成机制改革深化的难点及对策. 宏观经济管理，2009（9）.
[89] 王月，曹湘洪，冯连勇. 我国经济和社会发展中必须重视石油峰值问题. 中国能源，2009（4）.
[90] 魏楚，沈满洪. 能源效率及影响因素：基于DEA的实证分析. 管理世界，2007（8）.
[91] 魏楚，杜立民，沈洪满. 中国能否实现节能减排目标：基于DEA方法的评价与模拟. 世界经济，2010（3）.
[92] 魏一鸣，方朝亮，等. 中国石油天然气工业上游技术政策研究报告. 北京：科学出版社，

2006.

[93] 魏一鸣，等．中国能源报告（2006）．北京：科学出版社，2006.

[94] 吴方卫，沈亚芳，张锦华，等．生物燃料乙醇发展对中国粮食安全的影响分析——基于“与粮争地”的视角．农业技术经济，2009（1）.

[95] 吴刚，魏一鸣．我国石油进口的海洋风险分析．中国能源，2009（5）.

[96] 吴磊．中国石油安全．北京：中国社会科学出版社，2003.

[97] 吴巧生，金炬．突破能源约束的国际比较及对中国的启示．宏观经济研究，2008（4）.

[98] 吴文化．我国交通运输行业能源消费和排放与典型国家的比较．中国能源，2007（10）.

[99] 习文静．对石油定价机制改革的经济学分析．中国物价，2009（5）.

[100] 夏丽洪，郝鸿毅．2005 年中国石油工业综述．国际石油经济，2006（4）.

[101] 夏丽洪，郝鸿毅，洪保民．2006 年中国石油工业综述．国际石油经济，2007（4）.

[102] 夏丽洪，郝鸿毅，沈学红．2008 年中国石油工业综述．国际石油经济，2009（4）.

[103] 夏炎，陈锡康，杨翠红．基于投入产出技术的能源效率新指标——生产能耗综合指数．管理评论，2010（2）.

[104] 夏佐铎，成金华，姚书振．中国获取国际石油过程中的政治风险．中国国土资源经济，2009（3）.

[105] 徐云，等．谁能驱动中国：世界能源危机和中国方略．北京：人民出版社，2006.

[106] 许金林．炼油企业节能潜力及对策．中外能源，2006（2）.

[107] 闫逢柱，乔娟．国际生物质能源发展的评价——动机、支持措施及对世界粮食供求影响视角．财贸经济，2009（3）.

[108] 杨红亮，史丹，肖洁．自然环境因素对能源效率的影响——中国各地区的理论节能潜力和实际节能潜力分析．中国工业经济，2009（4）.

[109] 杨敏英．节油政策的近期目标与远期目标．中国能源，2003（6）.

[110] 杨敏英．我国动态节能潜力的测算．中国能源，2010（3）.

[111] 杨沿平，唐杰，胡纾寒，等．我国汽车节能综合评价研究．中国软科学，2009（1）.

[112] 杨志，等．石油问题的经济学研究．北京：石油工业出版社，2009.

[113] 姚愉芳，陈杰，李花菊．结构变化的节能潜力计算的方法论研究．数量经济技术经济研究，2007（4）.

[114] 姚愉芳，沈利生．我国“十一五”节能目标的实现途径、条件与政策建议．中国能源，2007（2）.

[115] 于立宏．可耗竭资源与经济增长：理论进展．浙江社会科学，2007（5）.

[116] 于立宏．能源资源替代战略研究．北京：中国时代经济出版社，2008.

[117] 岳睿．我国城市交通节能减排政策研究．交通节能与环保，2009（3）.

[118] 张国宝．中国能源发展报告（2009）．北京：经济科学出版社，2009.

[119] 张国宝．转变发展方式加快结构调整构建我国能源供应体系．宏观经济管理，2009（4）.

[120] 张锦华，吴方卫．资源禀赋、安全约束与路径选择——生物质能源发展的国际比较与中国策略．上海财经大学学报，2008（2）.

[121] 张军，李小春，等．国际能源战略与新能源技术进展．北京：科学出版社，2008.

[122] 张军，吴桂英，张吉鹏．中国省际物资资本存量估算：1952—2000．经济研究，2004（10）.

[123] 张抗．中国的石油资源和发展战略．自然杂志，2008（3）.

[124] 赵建．国外节能公共投资政策和对我国的启示．中外能源，2009（7）.

[125] 赵林，冯连勇．世界石油峰值研究现状．国际石油经济，2007（11）.

[126] 赵媛，郝丽莎．20 世纪末期中国石油资源空间流动格局与流场特征．地理研究，2006（5）.

[127]《中国能源发展战略与政策研究》课题组．中国能源发展战略与政策研究．北京：经济科学出版社，2004.

[128] 周凤起．对中国石油供应安全的再思考．国际石油经济，2005（1）.

[129] 周总瑛．我国石油生产形势与发展潜力分析．中国矿业，2003（9）.

[130] A. Ignaciuk，F. Vohringer，A Ruijs，et al. Competition between biomass and food production in the presence of energy policies：a partial equilibrium analysis，Energy Policy，2006，34.

[131] Adriana M. Ignaciuk，Rob B. Dellink，Biomass and multi-product crops for agricultural and energy production—an AGE analysis，Energy Economics，2006，28.

[132] Amanda Lavigne，Susan E. Powers，Evaluating fuel ethanol feedstocks from energy policy perspectives：a comparative energy assessment of corn and corn stover，Energy Policy，2007，35.

[133] Arye L. Hillman，Ngo Van Long，Monopolistic recycling of oil revenue and intertemporal bias in oil depletion and trade，The Quarterly Journal of Economics，1985，100（3）.

[134] Ayhan Demirbas，Importance of biodiesel as transportation fuel，Energy Policy，2007，35.

[135] Barry D. Solomon，Abhijit Banerjee. A global survey of hydrogen energy research，development and policy，Energy Policy，2006，34.

[136] Berk Akinci，Paul G Kassebaum，et al. The role of bio-fuels in satisfying US transportation fuel demands，Energy Policy，2008，36.

[137] Bettina Kretschmer，Sonja Peterson. Integrating bioenergy into computable general equilibrium models_a survey，Energy Economics，2010，32.

[138] Chunbo Ma，David I. Stern. China's changing energy intensity trend：a decomposition analysis. Energy Economics，2008，30.

[139] Claus Doll，Martin Wietschel. Externalities of the transport sector and the role of hydrogen in a

sustainable transport vision. Energy Policy，2008，36.

[140] D. Faiman，D. Raviv，R. Rosenstreich. Using solar energy to arrest the increasing rate of fossil-fuel consumption：The southwestern states of the USA as case studies. Energy Policy，2007，35.

[141] Dag Martinsen，Carolin Funk，Jochen Linseen. Biomass for transportation fuels：a cost-effective option for the German energy supply? Energy Policy，2010，38.

[142] Dale B. Truett，Lila J. Truett. Production，cost，and input substitution in the Mexican petroleum industry. North American Journal of Economics & Finance，1998，9（1）.

[143] Daniela Russi. An integrated assessment of a large-scale biodiesel production in Italy：Killing several birds with one stone? Energy Policy，2008，36.

[144] Daniel Vallentin. Driving forces and barriers in the development and implementation of coal-to-liquids（CtL）technologies in Germany. Energy Policy，2008，36.

[145] Daniel W. Drezner. Oil dependence as virtue. The National Interest，2008（11-12）.

[146] David L. Greene，Paul N. Leiby. The oil security metrics model：a tool for evaluating the prospective oil security benefits of DOE's energy efficiency and renewable energy R&D programs，ORNL/TM-2006/505，Oak Ridge National Laboratory，Oak Ridge，Tennessee，2006.

[147] David W. Heal，Economic efficiency or self-sufficiency：alternative strategies for oil consumers? Energy Policy，1992（10）.

[148] Donald L. Klass. A critical assessment of renewable energy usage in the USA. Energy Policy，2003，31.

[149] Erica Strecker Downs. China's energy security，Princeton University，2004.

[150] Erin Baker，Haewon Chon，Jeffrey Keisler. Advanced solar R&D：Combining economic analysis with expert elicitations to inform climate policy，Energy Economics，2009，31.

[151] Eshita Gupta. Oil vulnerability index of oil-importing countries. Energy Policy，2008，36.

[152] Frank Verrastro，Sarah Ladislaw. Providing Energy Security in an Interdependent World，The Washington Quarterly，2007，30（4）.

[153] G. J. Offer，D. Howey，M. Contestabile，et al. Comparative analysis of battery electric，hydrogen fuel cell and hybrid vehicles in a future sustainable road transport system，Energy Policy，2010，38.

[154] Gang Wu，Lan-Cui Liu，Yi-Ming Wei. Comparison of China's oil import risk：results based on portfolio theory and a diversification index approach. Energy Policy，2009，37.

[155] Gang Wu，Yi-Ming Wei，Ying Fan，et al. An empirical analysis of the risk of crude oil imports

in China using improved portfolio approach. Energy Policy，2007，35.

[156] Georg Caspary. Gauging the future competitiveness of renewable energy in Colombia. Energy Economics，2009，31.

[157] Gilberto De Martino Jannuzzi. Competition between energy and agricultural production. Energy Economics，1991（7）.

[158] Giovanni Urga，Chris Walters. Dynamic translog and linear logit models：a factor demand analysis of interfuel substitution in US industrial energy demand. Energy Economics，2003，25.

[159] Goran Berndes，Julia Hansson. Bioenergy expansion in the EU：cost-effective climate change mitigation，employment creation and reduced dependency on imported fuels. Energy Policy，2007，35.

[160] GuoHong Wang，YunXia Wang，Tao Zhao. Analysis of interactions among the barriers to energy saving in China. Energy Policy，2008，36.

[161] Guy C. K. Leung. China's oil use，1990—2008. Energy Policy，2010，38.

[162] Hengyun Ma，Les Oxley，John Gibson，et al. China's energy economy：technical change，factor demand and interfactor/interfuel substitution. Energy Economics，2008，30.

[163] Ian W. H. Parry，Joel Darmstadter. The costs of U.S. Oil Dependency，Resources for the future，2003（12）.

[164] J. P. Painuly，Jyoti Parikh. Policy analysis of oil substitution by natural gas in India：transport and industry sectors. Energy policy，1993（1）.

[165] Jeffrey Skeer，Yanjia Wang. China on the move：oil price explosion? Energy Policy，2007，35.

[166] Jeremy Hackney，Richard de Neufville. Life cycle model of alternative fuel vehicles：emissions，energy and cost trade-offs. Transportation Research Part A，2004，35.

[167] Jimin Zhao，Marc W. Melaina. Transition to hydrogen-based transportation in China：Lessons learned from alternative fuel vehicle programs in the US and China. Energy Policy，2006，34.

[168] Jing Liu，Xiaoqian Ma. The analysis on energy and environment impacts of microalgae-based fuel methanol in China. Energy Policy，2009，37.

[169] John Byrne，Lado Kurdgelashvili，et al. The potential of solar electric power for meeting future US energy needs：a comparison of projections of solar electric energy generation and ANWR oil production. Energy Policy，2004，32.

[170] John P. Holdren. The energy innovation imperative：Addressing oil dependence，climate change，and other 21st century energy challenges. Innovations，spring 2006.

[171] Jongwook Kim，Joseph T. Mahoney. Resource-based and property rights perspectives on value

creation：the case of oil field unitization. Managerial and Decision Economics，2002，23（4/5）.

[172] Jose Goldemberg，Suani Teixeira Coelho. Renewable energy_traditional biomass vs. modern biomass. Energy Policy，2004，32.

[173] Jung Ku Kim. The role of ex-post cost-benefit analysis in the evaluation of national energy policies：the case of Korea，University of Delaware，2005.

[174] Kirby N.，Davison M.. Using a spark-spread valuation to investgate the impact of corn-gasoline correlation on ethanol plant valuation. Energy Economics，2010，dio：10.1016/j.eneco.2010.02.004.

[175] Klaus Mohn，Bard Misund. Investment and uncertainty in the international oil and gas industry. Energy Economics，2009，31.

[176] Kok Tat Tan，Keat Tenog Lee，Abdul Rahman Mohamed. Role of energy policy in renewable energy accomplishment：The case of second-generation bioethanol. Energy Policy，2008，36.

[177] L. Gustavasson，J. Holmberg，V. Dornburg，et al. Using biomass for climate change mitigation and oil use reduction. Energy Policy，2007，35.

[178] L. Reijnders. Conditions for the sustainability of biomass based fuel use. Energy Policy，2006，34.

[179] Lars E. O. Svensson. Oil prices，welfare，and the trade balance. The Quarterly Journal of Economics，1984，99（4）.

[180] Feng Lianyong，Li Junchen，Pang Xiongqi. China's oil reserve forecast and analysis based on peak oil models. Energy Policy，2008，36.

[181] Luisa Blanco，Michelle Isenhouer. Powering America：The impact of ethanol production in the corn belt states. Energy Economics，2010，doi：10.1016/j.eneco.2010.02.010.

[182] M. M. Jiang et al. Emergy account for biomass resource exploitation by agriculture in China. Energy Policy，2007，35.

[183] Magda Moner-Girona. A new tailored scheme for the support of renewable energies in developing countries. Energy Policy，2009，37.

[184] Margaret Taylor. Beyond technology-push and demand-pull：Lessons from California's solar policy. Energy Economics，2008，30.

[185] Markandya，A.，Pemberton，M.. Energy security，energy modelling and uncertainty. Energy Policy，2009，doi：10.1016/j.enpol.2009.01.046.

[186] Marta Tufa，Increasing energy security：interdependence and diversification，Webster University，2008.

[187] Matthew J. Kotchen，Nicholas E. Burger. Should we drill in the Arctic National Wildlife Refuge? Energy Policy，2007，35.

[188] Matthew S. Luchansky，James Monks. Supply and demand elasticities in the U.S. ethanol fuel market. Energy Economics，2009，31.

[189] Max Ahman. Biomethane in the transport sector：an appraisal of the forgotten option. Energy Policy，2010，38.

[190] Maya Papineau. An economic perspective on experience curves and dynamic economies in renewable energy technologies. Energy Policy，2006，34.

[191] M. A. Adelman. US oil/gas production cost：recent changes. Energy Economics，1991（10）.

[192] Nathan C. Parker，Joan M. Ogden，Yueyue Fan. The role of biomass in California's hydrogen economy. Energy Policy，2008，36.

[193] Paul Shrivastava. The role of corporations in achieving ecological sustainability. The Academy of Management Review，1995，20（4）.

[194] Pedro de Almeida，Pedro D. Silva. The peak of oil production_timings and market recognition. Energy Policy，2009，37.

[195] Philip Andrews-Speed. China's ongoing energy efficiency drive：Origins，progress and prospects. Energy Policy，2009，37.

[196] Philip Fairey. Drilling，alternative fuels and efficiency：can the US wean itself from imported oil? Energy Policy，2009，37.

[197] Reinoud Segers. Three options to calculate the percentage renewable energy：An example for an EU policy debate. Energy Policy，2008，36.

[198] Reyer Gerlagh Matti Liski. Strategic Oil Dependence，Helsinki Center of Economic Research，Discussion Paper No.165，May 2007.

[199] Ricardo Martin，Marcelo Selowsky. Energy prices，substitution，and optimal borrowing in the short run：an analysis of adjustment in oil importing developing countries. Journal of Development Economics，1984，14.

[200] Robert Hahn，Peter Passell. The economics of allowing more U.S. oil drilling. Energy Economics，2010，32.

[201] Robert K. Kaufmann，Laura D. Shiers. Alternatives to conventional crude oil：When，how quickly，and market driven. Ecological Economics，2008，67.

[202] Robert Kivits，Michael B. Charles，Neal Ryan. A post-carbon aviation future：Airports and the transition to a cleaner aviation sector. Futures，2010，42.

[203] Runar Brannlund，Tommy Lundgren. A dynamic analysis of interfuel substitution for Swedish heating plants. Energy Economics，2004，26.

[204] Sajal Ghosh. Import demand of crude oil and economic growth：Evidence from India. Energy

Policy，2009，37.

[205] Sanjib Pohit，Pradip Kumar Biswas，Rajesh Kumar，et al. International experiences of ethanol as transport fuel：Policy implications for India. Energy Policy，2009，37.

[206] Scott McDonald，Sherman Robinson，Karen Thierfelder. Impact of switching production to bioenergy crops：the switchgrass example. Energy Economics，2006，28.

[207] Sergio M. Miranda-da-Cruz. A model approach for analyzing trends in energy supply and demand at country level：Case study of industrial development in China. Energy Economics，2007，29.

[208] Shimon Awerbuch，Raphael Sauter. Exploiting the Oil-GDP effect to support renewables deployment. Energy Policy，2006，34.

[209] Shyi-Min Lu，Yih-Shiaw Huang，Jhy-Ming Lu. Planning an energy-conserving policy for Taiwan based on international examples of success. Energy Policy，2008，36.

[210] Stephan Ramesohl，Frank Merten. Energy system aspects of hydrogen as an alternative fuel in transport. Energy Policy，2006，34.

[211] Steve A. Yetiv，Lowell Feld. America's oil market power：the unused weapon against Iran，World Policy Journal，2007，Fall.

[212] Svetlana Maslyuk，Russell Smyth. Non-linear unit root properties of crude oil production. Energy Economics，2009，31.

[213] Taichen Chien，Jin-Li Hu. Renewable energy and macroeconomic efficiency of OECD and non-OECD economies. Energy Policy，2007，35.

[214] Theocharis Tsoutsos，Niki Frantzeskaki，Vassilis Gekas. Environmental impacts from the solar energy technologies. Energy Policy，2005，33.

[215] Willem P. Nel，Christopher J. Cooper. A critical review of IEA's oil demand forecast for China. Energy Policy，2008，36.

[216] William F. Pickard. The future of biomass energy：a Fermi-calculation perspective，Energy Policy，2010，38.

[217] Won G Cho，Kiseok Nam，Jose A. Pagan. Economic growth and interfactor/interfuel substitution in Korea. Energy Economics，2004，26.

[218] Xiaoyu Yan，Roy J. Crookes. Reduction potentials of energy demand and GHG emissions in China's road transport sector. Energy Policy，2009，37.

[219] Xingjun Zhao，Yanrui Wu. Determinants of China's energy imports：An empirical analysis. Energy Policy，2007，35.

[220] Xunmin Ou，Xiliang Zhang，Shiyan Chang. Alternative fuel buses currently in use in China：

Life-cycle fossil energy use，GHG emissions and policy recommendations. Energy Policy，2010，38.

[221] Yong Li. Andreas Oberheitmann，Challenges of rapid economic growth in China：reconciling sustainable energy use，environmental stewardship and social development. Energy Policy，2009，37.

[222] Zibin Zhang，Luanne Lohr，Cesar Escalante，et al. Food versus fuel：What do prices tell us? Energy Policy，2010，38.

后　记

本书是在我博士论文的基础上修改补充完成的，书稿已基本定稿，有种如释重负的感觉，能借写几句后记向自己所敬重的人致以感谢是一件很欣慰的事情。

学高为师，身正为范。2007 年师从陈浩教授开始博士研究生的学习是我人生一大幸事。陈老师谦和宽厚的风范、正直坦荡的为人让我充满敬意，严谨的治学态度、睿智的思维令我景仰。在论文的写作过程中，陈老师反复琢磨我的论文提纲，和我进行多次讨论，为我理清论文的部分思路，整篇论文大到论文框架修改，小到标点符号改正，都凝聚了陈老师的智慧和心血，直到论文最终定稿。在陈老师的培养指导下，我的学科理论水平和实践能力都有了很大的提高，在此，衷心感谢陈老师的苦心栽培，同时要感谢师母蒋文莉教授的关怀和照顾。

在博士论文的写作过程中，许多专家学者的思想给予了我很多启发，论文参考了大量的学术文献，引用了很多素材资料，在此对提供论文研究帮助的学者们表示诚挚的谢意。

在博士的学习和论文研究过程中，还得到了多位师长的指点和帮助，特别是杨云彦教授、严立冬教授、高红贵教授，给予了我写作的启发；在调查、搜集和整理资料的过程中，得到了杨晓军、曹亚、刘锡安、韦燕生、郝文杰、谭波、秦征帆、曾娟等师兄弟姐妹的大力帮助，在此感谢大家的指点和帮助。

本书能在较短的时间内由中国环境出版社出版，要感谢本书的责任编辑陈金华老师，您为本书的出版付出了辛勤劳动。

最后，要特别感谢高红贵教授和师兄林仲豪教授，在我这些年的生活和工作中，给予我太多帮助，并教会我很多做人的道理，我将终生受益。感谢我的父亲，在我的工作和学习中，您一直是我的灯塔，您的逝去让我这两年几近迷失方向，仅以本书稿献给最亲爱的您。感谢母亲和弟弟一直以来的陪伴和照顾。感谢丈夫邱俊贤先生的关心和支持，谢谢还未出世的宝贝 9 个月的相伴，是你们给了无穷的动力让我完成书稿的修改整理。

真诚接受各位师长和学友的批评指正。

陈　燕

2013 年 12 月于广州